农村集体经济组织立法研究

NONGCUN JITI JINGJI ZUZHI
LIFA YANJIU

冯汉坤　著

中国农业出版社
北　京

序
PREFACE

　　农村集体经济既是我国公有制经济的有机组成部分，也是实现乡村振兴和农业农村现代化的重要物质基础。要壮大农村集体经济，首先需要明确和健全农村集体经济的主体和载体——农村集体经济组织。农村集体经济组织是农村土地等集体资产的所有者代表，是农村集体经济的产权主体、经营主体和受益主体，是乡村振兴战略最主要的实施者，也是社会主义公有制的重要承载主体。但对于这一类重要的主体，与其相关的法律制度却处于严重缺失状态。长期以来，我国《宪法》《民法通则》《土地管理法》《物权法》《民法典》等均只有寥寥数语明确其作为集体土地所有权的法定代表行使主体地位，对其法律地位、设立依据和程序、成员组成、权利能力、组织形式、治理机制、责任能力等诸多事项，均缺乏规定。部分地方通过地方立法形式开展了自主探索，但在农村集体经济组织的上述关键要素上呈现出标准不一的杂乱状态。立法的缺失与农村集体经济组织的重要地位严重不匹配。2017年颁布的《民法总则》赋予了农村集体经济组织"特别法人"地位，解决了其法律地位之争，但在该特别法人的设立条件和程序、成员组成、运行机制等方面仍处于法律供给缺失状态。随着农村土地制度改革和集体产权制度改革的深入推进，农村集体经济组织立法滞后已经成为制约改革深入推进的最主要因素。为此，2018 年中央一号文件明确提出研究制定农村集体经济组织法的任务，2018 年 12 月修改通过的《农村土地承包法》第六十九条规定："确认农村集体经济组织成员身份的原则、程序等，由法律、法规规定。"这些均对深入开展农村集体经济组织立法研究提出了要求。2020 年 5 月颁布的《民法典》在农村集体经济组织的制度供给上，沿用了《物权法》和《民法总则》的规定，并无新的内容，这也对专门制定《农村集体经济组织法》提出了迫切要求。2020 年，农业农村部牵头成立《农村集体经济组织法》立法领导小组和起草工作小组，立法进程加快。2021 年下半年，农业农村部牵头起草的《农村集体经济组织法草案》基本成型，并将草案移交至全国人大农委。2021 年 12 月，全国人大常委会法工委将《农村集体经济组织法草案》列入 2022 年初次审议的法律草案名单。在此背景下，就《农村集体经济组织法立法》的有关理论问题开展深入研究，为立法提供理论支撑，必要而迫切。

毫无疑问，《农村集体经济组织法》的起草具有很强的专业性，需要融合各领域知识。考虑到当前有关农村集体经济组织的研究成果浩如烟海，对从事这项工作的实务工作者来说，要想快速把握此领域的理论和实践前沿动态，建立农村集体经济组织的知识系统，并对其中的基础理论和重难点问题有基本认识，实属不易。笔者近年来参与农村集体产权制度改革工作，并作为《农村集体经济组织法》起草小组成员，深度参与该法的制定工作，在工作的过程中，开展了广泛的实地调研，也阅读了大量文献，积累了一些研究心得。

本书在大量文献梳理的基础上，就《农村集体经济组织法》制定中的若干理论和实践问题开展专门研究，主要是对已有研究文献的梳理和萃取，取其精华去其糟粕，与此同时，也融入了自身的研究心得和观点。在此种意义上，本书既可以看作是作者的读书笔记，也可以看作是作者多年工作和研究心得的梳理与总结。希望本书能够成为广大实务工作者快速走入农村集体经济组织知识体系的"敲门砖"，也希望本书对促进《农村集体经济组织法》的科学立法有所助益。

冯汉坤

2022 年 1 月

目　录
CONTENTS

序

第一章　农村集体经济组织立法的重要意义、主要内容与难点问题 …… 1

一、农村集体经济组织立法的重要意义 ……………………… 1

二、《农村集体经济组织法》的主要内容与难点问题 …………… 5

第二章　农村集体经济组织的基本内涵和特征 ………………… 10

一、农村集体经济组织的历史渊源与现实功能 ……………… 10

二、农村集体经济组织特别法人应有的内涵和特征 …………… 13

第三章　农村集体经济组织的财产制度 ………………………… 20

一、对农村集体经济组织与集体土地所有权关系的不同认识 …… 20

二、农村集体经济组织与集体土地所有权关系的法律文本变迁考察 …… 26

三、《民法典》视野下农村集体经济组织与集体土地所有权的关系 …… 36

四、农村集体经济组织法人所有不违反公有制 ………………… 47

五、农村集体经济组织如何行使集体土地所有权 ……………… 51

六、结论与建议 ……………………………………………… 53

第四章　农村集体经济组织的成员资格 ………………………… 55

一、现状分析 ………………………………………………… 55

二、理论争议 ………………………………………………… 64

三、基本原则 ………………………………………………… 67

四、特殊问题 ………………………………………………… 72

五、认定程序 ………………………………………………… 77

六、资格管理（静态或动态） ……………………………… 78

第五章　农村集体经济组织特别法人的设立 ……………… 82

一、设立条件 ………………………………………………… 82

二、设立程序 ………………………………………………… 90

三、过渡阶段的特殊问题 …………………………………… 93

第六章　农村集体经济组织特别法人的治理结构 ………… 95

一、机关设置与运行 ………………………………………… 95

二、组织职能与外部关系 …………………………………… 99

三、农村集体经济组织之间的关系 ……………………… 103

第七章　农村集体经济组织成员的权利和义务 ………… 105

一、成员权的内涵和内容体系 …………………………… 105

二、共益性成员权 ………………………………………… 107

三、自益性成员权 ………………………………………… 110

四、成员权的取得、丧失和救济 ………………………… 114

第八章　农村集体经济组织的股权（股份）及司法案例 … 115

一、股权的性质、内涵及相关案例 ……………………… 115

二、股权设置及相关案例 ………………………………… 119

三、股权管理 ……………………………………………… 128

四、结论与建议 …………………………………………… 145

第九章　农村集体经济组织特别法人的能力限制与特别优待 ……… 148

一、特别法人的"特别性" ……………………………… 148

二、资产经营管理能力 …………………………………… 152

三、特别优待政策 ………………………………………… 162

四、结论 …………………………………………………… 167

第十章　农村集体经济组织特别法人变动：合并、

分立、破产、解散 ………………………………… 169

一、农村集体经济组织的合并分立 ………………………… 169

二、农村集体经济组织的破产 …………………………… 170

三、农村集体经济组织的解散 …………………………… 180

四、结论 ………………………………………………… 185

第一章 农村集体经济组织立法的重要意义、主要内容与难点问题

一、农村集体经济组织立法的重要意义

（一）十八大以来中央对农村集体经济组织立法的部署

农村集体经济组织是完善集体所有权实现形式的核心载体，中央对农村集体经济组织立法的部署，是伴随着农村集体产权制度改革试点探索的逐步推进而提出并逐渐完善的，农村集体产权制度改革探索的过程，同时也是对农村集体经济组织的法律地位、成员资格和治理机制等内容的探索过程。

2013 年，中央一号文件提出"必须健全农村集体经济组织资金资产资源管理制度，依法保障农民的土地承包经营权、宅基地使用权、集体收益分配权"以及"鼓励具备条件的地方推进农村集体产权股份合作制改革。探索集体经济组织成员资格界定的具体办法。"这一规定鼓励以股份合作制的形式改革集体产权制度。

党的十八届三中全会做出的《中共中央关于全面深化改革若干重大问题的决定》提出"保障农民集体经济组织成员权利，积极发展农民股份合作，赋予农民对集体资产股份占有、收益、有偿退出及抵押、担保、继承权。"这一规定在延续将股份合作制作为农村集体经济组织改革方向的同时，进一步提出了"赋予农民对集体资产股份占有、收益、有偿退出及抵押、担保、继承权"的细化要求。

2014 年 9 月 29 日，中央全面深化改革领导小组第五次会议审议通过了《积极发展农民股份合作赋予集体资产股份权能改革试点方案》，要求积极探索集体所有制的有效实现形式，不断壮大集体经济实力，不断增加农民的财产性收入，探索赋予农民更多财产权利，明晰产权归属，完善各项权能，激活农村各类生产要素潜能，建立符合市场经济要求的农村集体经济运营新机制。考虑

到农村情况千差万别，集体经济发展很不平衡，改革试点兼顾东中西不同区域，选择若干有条件的县（市）为单位开展，试点工作在 2017 年年底完成。改革试点的主要内容包括三部分：

1. **保障农村集体经济组织成员权利** 重点是探索界定农村集体经济组织成员身份的具体办法；建立健全集体经济组织成员登记备案机制；依法保障集体经济组织成员享有的土地承包经营权、宅基地使用权、集体收益分配权，落实好农民对集体经济活动的民主管理权利。

2. **积极发展农民股份合作** 在坚持家庭承包责任制的基础上，在保护农民合法权益、尊重农民意愿的前提下，发展多种形式的股份合作，探索建立中国特色社会主义农村集体产权制度。要按照"归属清晰、权责明确、保护严格、流转顺畅"的现代产权制度要求，从实际出发，进行农村集体产权股份合作制改革。对于土地等资源性资产，重点是抓紧抓实土地承包经营权确权登记颁证工作，稳定农村土地承包关系，在充分尊重承包农户意愿的前提下，探索发展土地股份合作等多种形式。对于经营性资产，重点是明晰集体产权归属，将资产折股量化到集体经济组织成员，探索发展农民股份合作。对于非经营性资产，重点是探索集体统一运营管理的有效机制，更好地为集体经济组织成员及社区居民提供公益性服务。鼓励在试点中从实际出发，探索发展股份合作的不同形式和途径。

3. **赋予农民对集体资产股份的占有、收益、有偿退出及抵押、担保、继承权** 根据不同权能分类实施，积极开展赋予农民对集体资产股份的占有权、收益权试点，建立健全农村集体资产股权台账管理制度和收益分配制度。有条件地开展赋予农民对集体资产股份有偿退出权、继承权试点，尊重集体成员意愿，明确条件、程序。慎重开展赋予农民对集体资产股份的抵押权、担保权试点，试点要在制定相关管理办法的基础上开展。

2015 年的中央一号文件《关于加大改革创新力度加快农业现代化建设的若干意见》明确要求"推进农村集体产权制度改革，出台稳步推进农村集体产权制度改革的意见，抓紧研究起草农村集体经济组织条例"。这一规定不仅明确提出了农村集体经济组织开展立法的任务，而且明确将立法位阶定位于"条例"。

经过将近两年的试点经验积累，2016 年 12 月 26 日，中共中央、国务院印发《关于稳步推进农村集体产权制度改革的意见》，进一步就集体产权制度改革，尤其是完善集体经济组织的治理体系做出部署，内容涉及农村集体经济组织的资产分类和清产核资、集体经济组织的成员身份确认、股权配置办法、股份登记和权能内容、集体经济组织的登记管理和税费政策等诸多方面，同时要求"明确农村集体经济组织市场主体地位，完善农民对集体资产股份权能"，

"抓紧研究制定农村集体经济组织方面的法律，赋予农村集体经济组织法人资格"。这些规定既是对之前试点探索形成的可复制推广的成熟经验的总结，也提出了就农村集体经济组织开展立法的要求。

2017年3月通过的《民法总则》在民事主体的定位上将农村集体经济组织规定为特别法人，从而明确了其法律地位，但《民法总则》作为民事基本法，并未对农村集体经济组织的设立和运行等事宜做出具体规定。

2018年的中央一号文件明确提出"研究制定农村集体经济组织法，充实农村集体产权权能"，从而明确将农村集体经济组织的立法位阶定位于"法律"。

2020年5月颁布的《民法典》继受并集合了《民法总则》和《物权法》对农村集体经济组织的规定，在赋予农村集体经济组织特别法人地位的同时，也对农村集体经济组织代表农民集体行使土地所有权的职责进行了规定，但并未对农村集体经济组织的内涵和运行规则等做出具体规定。

对于必须就农村集体经济组织的设立和运行等问题专门立法，社会各界很早就达成了共识，但很长一段时间以来，对其重视程度不够，有关文件曾表述为制定集体经济组织管理条例。近年来，随着对这一问题认识程度的提高，中央文件明确表述为制定农村集体经济组织法，从而进一步明确了集体经济组织立法的具体表现形式。笔者认为，农村集体经济组织作为一种特殊类型的民事主体，既承担了实现集体所有制这种特殊公有制形态的"公"的职能，同时也承载了完善土地所有权的实现形式，落实农民集体土地所有权的"私"的职能，其制度设计涉及民事基本权利的确认、保护和行使等，按照《立法法》的规定，属于应当由全国人大及其常委会制定法律的事项。因此，《农村集体经济组织法》的法律位阶符合该法的职能定位。

（二）制定《农村集体经济组织法》的重要意义

十八大以来，随着农村综合改革，尤其是农村土地制度改革和集体产权制度改革的深入推进，农村集体经济组织作为土地所有权等集体资产的法定代表主体，其重要性日益凸显。农村集体资产的市场化运营管理需要集体资产所有者具备足够的资格和能力，平等参与市场交易。但遗憾的是，农村集体经济组织的制度建设一直处于滞后状态：实践中，诸多村社或者没有农村集体经济组织，或者农村集体经济组织名存实亡，一些勉强运行的农村集体经济组织面临内涵不清、成员资格界定混乱、法律地位不明、组织形式和运营管理机制杂乱等困境，进一步导致农村集体资产的归属和经营管理主体不清。这些问题既阻碍了农村集体经济组织职能的发挥，也制约了农村土地制度改革和农业农村改革领域其他诸项改革的深入推进。就农村集体经济组织设立和运营管理中的重难点问题开展研究，抓紧开展农村集体经济组织立法，为全国各地农村集体经济组织的设立、运行等提供统一、科学、权威的法律依据，不仅是深化农村改革、实施乡村振兴战略之必须，也是健全乡村治理机制、促进国家治理现代化的重要举措。

1. 制定《农村集体经济组织法》是发展壮大集体经济、巩固和发展公有制的需要 十九届四中全会做出的《中共中央关于坚持和完善中国特色社会主义制度 推进国家治理体系和治理能力现代化若干重大问题的决定》指出，要"毫不动摇巩固和发展公有制经济""深化农村集体产权制度改革，发展农村集体经济，完善农村基本经营制度。"集体所有制是社会主义公有制的重要组成部分，而农村集体经济组织作为集体所有权的代表，是集体所有制的载体，集体经济的发展和壮大，集体资产的保值和增值，以及农民个体分享集体资产收益，都需要以农村集体经济组织为载体。没有农村集体经济组织，或者农村集体经济组织不健全，集体经济的发展和集体资产的管理均会缺乏适格的"主人"，必然会制约和阻碍集体经济健康发展，从而影响集体所有制作为公有制功能的发挥。

2. 制定《农村集体经济组织法》是让农民当家做主、享有更加充分民主权利的需要 坚持人民当家做主和人民主体地位，是我国国家制度和国家治理体系的显著优势。具体到农业农村发展领域，则需要坚持农民的主体地位，充分发挥农民的主人翁作用。农村集体经济组织作为履行农村经济职能的组织，是农民自我管理集体经济事务的联合体，是农民在经济事务上实行民主选举、民主协商、民主决策、民主管理、民主监督的核心载体。借助农村集体经济组织，农民得以对农村集体资产的运营管理和收益分配等事项发表意见并做出决策，农民对集体资产和集体经济事务的权利得以从抽象到具体。因此，制定《农村集体经济组织法》，健全农村集体经济组织，是让农民充分参与集体经济事务管理、对集体事务当家做主之必须，是发展基层民主、让农民享有更加广泛和充分的民主权利之必须。

3. 制定《农村集体经济组织法》是在农村落实全面依法治国战略、推动农村治理法治化的需要 十九届四中全会的决定要求"坚持和完善共建共治共享的社会治理制度"，"健全党组织领导的自治、法治、德治相结合的城乡基层治理体系"。农村集体经济组织是农民在经济事务上实现自治的载体，但农村集体经济组织的设立和运行必须具有法定性，而且自治的事项具有限定性，是农民在法定的平台上通过法定的程序和运行机制针对法定的事项开展民主管理。因此，农村集体经济组织是农村自治和法治融合的平台，而《农村集体经济组织法》则可以为农村自治和法治各自的"权限范围"和相互衔接提供法律依据。如果《农村集体经济组织法》缺失，将会导致农民的经济自治无法可依，不仅影响农民经济权益的实现，也会使得农村基层的依法治理无所依循。

4. 制定《农村集体经济组织法》是健全乡村治理体系、提升乡村治理能力、推动基层治理现代化的需要 按照现代治理的要求，村庄事务应当实行"政社分开"，农村集体经济组织作为土地等集体资产所有权的法定代表主体，承担村庄经济职能，村民委员会等自治组织则承担政治职能。但在大部分村庄，由于农村集体经济组织不健全，农村集体经济组织无法履行经济职能，导致村庄的经济职能被村民委员会等自治组织代行，从而形成"政社合一"的局面。但村民委员会等自治组织受制于其组成方式、运行机制和职能定位，并不适合履行经济职能，更缺乏经营管理集体资产所需要的专业技能。健全农村集体经济组织，实行基层党组织领导下的农村集体经济组织和村民委员会等自治组织相互分工、各司其职、相互配合、相互监督，既有利于集体资产的运营管理和保值增值，壮大集体经济，也有利于村民委员会等自治组织更好地履行自治职责。这是健全乡村治理体系、提升乡村治理能力、实现农村基层治理现代化之必须，也是国家治理体系和治理能力现代化的重要内容。

二、《农村集体经济组织法》的主要内容与难点问题

（一）立法目标与主要任务

《民法典》确立了农村集体经济组织的特别法人地位，解决了农村集体经济组织的市场主体资格定位问题。同时，按照《民法典》的要求，作为特别法人的农村集体经济组织必须依法设立，但"所依之法"尚未出台，使得农村集体经济组织特别法人的依法成立和运行尚不具备完备的法律依据。为此，《农村集体经济组织法》的首要目标就是为农村集体经济组织的设立和运行提供法定依据。

《中共中央 国务院关于稳步推进农村集体产权制度改革的意见》将集体产权制度改革的目标表述为"构建归属清晰、权能完整、流转顺畅、保护严格的中国特色社会主义农村集体产权制度"。《农村集体经济组织法》则是从主体制度的角度完善农村集体产权制度，而这恰好是当前农村集体产权制度中最薄弱的环节，也是下一步深化改革的重点内容。为此，《农村集体经济组织法》最直接的目标应是在集体所有制的框架下完善集体所有权的实现形式，使其成为民法上适格的所有权主体。具体包含两个层面：一是该所有权主体作为一个自然人的集合体，对外需具有明确的法律地位，能够和其他民事主体一样平等而便捷地参与市场交易，能有效担负起对其土地等集体资产进行经营管理和保值增值的职责；二是该所有权主体作为一种团体法人，需具备完善的治理机制，对内能够充分、及时地反映和执行其成员意志。在立法任务和内容上，该法应当针对农村集体经济组织的法律地位、设立条件和程序、权利能力、行为能

力、责任能力、机关设置和治理机制、消灭、监管等事项做出规定，既要消除其参与市场活动的法律障碍，又要明确其不同于一般市场主体（例如股份公司、有限公司等）的独特方面。

（二）立法体例结构

结合《农村集体经济组织法》的立法目标和主要任务，以及农村集体经济组织作为特别法人的一般性和特殊性，建议《农村集体经济组织法》采取如下体例结构：

第一章，总则。规定农村集体经济组织的定义和特征、法律地位、农村集体经济组织的职能、农村集体经济组织与基层党组织和村民委员会的职能分工和关系、各级农村集体经济组织之间的关系、农村集体经济组织之间的联合等。

第二章，成员资格。规定成员资格认定的办法和程序、成员资格的登记管理、成员资格的变动等事项。

第三章，设立和登记。规定农村集体经济组织设立的条件，农村集体经济组织的名称、住址、财产等，以及农村集体经济组织设立的程序、审批和登记机关等。

第四章，组织机构。规定农村集体经济组织成员大会、成员代表会议、理事会、理事长、监事会的产生和罢免，职责和运行机制，以及相互之间的监督制约关系等。

第五章，成员的权利和义务。系统规定农村集体经济组织成员享有的权利和承担的义务，包括共益性成员权和自益性成员权，各自的行使规则、救济规则等。

第六章，资产分类管理。规定农村集体经济组织经营性资产和非经营性资产、资源性资产的管理规则。

第七章，投资活动与能力限制。规定农村集体经济组织的对外投资活动，包括下设子公司、入股其他公司、与其他组织联营等，以及对农村集体经济组织投资活动和破产能力的特别限制。

第八章，财务管理。规定农村集体经济组织的财务管理要求、集体资产收益使用和分配管理要求等。

第九章，合并、分立与解散。规定农村集体经济组织合并、分立、解散的条件、程序、法律后果等。

第十章，扶持政策与监管。规定农村集体经济组织享受的政策优惠、政府的有关扶持政策、政府有关部门对农村集体经济组织的扶持和监管职责等。

第十一章，法律责任。规定农村集体经济组织的组织机构工作人员及其管理人员、政府工作人员等违反本法规定的法律责任。

第十二章，附则。规定已有农村集体经济组织的改造、过渡期间的处理、本法的实施时间以及其他有关事项等。

体例结构见图 1-1。

农村集体经济组织法

第一章　总则

第二章　成员资格

第三章　设立和登记

第四章　组织机构

第五章　成员的权利和义务

第六章　资产分类管理

第七章　投资活动与能力限制

第八章　财务管理

第九章　合并、分立与解散

第十章　扶持政策与监管

第十一章　法律责任

第十二章　附则

图 1-1　《农村集体经济组织法》体例结构（建议）

（三）有待深入研究的难点问题

梳理以往研究文献，对农村集体经济组织立法的研究集中在以下几个方面：一是对农村集体经济组织法律地位或法律属性的研究；二是对农村集体经济组织成员资格界定的研究；三是对农村集体经济组织成员权益的局部性研究。总体来看，现有的理论研究成果呈碎片化态势，缺乏系统性和整体性，尚未见到从农村集体经济组织立法角度系统研究该法主要内容的研究成果。不仅如此，当前理论界和实务界对立法中的一些关键性问题尚未达成共识，例如，到底什么是农村集体经济组织？农村集体经济组织与农民集体是什么关系？农村集体经济组织与专业合作社等关系如何？如何认识实践中各种形式的土地股份合作社？如何确立农村集体经济组织成员界定的规则和程序？农村集体经济组织作为特别法人，"特"在什么地方？一系列问题均未很好地达成共识。与此同时，对一些制度构建中的细节问题尚缺乏深入细致的研究，例如，农村集体经济组织与村党组织、村自治组织的关系如何安排？农村集体经济组织的机关和治理结构如何设置？成员享有哪些权利？成员和农村集体经济组织的关系如何处理？农村集体经济组织的权利能力是否以及如何设置特殊限制？其破产规则如何构建？这导致《农村集体经济组织法》立法的理论储备尚显不足。

从目前的立法讨论情况看，农村集体经济组织立法面临以下难点问题：

一是农村集体所有制、农民集体所有权及其组织形式在《农村集体经济组织法》中的立法表达问题。具体包括：①农村集体所有制实现的组织形式有哪些？在《农村集体经济组织法》中如何实现农村集体所有制？②新型农村集体经济的内涵、外延以及在《农村集体经济组织法》中的制度实现路径。③农民集体所有的本质属性是什么，和国家所有有何区别？农民集体的地位是什么，是不是民事主体，是何种民事主体？④农民集体和农村集体经济组织关系的实然模式和应然模式。⑤如何在《农村集体经济组织法》中实现社会主义公有制和市场经济体制的结合？

二是农村集体经济组织的内涵和外延及其立法表达问题。具体包括：①农村集体经济组织的内涵如何界定？立法表达中应该涵盖哪些核心要素？②农村集体经济组织的外延是什么？如何处理立法和现实生活中形式多样的农村集体经济组织之间的关系？③组级集体经济组织应该在立法中如何表达？

三是农村集体经济组织的法人财产与农民集体所有财产的关系。具体包括：①集体经济组织有没有自己的法人财产，如果有的话，主要包括哪些财产？农民集体所有财产和集体经济组织法人财产是何关系？②农村集体经济组织法人的责任财产有无必要在《农村集体经济组织法》中限制，如何限制？③农村集体经济组织法人财产的特别性体现在哪些方面？

四是农村集体经济组织成员权的基础理论问题。具体包括：①农民集体成员和集体经济组织成员是否相同？如果不同的话，有哪些区别？产改中的确员，确的到底是集体成员还是集体经济组织成员？②集体经济组织成员身份确认的标准是什么？

五是农村集体资产股权的性质及权能问题。具体包括：①在产改中，"股权""股份""份额"的法律性质到底是什么，仅仅是收益分配权，还是其他的权利？②资源性资产等是否折股量化，如果不折股量化，收益如何分配，其收益分配与经营性资产收益分配的关系如何处理？③六大权能如何进行具体法律设计？继承的范围如何确定？质押如何实现？能否转让或赠予，限制条件是什么？

六是农村集体经济组织法人监督机构的立法设计问题。具体包括：①法人监督机构的设置模式问题，是内部单独设置，还是与村民自治组织共享一套监督机构，或是另外再设置一套外置的、独立的监督机构？②《农村集体经济组织法》中监督机构的立法表达问题，是国家立法统一配置还是留下自治空间？③如何在立法中构建符合农村集体经济组织法人属性的监督机构？

七是农村集体经济组织的外部关系问题。具体包括：①在《农村集体经济组织法》中如何落实党对农村工作的全面领导？②农村集体经济组织和村民自治组织的职能交叉如何处理，如何在立法中表达？③如何在村党支部书记、村委会主任、集体经济组织负责人"一肩挑"的制度背景下实现集体经济组织法人的有效治理？

结合现有研究情况，针对立法和实践中碰到的突出难题，本书采取"面点结合"的思路开展研究。一方面适当照顾研究的全面性和系统性，将所涉问题一一列出，以便搭建出《农村集体经济组织法》的内容框架；另一方面聚焦于其中的难点问题，开展深入研究。具体内容包括：农村集体经济组织的内涵界定、成员资格确认、设立条件和程序、法人治理结构、成员权利和义务、能力限制、优惠政策、合并、分立、解散等方面的制度设计，以及农村集体经济组织从无到有、从旧到新的转换机制等。在此基础上，对《农村集体经济组织法》的体例结构提出建议，并重点针对当前改革实践探索中存在的一些问题，就下一步深化改革和加快立法提出工作层面的建议。

第二章 农村集体经济组织的基本内涵和特征

一、农村集体经济组织的历史渊源与现实功能

尽管我国《宪法》《土地管理法》《民法典》等法律法规中有"农村集体经济组织"的表述，但这些法律未对什么是农村集体经济组织予以界定。对于到底什么是"农村集体经济组织"，学术界和实务界均存在不同的认识。在农业管理领域，包括农村生产生活实践领域，存在比较普遍地将"农村集体经济组织"的含义泛化的做法，将位于农村的或有农民或农村集体参与的各种市场主体形态，例如农民专业合作社、家庭农场、农业龙头企业、各种合作经济组织等，都称为农村集体经济组织，或者认为这些均属于"新型农村集体经济组织"的范畴。在新的时代背景下，对作为特别法人的"农村集体经济组织"法律内涵的正确界定，需要从其历史渊源和现实功能两个层面展开分析，并厘清其和"农民集体""农业合作经济组织"等诸多概念之间的联系与区别。

（一）历史渊源——社会主义改造的结果

从历史维度考察，农村集体经济组织的发展具有阶段性，各学者对于农村集体经济组织的制度起源有不同的观点：龙卫球、刘保玉认为农村集体经济组织起源于农业生产互助组[1]；陈甦主张初级农业生产合作社是农村集体经济组织的最初形态[2]；罗培新认为，1956 年社会主义改造基本完成后，以生产资料

---

[1] 龙卫球、刘宝玉：《中华人民共和国民法总则释义与适用指导》，北京：中国法制出版社，2017 年版，第 340 页。

[2] 陈甦：《民法总则评注（上）》，北京：法律出版社，2017 年版，第 380 页。

集体所有制为基础的高级农业生产合作社的建立标志着农村集体经济组织的建立[①]；而王利明认为，农村集体经济组织最初产生于中华人民共和国成立初期的人民公社化运动[②]。但他们对后续的发展沿革基本能达成一致，即农村集体经济作为中国特有的所有制形态，是在农业社会主义改造的进程中逐步形成的，其组织形态从改革开放前合作化运动时期和人民公社时期的"政社合一"，演变为改革开放后的家庭联产承包责任制以及"政社分离"，并由《宪法》确认了"农村集体经济组织实行家庭承包经营为基础、统分结合的双层经营体制"，且将其作为必须长期坚持的农村基本经营制度以及农村政策的基石[③]。

追本溯源，我国农村集体经济组织是伴随着 20 世纪 50 年代初的农业合作化运动而产生的。中华人民共和国成立初期，我国通过土地改革建立了农村土地的农民土地所有制，使得农民个人获得土地所有权。1953 年开始社会主义改造和农业合作化运动，农民以土地入股，合作经营。在早期的初级社，农民根据入股土地的数量和质量参加分红，股份体现了农民土地的私有权。到了高级社，土地和牲畜、大型农具等生产资料统一归合作社集体所有，实行集体劳动，统一经营，产品归合作社集体所有，在扣除各种生产费用和提成后，根据按工分分配的原则实行"按劳取酬"。1956 年 6 月全国人大一届三次会议通过的《高级农业生产合作社示范章程》规定："把私有的土地和牲畜、大型农具等主要生产资料转为合作社集体所有。"而且农民没有退社的自由。由此可见，在初级社阶段，由于按土地股份分配，农民有退社自由，合作社仍属于"私"的形态；到了高级社阶段，则已经发生了农民私人所有权向集体所有权的转变，这时的高级合作社作为集体所有权的载体，成为"农村集体经济组织"。

随后，高级社很快发展为"政社合一""一大二公"的人民公社，农村土地等集体财产与国家财产混同；后经过拨乱反正的过程，中央陆续发布《农业六十条》（1961 年）、《关于改变农村人民公社基本核算单位问题的指示》（1962 年）、《农村人民公社工作条例（修正草案）》（1962 年）等文件，最终确立了"三级所有、队为基础"的农村土地和其他生产资料的集体所有制形态。此时的"农村集体经济组织"体现为乡镇公社、大队合作社、生产队合作社等形态，以生产队合作社为生产活动和核算的基本单位。

1978 年之后，农村家庭联产承包责任制逐步建立，原来高度集中的集体土地所有权分化出由农户单独支配的土地承包经营权，农户成为独立、完整的

---

① 罗培新：《放好农村集体经济组织这只"风筝"——农村集体资产监管立法略论》，载《文汇报》，2017 年 4 月 2 日，第 7 版。
② 王利明等：《民法学》（第五版），北京：法律出版社，2017 年版，第 112 页。
③ 谭贵华：《农村集体经济组织的研究回顾与前瞻》，载《重庆大学学报》（社会科学版），2013年第 1 期，第 123－129 页。

经济核算单位，集体对土地等生产资料和盈余分配的控制力以及合作社等集体经济组织的功能逐步弱化。到 2006 年"三提五统"等集体提留全面取消后，很多地方的农村集体经济组织实际上变成了"隐形状态"：农村集体经济组织既不组织共同生产，也不向其社员提取或分配生产盈余。久而久之，随着城镇化过程中人口迁徙流动的加速，以及人口的出生死亡等自然更替，农民往往既感觉不到"农村集体经济组织"的存在，社员范围与非社员范围的界限不清晰，很多地方的农村集体经济组织已经名存实亡，农村集体经济组织的内涵也开始逐渐变得模糊起来。也有少数地方在 20 世纪 90 年代之后通过土地股份合作社等形式继续发挥集体的经济职能，例如广东省佛山市南海区于 1992 年开始探索的土地股份合作社。

由此可见，农村集体经济组织是 1956 年农业社会主义改造的产物。农业社会主义改造完成后，土地等生产资料由个人所有过渡为集体所有。换言之，农村集体经济组织是集体所有制的产物和载体，是行使集体所有权的主体，属于社会主义公有制的一种实现形式，在社会主义改造阶段曾体现为高级社、人民公社等形态。

（二）现实功能——集体土地所有权的法定代表行使主体

在新的时代背景下，尽管高级社、人民公社等早已远去，但集体所有制作为公有制的一种实现形式仍然保留至今。改革开放 40 多年来，集体所有制经济总体上呈逐步弱化趋势，在这种情形下，近些年，中央又提出了"壮大集体经济"的要求。即便在新时代发展农村集体经济，也依然需要秉持其初心——农村集体经济组织是实现集体所有制和行使集体所有权的载体，是集体所有制这种公有制的实现形式。这一点也被我国《土地管理法》《民法典》等立法所确认。

《民法典》和《土地管理法》均规定农村和城市郊区的土地属于农民集体所有，由相应级别的农村集体经济组织或者村民委员会等代表行使。因此，这两部法下的农村集体经济组织属于农民集体所有权行使的法定代表主体。而《农村集体经济组织法》正是致力于解决农村集体土地所有权的实现机制问题，只有那些真正能够代表农民集体行使所有权、履行集体资产所有者职能的组织，才能成为农村集体经济组织立法的调整对象。

可见，《民法典》《土地管理法》所指向的"农村集体经济组织"都是农村集体土地以及其他集体资产的法定代表主体，而这种"法定代表"的身份是法定的，直接源于法律的规定，丝毫不依赖于被代表主体的意思表示。那么，此种意义上的"农村集体经济组织"必须适合并能够担负起这一法定职责，尤其是能够担负起实现公有制的职责，而不会导致本应由全部集体成员共享的资产和收益被部分主体甚至是外来主体所分享，这决定了其成员的全员性和封闭性。

二、农村集体经济组织特别法人应有的内涵和特征

（一）法律内涵

结合上述对农村集体经济组织历史渊源的分析，在新时代，作为集体土地所有权和其他集体资产之法定代表主体的农村集体经济组织，应当与原社会主义改造时期的合作社和人民公社等具有同源性，尤其是其成员范围应当与原合作社或人民公社的社员范围具有连接因素。至于那些由部分农民基于其自愿意志和出资行为而成立的各种形式的联合经营体，不应属于"农村集体经济组织"的范畴。

因此，作为《农村集体经济组织法》调整对象的农村集体经济组织，同时也作为《民法典》上具有特别法人地位的农村集体经济组织，应当特指作为农民集体土地所有权和其他农民集体资产法定代表行使主体的农村集体经济组织，不包含农民专业合作社、部分农民联合的合作企业或合作经济组织、乡镇企业、集体以土地或资金投资设立的企业、部分农民与集体联合兴办的企业等组织形态。明确这一点对于统一农村集体经济组织的概念、明确《农村集体经济组织法》的调整对象至关重要。

基于此，本书将"农村集体经济组织"界定为：在农民集体所有制的框架下，由农民集体的全部成员组成，以农村土地等资产的集体所有为基础，并依法代表该农民集体行使土地所有权以及其他集体资产所有权、履行集体资产经营管理职能的社区性合作经济组织。

需要注意的是，在一些政策文件甚至是立法中，存在"农村集体经济组织"和"农业集体经济组织"两个概念混用的状况。"农村集体经济组织"作为一种法律概念，最早出现在1982年的《宪法》中，之后的法律基本上沿用了该称谓。但在1986年颁布的《民法通则》和1993年实施的《农业法》中却使用了"农业集体经济组织"的概念。除此之外，在一些政策文件中，还存在"农村集体经济组织"和"农民集体经济组织"混用的状况。综合来看，这些概念所指向的内涵是一致的。为了避免混淆和歧义，在今后的立法和政策文件中应当按照《民法典》的表述，统一规范为"农村集体经济组织"。

（二）基本特征

农村集体经济组织应当具有如下特征：

1. 成员资格的固有性和封闭性 农村集体经济组织成员（股东）资格的

取得应基于其固有的身份本身，既不需要该成员有入社的意思表示，也不需要其有具体的出资行为。此外，只有具备成员资格的农民才能成为农村集体经济组织的成员，排斥外部主体，外部主体无法基于其投资或者身份之外的其他因素而加入农村集体经济组织并取得成员权。这是维持集体土地的社区公有属性和保障集体土地公有制之必须。由此可见，与股份公司显著不同的是，农村集体经济组织成员资格的取得是基于其固有的身份而非基于其自愿联合以及出资行为；同时，与农民专业合作社等合作企业显著不同的是，农民专业合作社的社员范围也并不局限于农村集体经济组织成员，可以有外部主体加入。农村集体经济组织成员范围的固有性和封闭性，决定了其成员的入社和退社行为均不自由，应受到诸多强制性法律规定的限制。

2. 成员范围的全员性 农村集体经济组织不仅具有封闭性，还具有全员性和共享性。在设立农村集体经济组织特别法人时，该农村集体经济组织的成员应当包括所有具备成员资格的人员，而不能只是部分农民的联合，而且此种全体成员入社属于法定的要求，这也是保障土地等集体资产的集体所有制属性之必须。在此，与农民专业合作社等合作企业的显著区别是，农民专业合作社的社员是基于自愿而入社的部分农民，并不也无法囊括全部的集体经济组织成员。

3. 成员和财产来源的法定性 与有限责任公司和股份公司等不同，农村集体经济组织的成员不是基于其自身意愿，更不是基于其投资行为，而是基于其特殊的身份以及法律的直接规定。同时，农村集体经济组织的财产也不是来源于其成员的出资，而是来源于法律的直接规定。例如，法律直接规定农村和城市郊区的土地属于农民集体所有。因此，农村集体经济组织作为特别法人，具有更强的法定性、更多的强制性，更多地体现了法律的强制性要求。

4. 权利份额的平等性 农村集体经济组织在成员权的配置上遵循平等原则，基本规则是按人头平均配置表决权并分享收益，各成员在集体事项表决和分红等方面的权益是平等的，从而体现农村集体经济组织成员之间对集体资产的平等共享。换言之，按人配股、按人表决、按人分配，而非按出资份额，也非按交易量，这是农村集体经济组织与公司、农业合作企业等的显著不同。

5. 法律人格的团体性和独立性 农村集体经济组织虽然是一个由若干农民成员组成的集合体，但它并非共有之类的松散联合形态，而是一个具备法人地位的团体组织，具备团体人格。因此，与民法上的共有不同的是，共有主体在民事主体的地位上归属于自然人，仍然属于若干个自然人的联合体，但农村集体经济组织却具备法人资格，是一个区别于其成员的独立团体。作为一个具备法人地位的团体，无论是其意志还是财产，抑或其能力，都具有独立性，从而与其成员的个体意志、财产和能力等相区隔。

6. **相互之间的独立性和平等性**　虽然法律规定的农村集体经济组织包括乡镇农村集体经济组织、村农村集体经济组织、村民小组农村集体经济组织 3 个"级别"，但"三级"（或"三类"）农村集体经济组织之间并没有上下级隶属关系。尽管其各自在成员范围上存在包含关系，但均属于独立的民事主体，具备独立的法人地位，独立享有民事权利并承担民事责任，其资产不得随意上下调拨，上一级农村集体经济组织也不需要为下一级农村集体经济组织承担责任。不仅如此，作为独立的民事主体，不同区域、不同村落的农村集体经济组织之间也是相互独立和平等的，其资产也不得随意调拨。

7. **财产的不可分割性**　农村集体经济组织最主要的财产是集体土地，集体土地基于其公有制的属性，不可转让、不可分割。一方面，成员在入社和退社上没有自由意志；另一方面，即便某一成员因某种原因而退社，其也不得请求对集体资产予以分割，最多只能获得一定的价值补偿。

8. **社区合作性**　农村集体经济组织属于社区型合作经济组织。目前，学界对于农村集体经济组织法的调整对象为社区型合作经济组织已经基本达成共识，其成员具有封闭性和固有性，并具有合作经营和民主管理的特点。将"合作经营"作为农村集体经济组织定义的一部分，是从实际出发，对现有组织的认可。建立在土地集体所有基础上的集体经济组织，主要通过劳动与劳动、资本与劳动的联合形式得以实现。这种经营模式具有显著的优越性：一方面，是"统"的具体表现形式，通过整合集体资产、降低农户的市场交易费用和风险来促进生产要素的合理流动与优化组合，推动农业的集约化经营；另一方面，可通过合作经营的模式提高农村集体经济组织成员对集体经济的参与程度和监督力度，保障成员权益。其民主管理性的典型表现为一人一票的表决机制。农村集体经济组织的社团性质具有复合性，其不仅具有财产上的联合性，还具有政治、文化上的联合性；不仅承担着经营集体经济组织财产的任务，还承担部分公共服务职能。这在某种程度上体现了村民的联合性，并且反映了村民自治的特征。因此，农村集体经济组织内部实行与农村自治组织类似的管理模式，即一人一票或者一户一票的民主管理和决策机制。

9. **公有性**　农村集体经济组织是一种特殊的公有制主体，是作为集体所有制这种特殊的公有制形态在民事主体上的投射，这也是法律赋予其特别法人地位的重要原因。农村集体经济组织作为实现集体所有制和行使集体所有权的载体，属于社会主义公有制的一种实现形式，这一点已经被我国立法所确认。农村集体经济组织成员主要利用集体拥有所有权的资产资源，以农村土地作为主要生产资料，在生产、供销、信用、消费等方面进行合作，其基础是生产资料的集体所有制。在功能定位上，农村集体经济组织既承载着代表农民集体行使土地所有权并参与市场活动的微观职能，又承担着在经济活动领域实现公有制，尤其是桥接集体所有制和集体所有权的宏观职能；在组织目标上，其虽然也以实现成员整体利益最大化为目标，但此种利益的实现需要兼顾眼前和长远，兼顾此代与后代，考虑农村集体经济组织的长远存续和可持续发展，并承载着村庄公共服务的职能。在此特别需要指出的是，经济学界比较流行将"农民集体所有"定性为"共同共有"，但法学上的"共同共有"实属私人所有的范畴，应注意纠正此种不准确的说法，明确"农民集体所有"为"公有"。可以表述为"农民集体成员共同所有"，但不能表述为"共同共有"或"共有"，尤其是要避免将"共同共有"的说法写进政策文件，以免给下一步改革和立法带来混乱与困惑。

只有同时具备上述 9 个特征的农村集体经济组织，才能够与其作为土地所有权法定代表主体的职能定位相匹配。同时，也正因为有这些独特特征，《民法总则》《民法典》将其定性为"特别法人"。由此反观前些年开展的集体产权制度改革，实践中不乏存在一些误区，例如有些地方通过股权代持形式将农村集体经济组织设置成一人有限责任公司，有些地方由村里面经营较好的农民专业合作社来代行土地所有者职责，还有一些地方允许不具备成员资格的外来主体通过注资等形式取得农村集体经济组织的股权等。这些做法均背离了农村集体经济组织必须具备的本质特征，混淆了农村集体经济组织与集体投资的各种集体企业形态。

（三）农村集体经济组织与农业合作经济组织的区别

受限于"政社合一"的历史阶段，我国集体经济组织形式一直比较复杂，多种市场主体形态长期共存，实践中，将农村集体经济组织泛化的现象较为普遍，现在各种文献和报道中所指称的农村集体经济组织，可能包括农民专业合作社、家庭农场、乡镇企业等各种不同组织形态，最容易出现的情形就是将农村集体经济组织与各种农业合作经济组织混淆。由于长期以来农村集体经济组织在法律上的主体地位不明确，而《宪法》等法律又将合作经济规定为集体经济，一些地方在设立农村集体经济组织时，为解燃眉之急，便依据《农民股份合作企业暂行规定》《农民专业合作社法》等登记注册为合作经济组织形式。

我国《宪法》第八条规定："农村集体经济组织实行家庭承包经营为基础、统分结合的双层经营体制。农村中的生产、供销、信用、消费等各种形式的合作经济，是社会主义劳动群众集体所有制经济。参加农村集体经济组织的劳动者，有权在法律规定的范围内经营自留地、自留山、家庭副业和饲养自留畜。城镇中的手工业、工业、建筑业、运输业、商业、服务业等行业的各种形式的合作经济，都是社会主义劳动群众集体所有制经济。国家保护城乡集体经济组织的合法的权利和利益，鼓励、指导和帮助集体经济的发展。"这一规定源于

1954 年的《宪法》，实则是将各种合作经济形式都纳入了集体所有制经济的范畴，使得农民专业合作社等也成了公有制的实现形式。农业部《农民股份合作企业暂行规定》（1997 修改）也规定："农民股份合作企业（以下简称企业）是劳动农民的合作经济，是社会主义劳动群众集体所有制经济，是乡镇企业的重要组成部分和农村经济的重要力量。"但该暂行办法对农民股份合作企业的定义为："本暂行规定所称农民股份合作企业是指，由三户以上劳动农民，按照协议，以资金、实物、技术、劳力等作为股份，自愿组织起来从事生产经营活动，接受国家计划指导，实行民主管理，以按劳分配为主，又有一定比例的股金分红，有公共积累，能独立承担民事责任，经依法批准建立的经济组织。"这一做法也是将部分农民自愿联合设立的合作企业当作了集体所有制经济。

上述定性值得商榷，合作社是"联合所有"（jointly-owned）的企业，集体经济组织是"集体所有"的企业。"联合所有"与"集体所有"的最大区别在于，前者承认个人所有者权益，而后者否定个人所有者权益。因此，有学者建议修改《宪法》，将合作社从第八条农村集体经济组织的规定中剥离。无论是依据《农民股份合作企业暂行规定》设立的农民股份合作企业，还是依据《农民专业合作社法》设立的农民专业合作社，均不属于集体所有制的载体，也均不能成为集体所有权的代表主体，不能因为主体有了农民以及在收益分配上加入了按劳分配就将其归属于集体所有制经济，更不能因此而将其等同于集体所有权的代表行使主体。因此，农民专业合作社、农业合作企业等均不属于作为土地所有权法定代表主体的农村集体经济组织。否则，将既不利于维持农村集体经济组织的纯粹性，使得这些公有制的实现主体面临被"私化"的风险，不利于对农村集体经济组织的规范调整；也不利于合作社和农业合作企业的发展，使得这些市场主体因为被赋予了公有制的属性而受到特殊管制措施的限制。

在新时代，即便是按照集体产权制度改革的部署改造之后的土地股份合作社或者集体资产股份合作社，虽然名字上仍有"合作社"字样，但这些"合作社"与农民专业合作社以及农业合作企业等有显著的不同，仍然需要维持地域性、封闭性等特征，成员并不享有退社自由，更不能因退社而带走土地等集体资产。

事实上，《民法总则》第三章第四节"特别法人"将"农村集体经济组织法人"与"城镇农村的合作经济组织法人"区分规定的做法，就已经将合作经济组织排除在了农村集体经济组织之外：《民法总则》第九十六条将"农村集体经济组织法人"与"城镇农村的合作经济组织法人"并列规定为特别法人的两种不同类型，并于第九十九条专条规定农村集体经济组织法人，第一百条专条规定城镇农村的合作经济组织法人。《民法总则》的立法态度已经明确表明：

农村集体经济组织才是行使土地所有权的法定代表，城镇农村的合作经济组织只是含有农民要素的合作经济形态，农民专业合作社、农民股份合作企业等各种合作经济组织不属于农村集体经济组织的范畴。

农村集体经济组织与农业合作经济组织异同点比较见表 2-1，与有限责任公司异同点比较见表 2-2。

表 2-1　农村集体经济组织与农业合作经济组织异同点比较

	名称	农村集体经济组织	农业合作经济组织
	性质	法定的社区性经济合作组织	自发性经济合作组织
	成员（社员）资格	身份（户籍等）决定，入社法定，退社不自由	意愿决定，自愿入社，退社自由
	成员（社员）范围	全体具备资格的成员	部分农民
不同点	联系纽带	集体所有的土地（同一地区）	同类农产品或同类农业生产经营活动（跨地区）
	初始财产来源	法律直接规定	社员投入
	利润分配	首先保障组织运转和集体公益事业，剩余按人头民主分配	收益直接用于成员分配，按交易额分配为主
相同点		1. 均为特别法人 2. 均可以从事营利性活动，并可以向成员分配利润 3. 均具有人合性，实行"一人一票"的民主表决制度	

表 2-2　农村集体经济组织与有限责任公司异同点比较

	项目/名称	农村集体经济组织	有限责任公司
	性质	法定的社区性经济合作组织	自发性企业组织
	主体地位	特别法人	营利法人
	成员（社员）资格	身份（户籍等）决定，入社法定，退社不自由	意愿决定，自愿入股，退股自由
不同点	成员（社员）范围	全体具备资格的成员	无身份限制的投资主体
	联系纽带	集体所有的土地（同一地区）	企业资产（跨地区）
	初始财产来源	法律直接规定	股东投入
	利润分配	首先保障组织运转和集体公益事业	收益直接用于股东分配
	治理结构	人合，实行"一人一票"的民主表决制度	资合，按出资（持股）比例行使表决权

（续）

项目/名称		农村集体经济组织	有限责任公司
不同点	经营范围	负债、担保和高风险投资行为的限制	无特别限制
	责任和破产能力	仅经营性资产属于责任财产，不可破产	全部资产为责任财产，可破产
	税收优惠等	享受特殊扶持政策	一般不享受，区分行业而定
相同点		1. 均具有法人地位 2. 均可以从事营利性活动，并可以向成员分配利润 3. 均设权力机关、执行机关、监督机关	

第三章 农村集体经济组织
的财产制度

农村集体经济组织作为特别法人，必须具有自己独立的法人财产，这是对法人的基本要求。那么，农村集体经济组织的法人财产包含什么呢？一方面，农村集体经济组织具有经营管理集体土地之责，那么，集体土地所有权是否是农村集体经济组织的法人财产呢？如果说是，将意味着农村集体经济组织是集体土地所有权的主体；如果说不是，那么农村集体经济组织对集体土地享有何种权利？其又依据何种法理和权利基础对集体土地进行经营管理？

2007 年颁布的《物权法》将集体土地和森林、山岭、草原、荒地、滩涂等集体自然资源（为表述方便，下文简称为"集体土地"）的所有权主体规定为"农民集体"，乡镇、村、村民小组集体经济组织则规定为代表集体行使所有权的主体。《民法典》继受了这一规定。基于历史和现实方面的各种原因，在理论研究和实践探索中，对农村集体经济组织与农民集体到底属于何种关系，农村集体经济组织是否或可否为集体土地所有权的主体等问题，一直存在争议和困惑，并对正在推进的农村集体产权制度改革和《农村集体经济组织法》起草工作产生重大影响。以集体土地所有权归属为主线，多角度、多层面厘清农民集体和农村集体经济组织之间的关系，并在此基础上进一步明确作为特别法人的新型农村集体经济组织的本质内涵和独特要求，对深化农村集体产权制度改革和推进《农村集体经济组织法》立法至关重要。

一、对农村集体经济组织与集体土地所有权关系的不同认识

（一）实践现状

从有关文件规定可以看出，在表述集体土地归属时，存在对农民集体所有和农村集体经济组织所有混用的情形。例如，2010 年中央一号文件《中共中

央 国务院关于加大统筹城乡发展力度进一步夯实农业农村发展基础的若干意见》明确提出："把全国范围内的农村集体土地所有权证确认到每个具有所有权的集体经济组织。"2011 年 5 月 6 日《国土资源部、财政部、农业部关于加快推进农村集体土地确权登记发证工作的通知》（国土资发〔2011〕60 号）规定："力争到 2012 年年底把全国范围内的农村集体土地所有权证确认到每个具有所有权的集体经济组织，做到农村集体土地确权登记发证全覆盖。"但 2011 年 11 月 9 日《国土资源部、中央农村工作领导小组办公室、财政部、农业部关于加快推进农村集体土地确权登记发证工作的通知》（国土资发〔2011〕178 号）则规定："把农村集体土地所有权确认到每个具有所有权的农民集体"，并要求"集体土地所有权主体按'××村（组、乡）农民集体'填写。"2016 年 12 月 26 日《中共中央 国务院关于稳步推进农村集体产权制度改革的意见》（以下简称《产改意见》）规定："把农村集体资产的所有权确权到不同层级的农村集体经济组织成员集体，并依法由农村集体经济组织代表集体行使所有权。"一方面规定农村集体经济组织是代表行使主体，另一方面又采用"农村集体经济组织成员集体"的表述，并且在文件的多处将"农村集体经济组织成员"与"集体成员"混用，实质含义并无不同。

在农村集体产权制度改革的地方实践中，将农村集体经济组织规定为土地所有权的主体，或者将农民集体资产与农村集体经济组织资产完全混同的情况十分常见。例如，《广东省农村集体经济组织管理规定》（2013 年修订）[①] 和《济南市农村集体经济组织管理规定（试行）》（2020 年）[②] 均明确规定农村集体经济组织享有集体土地和其他集体资产的所有权，《浙江省农村集体资产管理条例》（2016 年施行）也规定农村集体经济组织对全部集体资产享有所有权[③]；《黑龙江省农村集体经济组织条例》（2020 年）虽未明确规定农村集体经济组织所有，但第二十四条规定"农村集体经济组织行使集体资产所有权"，第 29 条采用"农村集体经济组织对其所有的经营性资产和集体统一经营的资源性资产可以实行直接经营"的表述[④]。

（二）理论争议

理论界对集体土地所有权的主体以及与此相关的农民集体与农村集体经济组织之关系的阐释，虽观点纷呈、论证路径多样，但大体可以区分为两大

---

① 《广东省农村集体经济组织管理规定》（2013 年修订）第 13 条。
② 《济南市农村集体经济组织管理规定（试行）》（2020 年）第 14 条。
③ 《浙江省农村集体资产管理条例》（2016 年施行）第五条、第八条。
④ 《黑龙江省农村集体经济组织条例》（2020 年）第 24 条、第 29 条。

阵营：

1. 独立代表主体说 此类观点认为，农民集体和农村集体经济组织是两个不同的独立的主体，前者为集体土地唯一的所有权主体，后者为代表行使主体，农村集体经济组织不能被认定为集体土地所有权的归属主体①。其论证依据可以归纳为两点：一是《物权法》第六十条的代表行使的规定；二是可以避免集体土地所有权成为法人财产从而被转让或者被偿债的风险②。

在独立代表主体说下，对于如何理解农村集体经济组织对农民集体土地所有权的代表行使关系，也即农村集体经济组织代表农民集体行使土地所有权的法律关系基础为何，又存在4种不同的解释路径：一是"构成要素说"。例如韩松教授认为，成员集体是所有权主体，农村集体经济组织是代表行使主体，农村集体经济组织和村民委员会作为两类集体组织，均属于构成集体的要素。集体组织是集体所有权主体的对外代表，在与国家、其他集体和私人的关系上，集体组织代表本集体的成员集体活动；对内而言，在集体内部，集体组织是集体的管理者、经营者③。二是"代理关系说"。例如姜红利博士等认为，农村集体经济组织对农民集体财产享有委托代理意义上的运营管护职责④。三是"投资关系说"。例如于飞、高海、李凤章等教授认为，农村集体经济组织是农民集体用集体资产投资设立的，但农民集体并不向农村集体经济组织投入土地所有权，只是投入土地用益物权或土地定限物权，农村集体经济组织基于

---

① 高圣平：《〈民法典〉与农村土地权利体系：从归属到利用》，载《北京大学学报（哲学社会科学版）》2020年第6期；谭启平、应建均：《"特别法人"问题追问——以〈民法总则（草案）〉（三次审议稿）为研究对象》，载《社会科学》2017年第3期；杨一介：《我们需要什么样的农村集体经济组织》，载《中国农村观察》2015年第5期，第11页；于飞：《"农民集体"与"集体经济组织"：谁为集体所有权人？——风险界定视角下两者关系的再辨析》，载《财经法学》2016年第1期；高海：《论集体土地股份化与集体土地所有权的坚持》，载《法律科学（西贝政法大学学报）》2019年第1期，第171页；管洪彦：《农民集体的现实困惑与改革路径》，载《政法论坛》2015年第5期，第96页；吴昭军：《农村集体经济组织"代表集体行使所有权"的法权关系界定》，载《农业经济问题（月刊）》2019年第7期，第38页；姜红利、宋宗宇：《集体土地所有权归属主体的实践样态与规范解释》，载《中国农村观察》2017年6月，第2页；许中缘、崔雪炜：《"三权分置"视域下的农村集体经济组织法人》，载《当代法学》2018年第1期，第87页。

② 于飞：《"农民集体"与"集体经济组织"：谁为集体所有权人？——风险界定视角下两者关系的再辨析》，载《财经法学》2016年第1期，第44页；高海：《论集体土地股份化与集体土地所有权的坚持》，载《法律科学》（西北政法大学学报）2019年第1期，第169页；姜红利、宋宗宇：《集体土地所有权归属主体的实践样态与规范解释》，载《中国农村观察》2017年6月，第2页。

③ 韩松：《农民集体所有权主体的明确性探析》，载《政法论坛》2011年第1期，第115页。

④ 姜红利、宋宗宇：《集体土地所有权归属主体的实践样态与规范解释》，载《中国农村观察》2017年6月，第2页。

农民集体向其投入的土地使用权而对集体土地进行经营管理①。四是"信托关系说"。例如吴昭军博士认为,农民集体与农村集体经济组织之间形成法定信托关系,集体土地所有权并不转移至农村集体经济组织,但得以成为农村集体经济组织的信托财产,农村集体经济组织基于该信托关系而对集体土地进行经营管理②。相应地,在这一阵营的不同学说下,农村集体经济组织对集体土地并不享有所有权,至于到底享有什么权利,则依据不同学说,可能是代管权(基于代理关系或者信托关系进行代管),也可能是定限物权或者用益物权。

2. **所有权主体说** 此类观点认为,农村集体经济组织亦是或者应当是集体土地所有权的归属主体。其论证理由可以归纳为3个视角:一是法律解释视角。例如李适时主任认为,农民集体作为所有权人,其在法律上的表现形式就是农村集体经济组织③。陈甦教授认为,《物权法》第六十条本身就规定了农村集体经济组织对于集体财产的所有人地位④。张兰兰博士认为,《物权法》第六十条应解释为农村集体经济组织与农民集体均是集体土地所有权的主体,但是"农民集体"作为计划经济时代的产物,不应该也无法作为市场经济体制下集体土地所有权主体的私法表达,因此,由农村集体经济组织"代表"行使所有权。此"代表"并非指代表其他权利主体,而是权利主体自身的私法表达代表其政治意义的表达⑤。二是历史延续视角。例如李永军教授认为,从互助组—初级社—高级社—人民公社—乡镇恢复的历史中,可以清晰而坚定地认为,集体经济组织是集体土地及其他财产所有权的主体⑥。三是从制度设计的应然视角。例如房绍坤教授等认为,在建立集体经济组织的农村,应当确认集体经济组织为集体资产的所有权主体,并从市场经济的要求、特别法人的意义、解决资产归属逻辑冲突的需求、城镇化发展需要、集体所有制的表现形式5个角度予以论证⑦。高飞教授认为,集体土地所有权的主体为农民集体,但应当将农民集体改造为集体土地股份合作社法人,以此重建农村集体经济组

---

① 李凤章、高海:《论集体土地股份化与集体土地所有权的坚持》,载《法律科学》(西北政法大学学报)2019年第1期,第169页;于飞:《"农民集体"与"集体经济组织":谁为集体所有权人?——风险界定视角下两者关系的再辨析》,载《财经法学》2016年第1期,第44页。

② 吴昭军:《农村集体经济组织"代表集体行使所有权"的法权关系界定》,载《农业经济问题(月刊)》2019年第7期,第43页。

③ 李适时:《中华人民共和国民法总则释义》,法律出版社,2017年版,第311-312页。

④ 陈甦:《民法总则评注》(上册),法律出版社,2017年版,第699页。

⑤ 张兰兰:《农村集体经济组织形式的立法选择——从〈民法总则〉第99条展开》,载《中国农村观察》2019年第3期,第15页。

⑥ 李永军:《集体经济组织法人的历史变迁与法律结构》,载《比较法研究》2017年第4期,第50-51页。

⑦ 房绍坤、林广会:《农村集体产权制度改革的法治困境与出路》,载《苏州大学学报(哲学社会科学版)》2019年第1期,第38-39页。

织，换言之，农村集体经济组织就是股份化改造之后的农民集体①。

（三）争议的实质及其影响

农村集体经济组织是否属于或者可否成为集体土地所有权的主体，并非纯粹的理论探讨，还会对农村集体产权制度改革的路径产生方向性的重大影响。无论持何种观点，不仅需要自身在理论上能够逻辑自洽，还需要能够有效回应当前农村集体产权制度改革面临的现实问题。从现有研究成果看，两派观点均面临诸多挑战。

1. 独立代表主体说的挑战　独立代表主体说认为农民集体和农村集体经济组织是两个独立的主体，农村集体经济组织是独立的代表行使主体，不得成为土地所有权主体，结合当前的理论争议和农村集体产权制度改革实践，其需要进一步回答如下问题：

（1）历史上归属于人民公社等农村集体经济组织所有的土地，是如何变成另一个独立主体"农民集体"所有的？在《民法典》未赋予"农民集体"民事主体地位的情形下，如何认识其所有权主体地位？

（2）既然农民集体与农村集体经济组织在法律人格上属于两个独立的主体，其成员关系如何？二者的成员范围是否一致？有认为等同者，也有主张不等同者。如果等同，如何理解同一拨人组成的两个集体各自独立？如果不等同，农村集体经济组织经营管理集体土地等产生的收益是向农民集体成员分配还是向农村集体经济组织成员分配？

（3）农民集体与农村集体经济组织的财产关系如何？二者的财产范围是否一致？是否各自独立？集体经济组织的财产来源和财产类型如何？主张独立代表主体说的学者大多认为，在农村集体产权制度改革中，集体土地等资源性资产所有权均不得进入农村集体经济组织，仅能进入土地使用权，经营性资产所有权则可以进入农村集体经济组织，此种对农民集体财产的类型分割是否合理可行？如何应对实践中资源性资产向经营性资产转化的问题？

（4）在法律性质和效力上如何阐释农村集体经济组织与农民集体之间的代表关系？"构成要素说"将具有特别法人地位的农村集体经济组织视为农民集体的组成要素，是否合理？"代理关系说"本身并未能充分阐释该代理关系产生的法理和法律效果，在"投资关系说"和"信托关系说"下，农民集体将集体土地使用权投入农村集体经济组织，那么在农村集体经济组织对集体土地使用权享有法人财产权的情形下，其又如何代表农民集体行使这些土地的所有权？行使自己的土地使用权与代表农民集体行使土地所有权的收益如何区分和

---

① 高飞：《集体土地所有权主体制度研究》，法律出版社，第287页。

分割？

2. **所有权主体说的挑战** 所有权主体说认为农村集体经济组织亦是集体土地所有权的主体，则其需要进一步回答如下问题：

（1）在法律人格上，其与同样作为集体土地所有权主体的农民集体，到底是一个主体还是两个主体？

（2）如果认为在法律人格上是一个主体，如何理解一个法律人格的主体有两个不同的法律名称，以及如何解释《民法典》第262条农村集体经济组织代表农民集体行使所有权的规定？难道真如学者所说，属于"民事主体'代表'自己行使权利的不符合制度逻辑的奇特规则设计"①？

（3）如果认为在法律人格上是两个主体，如何理解集体土地既属于农民集体所有又属于农村集体经济组织所有，以及由此产生的与物权法一物一权原则之间的冲突？

（4）从农村集体产权制度改革实践看，如果认为农民集体与农村集体经济组织在法律人格上为一个主体，则农村集体产权制度改革中设立农村集体经济组织的过程即是对农民集体本身予以改造的过程，设立的农村集体经济组织就是土地所有权的主体，故此不需要纠缠农民集体和农村集体经济组织之间的成员和财产关系问题，但如何防范集体土地所有权归属于农村集体经济组织特别法人而可能带来的所有权被转移或者偿债的风险？

3. **评析** 不难看出，在不同的理论观点支撑下，农村集体产权制度改革会依循不同的路径展开，不仅会对集体土地所有权的实质归属带来重大影响，还会极大影响农村集体经济组织的成员和财产构成、农村集体经济组织的治理结构等改革关键问题，甚至决定农村集体经济组织的功能定位和本质内涵，事关重大。自2014年中央部署集体资产股份权能改革试点以来，农村集体产权制度改革已将近第10个年头，总体来看，各试点地方围绕农村集体经济组织的资产分类和清产核资、成员身份确认、股权配置办法、股份登记和权能内容、农村集体经济组织的登记管理和税费政策等诸多内容开展了比较充分的探索，在健全集体所有权的行使方式、显化集体资产价值、增加农民财产性收入等方面积累了丰富的经验。但由于配套法律法规不健全以及理论研究的滞后，社会各界对农村集体经济组织与农民集体的关系、农村集体经济组织的本质属性、农村集体经济组织的财产类型和财产来源、农村集体经济组织股份配置格局和治理结构等，均缺乏清晰和统一的认识，实践探索也呈现出"五花八门"之态，既阻碍了改革的深入推进，也使得当前正在开展的《农村集体经济组织

---

① 高飞：《落实集体土地所有权的法制路径——以民法典物权编编纂为线索》，载《云南社会科学》2019年第1期，第158页。

法》起草工作面临重重困难。鉴于此，以集体土地所有权的归属为主线，拨开农民集体与农村集体经济组织之间关系的迷雾，明晰农村集体经济组织在农村集体产权制度改革中的功能定位和本质属性，对于指导当前的改革和立法工作十分重要而迫切。

笔者认为，当前对集体土地所有权主体以及农民集体与农村集体经济组织关系的阐释，必须遵循 3 个原则：一是尊重历史，自社会主义改造完成之后，我国集体土地所有权的归属应当具有延续性和稳定性。二是兼顾现实，包括农村治理现实和法律制度现实，这意味着对集体土地所有权归属的阐释结论应当与当前我国农村基层治理和集体产权制度改革的基本面相适应，与现行法律规定，尤其是《民法典》的规定具有和谐一致性，并不得突破公有制底线。三是回应改革目标，阐释结论应当有利于完善公有制下集体土地所有权的行使机制，有利于保护和实现农民利益，有利于集体土地产权制度的明晰和集体土地资源的市场化配置。

二、农村集体经济组织与集体土地所有权关系的法律文本变迁考察

梳理中华人民共和国成立以来我国宪法各版本、1956 年《中华人民共和国高级农业生产合作社示范章程》、1962 年《农村人民公社工作条例（修正草案）》、《土地管理法》各版本、《农村土地承包法》各版本，以及《民法通则》《物权法》《民法总则》《民法典》等对集体土地所有权主体、农村集体经济组织、集体土地所有权行使机制等的规定（表 3-1），可以将法律规定的变迁区分为三个阶段。

表 3-1　宪法和法律对集体土地所有权主体以及行使机制的规定

法律名称	条文内容
《宪法》（1954 年）	第八条　国家依照法律保护农民的土地所有权和其他生产资料所有权 国家指导和帮助个体农民增加生产，并且鼓励他们根据自愿的原则组织生产合作、供销合作和信用合作 国家对富农经济采取限制和逐步消灭的政策
《中华人民共和国高级农业生产合作社示范章程》（1956 年）	第一条　农业生产合作社（本章程所说的农业生产合作社都是指的高级农业生产合作社）是劳动农民在共产党和人民政府的领导和帮助下，在自愿和互利的基础上组织起来的社会主义的集体经济组织

（续）

法律名称	条文内容
《农村人民公社工作条例（修正草案）》（1962 年）	一、农村人民公社是政社合一的组织，是我国社会主义社会在农村中的基层单位，又是我国社会主义政权在农村中的基层单位 农村人民公社是适应生产发展的需要，在高级农业生产合作社的基础上联合组成的。它在一个很长的历史时期内，是社会主义的互助、互利的集体经济组织，实行各尽所能、按劳分配、多劳多得、不劳动者不得食的原则 人民公社的集体所有制经济，同全民所有制经济，是社会主义经济的两种形式。这两种形式的社会主义经济，互相支援，共同促进我国国民经济的繁荣。国家要尽可能地从各方面支援人民公社集体经济，发展农业生产，逐步进行农业技术改革，用几个五年计划的时间，在农业集体化的基础上，实现农业的机械化和电气化 二、人民公社的基本核算单位是生产队。根据各地方不同的情况，人民公社的组织，可以是两级，即公社和生产队，也可以是三级，即公社、生产大队和生产队 二十一、生产队范围内的土地，都归生产队所有。生产队所有的土地，包括社员的自留地、自留山、宅基地等等，一律不准出租和买卖 （此处仅列举第二十一条第一款）
《宪法》（1975 年）	第七条　农村人民公社是政社合一的组织 现阶段农村人民公社的集体所有制经济，一般实行三级所有、队为基础，即以生产队为基本核算单位的公社、生产大队和生产队三级所有 在保证人民公社集体经济的发展和占绝对优势的条件下，人民公社社员可以经营少量的自留地和家庭副业，牧区社员可以有少量的自留畜
《宪法》（1982 年）	第十条　城市的土地属于国家所有 农村和城市郊区的土地，除由法律规定属于国家所有的以外，属于集体所有；宅基地和自留地、自留山，也属于集体所有 国家为了公共利益的需要，可以依照法律规定对土地实行征用 任何组织或者个人不得侵占、买卖、出租或者以其他形式非法转让土地 一切使用土地的组织和个人必须合理地利用土地
《民法通则》（1986 年 4 月）	第七十四条　劳动群众集体组织的财产属于劳动群众集体所有，包括： 1. 法律规定为集体所有的土地和森林、山岭、草原、荒地、滩涂等 2. 集体经济组织的财产 3. 集体所有的建筑物、水库、农田水利设施和教育、科学、文化、卫生、体育等设施 4. 集体所有的其他财产 集体所有的土地依照法律属于村农民集体所有，由村农业生产合作社等农业集体经济组织或者村民委员会经营、管理。已经属于乡（镇）农民集体经济组织所有的，可以属于乡（镇）农民集体所有 集体所有的财产受法律保护，禁止任何组织或者个人侵占、哄抢、私分、破坏或者非法查封、扣押、冻结、没收

（续）

法律名称	条文内容
《土地管理法》 （1986年6月）	第六条　城市市区的土地属于全民所有即国家所有 农村和城市郊区的土地，除法律规定属于国家所有的以外，属于集体所有；宅基地和自留地、自留山，属于集体所有 第八条　集体所有的土地依照法律属于村农民集体所有，由村农业生产合作社等农业集体经济组织或者村民委员会经营、管理。已经属于乡镇农民集体经济组织所有的，可以属于乡镇农民集体所有 村农民集体所有的土地已经分别属于村内两个以上农业集体经济组织所有的，可以属于各该农业集体经济组织的农民集体所有
《土地管理法》（1998年）	第八条　城市市区的土地属于国家所有 农村和城市郊区的土地，除由法律规定属于国家所有的以外，属于农民集体所有；宅基地和自留地、自留山，属于农民集体所有 第十条　农民集体所有的土地依法属于村农民集体所有的，由村集体经济组织或者村民委员会经营、管理；已经分别属于村内两个以上农村集体经济组织的农民集体所有的，由村内各该农村集体经济组织或者村民小组经营、管理；已经属于乡（镇）农民集体所有的，由乡（镇）农村集体经济组织经营、管理
《物权法》（2007年）	第五十九条　农民集体所有的不动产和动产，属于本集体成员集体所有 下列事项应当依照法定程序经本集体成员决定： （一）土地承包方案以及将土地发包给本集体以外的单位或者个人承包 （二）个别土地承包经营权人之间承包地的调整 （三）土地补偿费等费用的使用、分配办法 （四）集体出资的企业的所有权变动等事项 （五）法律规定的其他事项 第六十条　对于集体所有的土地和森林、山岭、草原、荒地、滩涂等，依照下列规定行使所有权： （一）属于村农民集体所有的，由村集体经济组织或者村民委员会代表集体行使所有权 （二）分别属于村内两个以上农民集体所有的，由村内各该集体经济组织或者村民小组代表集体行使所有权 （三）属于乡镇农民集体所有的，由乡镇集体经济组织代表集体行使所有权
《民法总则》（2017年）	第九十六条　本节规定的机关法人、农村集体经济组织法人、城镇农村的合作经济组织法人、基层群众性自治组织法人，为特别法人 法律、行政法规对城镇农村的合作经济组织有规定的，依照其规定 第一百零一条　居民委员会、村民委员会具有基层群众性自治组织法人资格，可以从事为履行职能所需要的民事活动 未设立村集体经济组织的，村民委员会可以依法代行村集体经济组织的职能

（续）

法律名称	条文内容
《土地管理法》（2019 年）	第九条【土地所有权归属】城市市区的土地属于国家所有 　　农村和城市郊区的土地，除由法律规定属于国家所有的以外，属于农民集体所有；宅基地和自留地、自留山，属于农民集体所有 　　第十一条　集体所有土地的管理和经营　农民集体所有的土地依法属于村农民集体所有的，由村集体经济组织或者村民委员会经营、管理；已经分别属于村内两个以上农村集体经济组织的农民集体所有的，由村内各该农村集体经济组织或者村民小组经营、管理；已经属于乡（镇）农民集体所有的，由乡（镇）农村集体经济组织经营、管理
《民法典》（2020 年）	第二百六十一条　农民集体所有的不动产和动产，属于本集体成员集体所有。下列事项应当依照法定程序经本集体成员决定：（一）土地承包方案以及将土地发包给本集体以外的组织或者个人承包；（二）个别土地承包经营权人之间承包地的调整；（三）土地补偿费等费用的使用、分配办法；（四）集体出资的企业的所有权变动等事项；（五）法律规定的其他事项 　　第二百六十二条　对于集体所有的土地和森林、山岭、草原、荒地、滩涂等，依照下列规定行使所有权：（一）属于村农民集体所有的，由村集体经济组织或者村民委员会依法代表集体行使所有权；（二）分别属于村内两个以上农民集体所有的，由村内各该集体经济组织或者村民小组依法代表集体行使所有权；（三）属于乡镇农民集体所有的，由乡镇集体经济组织代表集体行使所有权

（一）从"人民公社所有"到"集体所有"阶段

1. 1975 年版《宪法》的"人民公社所有"　1954 年版《宪法》规定了"农民的土地所有权"；1975 年版《宪法》第八条则将集体所有权的主体表述为"人民公社所有"和"公社、生产大队和生产队三级所有"。这一变化背后的节点性事件有 4 个：

一是中华人民共和国成立初期通过土地改革运动建立起的农民土地所有制，"到一九五二年冬，除台湾地区和一部分少数民族地区以外，全国的土地改革基本结束，使三亿无地或少地的农民分得了约七亿亩土地和其他生产资料"[①]。1954 年版《宪法》第八条的规定即是对这一改革成果的确认。

二是启动于 1953 年的社会主义改造和土地合作化运动，将解放初期农民个人的土地所有权慢慢转变为合作社的集体所有权。1956 年年底，对农业的社会主义改造基本完成，这标志着中国普遍建立了农村高级社，也意味着农民

---

① 《邓小平文选》，第 3 卷，399 页，北京：人民出版社，1993。

的个人土地所有权转变为高级社的集体所有权。这时，我国农村基本上实现了由半社会主义性质的初级社向完全社会主义性质的高级社的转变①。对于高级农业生产合作社的性质，1956 年的《中华人民共和国高级农业生产合作社示范章程》第一条规定："农业生产合作社（本章程所说的农业生产合作社都是指的高级农业生产合作社）是劳动农民在共产党和人民政府的领导和帮助下，在自愿和互利的基础上组织起来的社会主义的集体经济组织。"这也是全国性的法律文件上首次出现"集体经济组织"的概念。

三是随后掀起的人民公社化运动，进一步将"小社并大社"。截至 1958 年 11 月，参加人民公社的农户比重上升到 99.1%，总户数达到 1.27 亿户，我国农村全面实现了人民公社化②。人民公社以"一大二公"为特点，实行政社合一（经济组织和政权组织合并）、工农商学兵相结合原则，一般为一乡一社，个别的一县一社。公社内部实行高度集中统一管理，贫富拉平，平均分配，无代价上调下属生产队以至社员的个人财产。故有学者认为，人民公社制度实质上否定了高级社时期基本上确定为"合作社所有权"的民事权利，实际上将农民地权收并为地方政府所有或者国家所有③。

四是随着人民公社体制弊端的快速显现，中央于 1959 年开始调整方针政策，1962 年 9 月颁布的《农村人民公社工作条例（修正草案）》正式确立人民公社的"三级所有、队为基础"体制。这一条例进一步明确了农村人民公社的内涵、性质和组织架构：农村人民公社是政社合一的组织，是我国社会主义政权在农村中的基层单位；是适应生产发展的需要，在高级农业生产合作社的基础上联合组成的社会主义的互助、互利的集体经济组织；人民公社的集体所有制经济，同全民所有制经济，是社会主义经济的两种形式；根据各地方不同的情况，人民公社的组织，可以是两级，即公社和生产队，也可以是三级，即公社、生产大队和生产队；生产队范围内的土地，都归生产队所有。

结合 1975 年版《宪法》、1956 年版《中华人民共和国高级农业生产合作社示范章程》和 1962 年版《农村人民公社工作条例（修正草案）》的有关规定，可以得出如下结论：集体所有权的主体为人民公社，而人民公社具体包括公社、生产大队和生产队，公社、生产大队和生产队均为集体经济组织。这也意味着在当时的语境下，集体所有即为集体经济组织所有，也等于人民公社所有。

---

① 马晓河：《中国农村 50 年：农业集体化道路与制度变迁》，载《当代中国史研究》1999 年第 5－6 期，第 72 页。
② 同①：75。
③ 孙宪忠：《争议与思考——物权立法笔记》，455 页，北京，中国人民大学出版社，2006。

2. 1982 年版《宪法》的"集体所有" 1982 年版《宪法》不再采用 1975 年版《宪法》人民公社所有的表述，而是直接采用抽象的"集体所有"的表述，且本身未对何谓集体所有予以阐述。1982 年之后的各次宪法修改均维持了 1982 年版《宪法》的表述。之所以删除了 1975 年版《宪法》中对人民公社所有的表述，是因为 20 世纪 70 年代末开启的以家庭联产承包责任制为代表的经济体制改革导致了人民公社的解体。到 1984 年年末，全国共建乡 84 340 个，建制镇 7 280 多个，新建村民委员会 82.2 万个，乡镇政权的建立和村民委员会的形成，标志着农村人民公社制度的最终解体和新的农村管理体制的产生①。随着人民公社体制的解体，许多地方的农村集体经济组织也逐渐消亡或者名存实亡，但集体所有作为社会主义公有制的基本形态必须维持，已经集体化为人民公社所有的土地等生产资料等无法也不能被肢解为个人所有。鉴于此，1982 年版《宪法》不再规定"人民公社"所有，而是抽象处理为"集体所有"。

对 1982 年版《宪法》中的"集体所有"应作何理解？是对社会经济条件变化背景下对原"集体经济组织所有"的模糊表述，还是否定"集体经济组织所有"从而另创"农民集体所有"？笔者认为，1982 年版《宪法》的这一表述并不能理解为宪法将集体所有权的主体从"农村集体经济组织"调整为"农民集体"：一方面，1986 年的《民法通则》和《土地管理法》均有"劳动群众集体组织的财产""集体经济组织的财产""农业集体经济组织所有"的表述，可见当时的立法并未否定农村集体经济组织作为集体财产所有权的主体；另一方面，在人民公社体制解体后，并非所有的农村集体经济组织也一并消亡。有学者考察表明，"20 世纪 70 年代末开始农村经济改革，实行联产承包责任制，终结了问题重重的人民公社组织体制，但集体经济组织又以其他形式继续发展着。"② 但无论如何，"人民公社所有"不复存在。

由此观之，1982 年版《宪法》规定的"集体所有"是从 1975 年版《宪法》规定的"集体经济组织（人民公社）所有"演变而来；从文义看，其"集体所有"的表述即可理解为"集体经济组织所有"，亦可理解为更为抽象的"集体所有"。

（二）"集体经济组织所有"与"农民集体所有"混同阶段

作为 1982 年版《宪法》之后首部对集体所有权做出具体规定的法律，

---

① 马晓河：《中国农村 50 年：农业集体化道路与制度变迁》，载《当代中国史研究》1999 年第 5 - 6 期，第 82 页。

② 文启湘、周晓东：《农村集体经济组织长期生存与制度变迁原因探讨》，载《现代财经》2008 年第 9 期，第 9 页。

1986 年 4 月颁布的《民法通则》第七十四条对集体所有的表述呈现如下特点：一是只规定了村农民集体所有和乡（镇）农民集体所有，未规定生产队农民集体所有。二是在概念上将"集体所有""劳动群众集体所有""农民集体所有""农民集体经济组织所有"混用，例如规定"集体经济组织的财产属于劳动群众集体所有""已经属于乡（镇）农民集体经济组织所有的，可以属于乡（镇）农民集体所有"。这意味着集体财产的所有权主体为集体经济组织，集体经济组织所有与农民集体所有实质等同。作为《民法通则》起草主要参与学者的佟柔教授也将劳动群众集体所有财产的所有权主体阐述为劳动者集体组织本身[①]。三是同时出现"农民集体经济组织"和"农业集体经济组织"的表述，但应为同一内涵。四是在法律上首次规定了村农民集体所有土地的经营管理主体——村农业生产合作社等农业集体经济组织或者村民委员会。

由此观之，依据 1986 年版《民法通则》的规定，集体土地既属于农民集体所有，也属于集体经济组织所有，农民集体所有与集体经济组织所有实质上为同一内涵。村集体土地的经营管理主体为村集体经济组织或者村民委员会，考虑到村集体土地本身就属于村集体经济组织所有，该经营管理条文可以理解为：当该村存在集体经济组织时，由其作为所有者自己经营管理，当该村不存在相对应的集体经济组织或集体经济组织无力担此职责时，则由村民委员会经营管理。两个主体的经营管理行为基于不同的法律关系。

1986 年 6 月颁布的《土地管理法》第六条抽象规定了土地的集体所有，第八条第一款对集体所有的表述与 1986 年版《民法通则》第七十四条第二款的表述完全相同，同样是集体经济组织所有与农民集体所有混用。除此之外，第八条第二款补充规定了生产队农民集体所有的情形，其表述可简化为"农业集体经济组织所有的土地，属于该农业集体经济组织的农民集体所有"，这一表述在将农业集体经济组织所有等同于农民集体所有的同时，进一步表明"农民集体"是由农业集体经济组织的农民组成的集体。

1998 年修改后的《土地管理法》总体维持了 1986 年版《土地管理法》对集体所有的规定，细微变化之处有三：一是将"农业集体经济组织"的表述改为"农村集体经济组织"。二是进一步补充了生产队农民集体所有土地和乡镇农民集体所有土地的经营管理主体，至此，三级农民集体（乡镇、村、生产队）所有土地的经营管理主体在法律上均有了明确规定。三是不再采用"村内两个以上农业集体经济组织所有"的表述，替换为"村内两个以上农村集体经济组织的农民集体所有"。应当说，这一表述变化弱化了"农村集体经济组织所有"的提法，强化了"农民集体所有"的统一表述。但同 1986 年版《土地

---

① 佟柔：《民法原理》（修订本），法律出版社 1986 年 2 月版，第 173 页。

管理法》一样，其"农村集体经济组织的农民集体所有"表述仍表明"农民集体"是实则由农村集体经济组织的农民所组成的集体。从这一角度说，这意味着农村集体经济组织与农民集体是由同样的人组成的集体。

从这一时期的立法规定可以得出如下结论：①集体经济组织所有与农民集体所有具有同一内涵，在法律表述上处于混同状态，集体经济组织的财产属于农民集体所有。②各级"农民集体"是由该级农业集体经济组织的农民组成的集体，也即农民集体的成员与农村集体经济组织的成员指向同一群人。③农民集体所有土地的经营管理主体，首先是该农民集体对应的农村集体经济组织，其次是村民委员会、村民小组等自治组织，乡镇农民集体所有则只有该集体经济组织一个经营管理主体。由集体经济组织经营管理的情形，实则是土地所有权人自己行使；由村民委员会、村民小组等经营管理的情形，则属于由其他主体代为经营管理。

（三）"农民集体所有"与"集体经济组织代表行使"阶段

相较于之前的《民法通则》和《土地管理法》，2007 年颁布的《物权法》在对集体土地所有权归属和行使机制的规定上出现两点重要变化：

1. 将"农民集体所有"阐释为"本集体成员集体所有" 《物权法》第五十九条规定"农民集体所有的不动产和动产属于本集体成员集体所有"，从而首次在立法上出现"成员集体所有"的表述，且农民集体所有等于成员集体所有。对此规定，学者大多从强调成员权的角度予以阐释，认为该规定"更加强调农民集体与其成员的关系"[①]，是为了强调集体成员对集体财产享有共同的支配权、平等的民主管理权和共同的收益权，集体的财产只有在法律上确认为成员集体所有后，才能密切集体成员和财产之间的关系，防止集体组织的负责人滥用集体名义侵吞集体财产或者损害集体成员的利益[②]。全国人大常委会法制工作委员会民法室也认为：农民集体所有的特征就是集体财产成员集体所有、集体事务集体管理、集体利益集体分享，只有本集体的成员才能享有这些权利。与此同时，本条强调重大事项由集体决定，主要是针对实践中少数村干部擅自决定涉及全体村民利益大事的情况[③]。由此可见，"成员集体所有"表述的价值功能主要在于强调成员的权利，避免集体财产被少数人控制。

---

① 陈小君等：《我国农村集体经济有效实现的法律制度研究》（三卷），法律出版社 2017 年版，第 77 - 78 页。

② 王利明、周友军：《论我国农村土地权利制度的完善》，载《中国法学》2012 年第 1 期，第 48 页。

③ 全国人大常委会法制工作委员会民法室：《中华人民共和国物权法条文说明、立法理由及相关规定》，北京大学出版社，2007 年，第 92 - 93 页。

也有学者认为，该规定试图用下定义的方式阐述"农民集体所有"的内涵和法律性质，但此种尝试并不成功。例如，有学者认为，将"农民集体与该集体成员集体作为农村土地所有权的主体等同"是该条规定的特色①。该规定明确了集体经济组织成员亦为集体所有权的主体，在通说将集体所有权作为单独所有权看待的背景下，称集体组织和集体成员一起作为集体所有权的主体，在逻辑上存在着障碍②。另有学者认为，在"本集体成员集体所有"这个拗口的短语中，第一个"集体"为名词，指的是农民心目中的集体范围，试图界定何者为集体的成员；第二个"集体"可以作副词解释，它修饰所有，试图强调不是集体组织所有，不是成员所有，而是由成员共同所有③。

笔者认为，一方面，长期以来，在理论界和实务界对何谓"农民集体所有"存在抽象的集体所有说、法人和个人共同所有说、特殊共有说、新型总有说等不同观点④，无论《物权法》第五十九条的规定是否试图回应这一争议，但均未达到相应效果。另一方面，1986年和1998年《土地管理法》中"农村集体经济组织的农民集体所有"的表述已经蕴含了"农民集体是由农村集体经济组织的农民所组成的集体"的意思，无论是基于立法和政策表述还是基于普遍的社会观念，无论是采用"农民集体"还是采用"成员集体"表述，集体均是由一个个活生生的人组成的集体，人是集体最核心的要素，人与人之间通过集体财产和共同的治理机制相联结，绝对不能把集体理解为一个脱离了人的单纯的财产的集合体，更不能将其理解为少数村干部，这应当是社会各界对集体这一概念的共识。至于实践中部分地方存在的少数村干部不当控制的问题，则属于集体所有权行使机制问题，绝非因为"农民集体"的表述本身存在问题而产生了误解或歧义。

故此，《物权法》第五十九条将"农民集体"阐释为"成员集体"，仅具抽象的宣示性意义，对于明晰集体土地所有权的归属主体以及农民集体的法律性质并无实质性意义。

2. 将农村集体经济组织规定为"代表行使主体" 《物权法》第六十条将之前法律规定的农民集体所有土地的经营管理主体——各级农村集体经济组织、村民委员会、村民小组等，重新表述为"代表集体行使所有权"的主体，从而使农村集体经济组织的角色从"经营管理主体"转变为"代表行使主体"。这一表述对如何认识农村集体经济组织和农民集体的关系，以及如何选择健全

---

① 高飞：《集体土地所有权主体制度研究》，法律出版社2012年版，第109页。
② 崔建远：《物权法》（第2版），中国人民大学出版社2011年版，第173页。
③ 吴次方、靳相木编著：《中国土地制度改革三十年》，科学出版社，2009年，第49页。
④ 宋志红：《集体建设用地使用权流转法律制度研究》，中国人民大学出版社，2009年11月，第112-113页。

集体所有权行使机制的路径均产生了重大影响：在《物权法》规定之前，依据《宪法》《民法通则》《土地管理法》等，"农民集体所有"与"农村集体经济组织所有"处于混同状态，二者实质上为同一内涵，在主体和概念上并无予以严格区分的必要，在法律表述上说集体土地属于农民集体所有或者属于农村集体经济组织所有均无不妥；在经营管理上，集体土地可以由作为所有权人的农村集体经济组织经营管理，也可以由村民委员会、村民小组等经营管理，前者为自己行使，后者为他人代为行使。但在出现《物权法》第六十条的规定之后，农村集体经济组织仅为代表农民集体行使所有权的主体，基于法律文义解释，既然为代表主体，自当意味着农村集体经济组织与农民集体为两个不同的主体，而且，农村集体经济组织不再是集体土地所有权的主体，否则就会出现自己代表自己的悖论。

但对于这一从文义上看起来十分重大的变化，立法者和学术研究并没有给予相应的重视。查询当时的立法资料，立法机关并未有特别说明；考察当时的社会经济环境，亦未发现有支撑这一变化的政治或经济事件；学术界对这一变化的缘由也鲜有探讨。尤其值得思考的是，2019 年修改的《土地管理法》对集体土地的规定并未采纳《物权法》第六十条中代表行使的表述，而是原封不动地维持了 1998 年《土地管理法》第八条和第十条的表述，其第十一条仍然是将农村集体经济组织规定为经营管理主体而非代表行使主体。但 2020 年颁布的《民法典》第二百六十二条则又直接照搬了《物权法》第六十条的表述。这也给集体土地所有权归属和行使机制的理论研究和实践探索带来了困惑。

需要指出的是，尽管《物权法》第六十条看起来似乎将农村集体经济组织和村民委员会等自治组织同等规定为集体土地所有权的法定代表行使主体，但从实际情况看，农村集体经济组织在代表农民集体行使土地所有权上具有优越性和优先性①，这既是《民法典》第一百零一条第二款之规定的隐含意蕴，也是基层治理现代化的要求。

（四）小结

综上所述，农村集体经济组织产生于社会主义改造，在人民公社时期，作为农村集体经济组织的三级人民公社本身是集体土地所有权的主体。在人民公社解体后，农村集体经济组织在各地的存续和健全状况参差不齐，《民法通则》和《土地管理法》在规定集体所有权时不再采用"人民公社所有"的表述，而是开始采用更为抽象的"集体所有""农民集体所有"，与此同时，也会混用

---

① 2016 年 12 月 26 日《中共中央 国务院关于稳步推进农村集体产权制集体度改革的意见》第三（七）部分的表述也明确表明了集体经济组织在代表集体行使所有权上的优先性。

"农村集体经济组织所有"之表述，二者内涵一致，均指向"农民集体所有"。

转折和混乱始于 2007 年颁布的《物权法》，该法第六十条将各级农村集体经济组织规定为集体土地所有权的代表行使主体，使得在文义解释上，农村集体经济组织被"踢出"集体土地所有权主体行列，农民集体与农村集体经济组织成为两个并列的独立主体。但 2019 年修改的《土地管理法》并未援引时间上更近的《物权法》规定，而是仍然维持了《民法通则》和 1998 年《土地管理法》中由集体经济组织经营管理的表述。2020 年颁布的《民法典》则又直接援引了《物权法》的表述。

从法律适用上看，《民法典》作为一部"固根本、稳预期、利长远的基础性法律"，其规定应具有优先于《土地管理法》的效力，而且在未来相当长的一段时期，对《民法典》第二百六十二条中的代表行使规定只有解释适用空间而无修改空间。这意味着对集体土地所有权归属主体以及农民集体与农村集体经济组织关系的阐释，必须在尊重《民法典》第二百六十二条规定的前提下开展。

三、《民法典》视野下农村集体经济组织与集体土地所有权的关系

对农村集体经济组织而言，其角色从所有者转变为代表行使主体，看起来是法律地位的重大变化。但全国人大常委会法工委民法室在阐释《物权法》第六十条立法理由时反倒认为："规定相应的主体来代表集体行使所有权，这与《民法通则》《土地管理法》《农村土地承包法》等现行法律的相关规定是一致的，也使得党在农村的政策具有连续性和稳定性。"[1] 全国人大常委会法工委民法室在对《民法典》第二百六十二条释义时再次重申了这一观点[2]。种种迹象表明，立法者在立法时并不认为始于《物权法》第六十条的农村集体经济组织代表行使规定与之前立法上的经营管理规定存在实质差异，反倒认为两种表述的实质含义是一致的。换言之，在立法者看来，《物权法》第六十条规定的代表行使主体同原有的经营管理主体相比，只是表达形式上的变化，并不影响实质性的制度安排，农村集体经济组织无论是自己以土地所有者的身份对集体土地进行经营管理，还是以农民集体之法定代表的身份行使集体土地所有权，其实质效果相同。只有如此，方能合理解释不同立法上"翻烧饼"的表述，也

---

① 全国人大常委会法制工作委员会民法室：《中华人民共和国物权法条文说明、立法理由及相关规定》，北京大学出版社，2007 年，第 94 页。

② 黄薇：《中华人民共和国民法典释义》（上），法律出版社 2020 年，第 484 - 485 页。

才能体现集体土地所有权制度的历史延续性。这为我们重新理解《物权法》第六十条的代表行使规定提供了新的思路，即《物权法》中的"农民集体所有＋农村集体经济组织代表行使"的规定与之前法律中"农民集体和农村集体经济组织混同所有＋农村集体经济组织经营管理"的规定实质内涵或实质法律效果相同。但这一目标的实现显然无法依赖简单的文义解释，而是需要在兼顾历史和现实的基础上对农民集体与农村集体经济组织之间的关系予以重新解构。

（一）法定"代表行使"关系再认识

在民法上，法定代表关系特指法人的法定代表人对法人的法定代表，法定代表人本身属于法人的机关，是法人的组成部分。那么，农村集体经济组织和农民集体之间的法定代表关系可否类比法人的法定代表人制度呢？回答此问题之前，需先对"农民集体"这一主体本身的法律内涵予以清晰认识。

对于"农民集体"的法律地位，立法一直未予明确，理论界存在抽象的集体所有说、法人和个人共同所有说、特殊共有说、新型总有说等不同观点①，《物权法》第五十九条"成员集体所有"的表述看起来更像是采纳了总有说。但总有本身是一种权利义务关系并不明晰的产权安排，并不适应深化农村土地制度改革背景下产权明晰的要求。既然《物权法》将"农民集体"规定为所有权主体，"农村集体经济组织"只是代表行使主体，为了便利集体资产的经营管理，解决集体土地所有者法律地位不明确的问题，后续立法理应赋予"农民集体"这一所有权主体本身以民事主体地位，并通过健全农民集体的治理机制来解决其意思形成、表达和执行等问题。但2017年的《民法总则》并未遵循此路径，其并未明确农民集体的民事主体地位，而是直接赋予农村集体经济组织这一所谓的法定代表主体以特别法人地位。《民法典》则完全继承了《物权法》和《民法总则》的有关规定：一方面继续将具有特别法人地位的农村集体经济组织规定为法定代表行使主体，另一方面继续回避农民集体的主体地位。

民事主体无非是分为自然人主体和团体（组织）主体两类。在《民法典》的视野下，农民集体显然不具备团体主体资格。农民集体本身不是一个组织，既不是法人组织，也不是非法人组织，其只是由若干自然人成员组成的一个松散集合体。《民法典》第二百六十一条"农民集体所有的不动产和动产，属于本集体成员集体所有"的表述也进一步表明并不存在一个叫"农民集体"的组织，农民集体只是对一个特定人群的代称。作为一个松散集合体的农民集体本身也不存在自己的意思形成机关和执行机关。那么，村民委员会和农村集体经

---

① 宋志红：《集体建设用地使用权流转法律制度研究》，中国人民大学出版社，2009 年 11 月，第 112 - 113 页。

济组织是否属于农民集体的意思形成机关或执行机关呢？有学者认为，村民委员会和农村集体经济组织分别属于农民集体的自治组织和经济组织，共同构成农民集体的要素①。笔者认为，一个组织体的机关是该组织体的有机组成部分，属于该组织体的内部结构，其为了实现该组织体的利益而产生，只能以该组织体的名义而行为，并无自己独立的名义或人格。但村民委员会和农村集体经济组织均属独立的法人组织，具有独立的民事主体地位，可以以自己的名义独立开展活动。故此，村民委员会和农村集体经济组织并不属于农民集体的意思形成机关或执行机关，其和农民集体之间的关系并不能套用法人的法定代表人制度予以解释。

在《民法典》的视野下，"农民集体"显然也无法归类为自然人主体。农民集体作为众多自然人的集合，少则数百人多则数千人甚至上万人，这些人之间并不构成共有关系，既不属于按份共有也不属于共同共有，也无法归类为甚至类比为《民法典》第五十四条和第五十五条指向的个体工商户和农村承包经营户。

那么，对这样一个没有民事主体地位的"农民集体"而言，其该如何承载所有者的职责？又如何将其土地所有权交由农村集体经济组织代表行使呢？

分析发现，作为被代表者的农民集体根本无法以自身名义做出任何意思表示或者从事任何民事活动，即便是授权农村集体经济组织代表或者代理②行使所有权的意思表示都无法做出，更别提在农村集体经济组织存在不当代表行为时行使撤销权了。有观点以《物权法》第五十九条的"本集体成员决定"为依据，认为农民集体可以通过成员集体决议方式做出决策，并存在"农民集体决议"③。但结合相关法律对具体决策事项的规定可知，即便是农民集体成员通过集体表决的方式做出决议，也只能是以农村集体经济组织的名义采用成员大会（成员代表会议）方式或者以村委会的名义采用村民会议（村民代表会议）方式进行，典型如《农村土地承包法》第十九条和《土地管理法》第六十三条中"经本集体经济组织成员的村民会议三分之二以上成员或者三分之二以上村民代表的同意"之规定④。即便上述主张存在"农民集体决议"的学者，在认为"农民集体决议行为的决议主体是本集体成员集体"的同时，也认为"村民

---

① 韩松：《农村集体所有权主体的明确性探析》，载《政法论坛》2011年第1期，第115页。

② 这意味着前述用委托代理关系来解释农村集体经济组织与农民集体之间的法定代表关系亦不可行。

③ 王雷：《农民集体成员权、农民集体决议与乡村治理体系的健全》，载《中国法学》2019年第2期，第132页。

④ 对该集体决议之决议主体的详细分析，参见宋志红：《集体建设用地使用权设立的难点问题——兼析〈民法典〉和〈土地管理法〉有关规则的理解与适用》，载《中外法学》2020年第3期。

委员会、农村集体经济组织对本村属于村农民集体所有的土地和其他财产的管理须具体由村民会议（村民代表会议）、农村集体经济组织成员（代表）大会讨论决定方可"①，可见其所述的"农民集体决议"实则也是农村集体经济组织决议或者村民大会（代表会议）决议。正因为此，《民法典》第二百六十五条第二款在规定成员对集体决定的撤销权时，只能是针对农村集体经济组织、村民委员会或者其负责人的决定，而不能针对农民集体本身的决定，因为本身就不存在所谓的农民集体的决定，所有名义上的农民集体的决定，要么是农村集体经济组织的决定，要么是村民委员会或村民小组的决定。《民法典》第二百六十四条规定的集体的信息公开义务和集体成员的查阅复制权，其义务主体也同样仅仅指向农村集体经济组织或者村民委员会、村民小组，而非农民集体。同样，依据《农村土地承包法》，农户享有的土地承包权益的义务主体也只能是农村集体经济组织，而非农民集体。由此可见，在具体的权利义务关系中，无论是对内（集体与成员之间）还是对外（集体与其他主体之间），农民集体均非具体法律关系中的主体，当需要农民集体参与法律关系时，其只能以农村集体经济组织或者村民委员会、村民小组等面目出现，而无法以农民集体本身的面目出现。

从这一角度看，与其说农村集体经济组织是在代表农民集体行使所有权，不如说农村集体经济组织是在代表全体集体成员行使所有权，而农民集体正是对全体集体成员的整体代称。因此，农村集体经济组织对农民集体的法定代表，实则是对全体集体成员的法定代表，这意味着其是对一个特定人群的直接代表。

（二）法定代表主体的适格性要求

《民法典》回避农民集体的民事主体地位，直接赋予农村集体经济组织这一法定代表主体特别法人地位的做法，对如何处理农民集体和农村集体经济组织的关系，尤其是如何定位农村集体经济组织的功能和治理结构提出了特殊要求。这是因为，如果农民集体是一个具备完全民事行为能力的主体，理论上其可以基于自主意志委托任何一个具备完全民事行为能力的主体代理其行使所有权，法律无需对代理人做出强制性的特定要求。但农民集体恰恰不具备这一条件，其并无民事主体地位，没有意思表示和意思执行能力，农村集体经济组织对其的代表也是法律直接规定的结果。在此情形下，要确保农村集体经济组织对农民集体的法定代表行为符合农民集体之利益，则必须对该农村集体经济组

---

① 王雷：《农民集体成员权、农民集体决议与乡村治理体系的健全》，载《中国法学》2019年第2期，第139页。

织提出一系列特殊要求：

1. **自动全权代表** 如前所述，由于农民集体事实上无法以自身名义独立开展任何意思表示，即便是向农村集体经济组织授权的意思表示都无法做出。因此，当一个农民集体存在相应的农村集体经济组织时，该农村集体经济组织直接基于法律的规定自动且全面地代表农民集体行使土地所有权，其行使的是集体土地所有权的全部权能，农民集体既无选择权亦无保留权，只有如此，方能真正克服集体土地所有权主体虚位问题。

2. **代表行使全部财产** 农民集体的所有财产——不仅包括《民法典》第二百六十二条规定的土地、森林、山岭、草原、荒地、滩涂等资源性资产，也包括农村集体产权制度改革中的经营性资产和非经营性资产，均须交由农村集体经济组织行使。即便是实行家庭承包经营的农地，农村集体经济组织的发包行为也是其代表农民集体行使所有权的表现。因此，农村集体经济组织代表农民集体行使的所有权指向农民集体的全部财产。这意味着在得以支配的财产范围内，农村集体经济组织与农民集体高度重合，农民集体的全部财产依法自动且全部地由农村集体经济组织代表行使所有权。否则，必将导致部分财产所有权行使的真空。

3. **利益的高度一致性与唯一对应性** 由于农村集体经济组织对农民集体利益的代表是基于法律直接规定的全权代表，农民集体的全部财产依法自动且全部地由农村集体经济组织行使所有权，农民集体对这一过程没有任何控制力，既无法"用脚投票"不让农村集体经济组织代表，亦无法在事后通过行使撤销权撤销后者的不当代表行为。因此，农村集体经济组织只能为实现农民集体之利益而存在，而不能有区别于农民集体的自己的独立利益，更不得有代表、代理或服务于第三人的目的，农村集体经济组织的利益自动归属于农民集体，二者的利益具有高度一致性。只有如此，方能确保农村集体经济组织对集体资产的经营管理行为符合农民集体利益。这也意味着每一个农民集体只能也只需要存在一个作为法定代表主体的农村集体经济组织。

4. **成员一致性** 农民集体成员和农村集体经济组织成员的范围应完全重合，内涵一致，指向同一群人。这是因为，农民集体和农村集体经济组织的存在目的和利益具有高度一致性，农民集体服务于其成员利益，农村集体经济组织亦服务于其成员利益，而农村集体经济组织是在代表农民集体行使财产所有权。如果农村集体经济组织的成员范围大于农民集体的成员范围，必将导致农民集体的财产福利效应不当外溢；反之，如果农村集体经济组织的成员范围小于农民集体的成员范围，则会导致农民集体的部分成员无法享受农民集体财产的福利。

只有同时符合上述 4 个特征的农村集体经济组织方能成为代表农民集体行

使土地所有权的适格主体，否则，必将出现农村集体经济组织利益和农民集体利益的分野，从而导致农村集体经济组织的代表行使行为偏离农民集体的利益。这正是对具备特别法人资格的新型农村集体经济组织的特有要求。

在此基础上进一步思考农村集体经济组织对农民集体的法定代表关系，就会发现，这样的农村集体经济组织与农民集体在各方面具有高度同一性：二者的成员范围和财产范围完全重合，二者的利益诉求和利益归属完全统一，二者对集体土地拥有的权能完全一致——农村集体经济组织自动且全面地行使农民集体的全部财产所有权。进一步分析，由于农民集体的成员本身就是农村集体经济组织的成员，这些成员直接通过农村集体经济组织的治理机制对后者行使所有权的行为予以控制，实现其在集体中的权利并承担相应义务，这意味着农村集体经济组织实则是直接对农民集体成员予以代表，而非借由"农民集体成员——农民集体——农村集体经济组织"路径的间接代表。在后一种解释思路下，实际上是先将农民集体拟制为一个团体，然后由该团体委托农村集体经济组织代表行使所有权，在此种思路下，农民集体成员对农村集体经济组织行为的控制需要经过农民集体的"中转"，具有间接性。毫无疑问，直接代表的解释思路更有利于保护和实现农民集体成员的权益。

这种直接代表思路同时也意味着，在集体土地所有权行使领域，农村集体经济组织在功能上完全替代了农民集体，农民集体成为一个抽象的公有制主体而在实践运转中"隐身"，农村集体经济组织则成为农民集体可感知、能运行的"替身"，农村集体经济组织对农民集体的"代表行使"实则成了"代替行使"。此种情形下，说农村集体经济组织是在直接行使自己的所有权还是在代表农民集体行使所有权，又有何本质区别？

至此，再回头审视《物权法》第六十条的跳跃性规定，自会"豁然开朗"：因为对符合上述特点的适格农村集体经济组织而言，农村集体经济组织与农民集体在各方面具有高度一致性，只不过农民集体为抽象的公有制主体，农村集体经济组织为民法上具体行使所有权的主体。在此种情形下，至于法律是将农村集体经济组织规定为集体所有权的主体，还是规定为集体所有权的代表行使主体，对所有权行使的实质效果并无影响，只不过规定为代表行使主体的做法可以从形式上避免"既属于农民集体所有又属农村集体经济组织所有"的表述与物权法的"一物一权"的原则相冲突。由此可见，《物权法》第六十条和《民法典》第二百六十二条的代表行使规定并非农民集体所有权制度断裂的"异类"，而是在实质效果延续基础上的表达形式"现代化"。

（三）农民集体所有与农村集体经济组织所有的关系

如前所述，从《物权法》第六十条和《民法典》第二百六十二条规定的表象看，农村集体经济组织仅为农民集体土地所有权的代表行使主体，并非所有权主体，但实际上，农村集体经济组织直接依据法律规定对集体土地行使包括占有使用收益处分在内的全部权能，其虽无所有者之名但有所有者之实。这意味着从实质法律效果看，集体土地既属于抽象的农民集体所有，也属于作为特别法人的农村集体经济组织所有。这一结论并不违反"一物一权"原则，而是体现集体所有在不同制度层面和不同历史时期的不同面相。

1. 从名义所有到实质所有、从终极控制到具体支配——所有制与所有权的互动　我国集体土地在归属上呈现出的农民集体所有与农村集体经济组织所有并存的双层结构，反映了作为公有制的集体所有制通过民法上的所有权制度实现其价值和功能的过程，体现了所有制与所有权在纵向制度设计上的互动。

（1）农民集体是抽象的终极所有者。作为众多自然人集合的抽象的农民集体是公有制的承载主体，是名义上和抽象的集体土地所有权主体，是集体土地的最终归属主体和终极控制者。这种终极控制体现为：在农村集体经济组织成立之前，农民集体以松散集合体的形式享有所有权；在农村集体经济组织因某种原因注销之时，农村集体经济组织的全部剩余财产转归农民集体。

（2）农村集体经济组织是具体的法人所有权主体。持独立代表主体说者大多主张集体土地所有权不属于农村集体经济组织的法人财产，农民集体仅向农村集体经济组织转移土地使用权。但如前所述，农村集体经济组织事实上对集体土地独立行使包括占有、使用、收益、处分在内的圆满支配权能，在农民集体本身无民事主体资格的情形下，农民集体无法对农村集体经济组织的代表行使权限予以保留，其必须将土地所有权的全部权能交由农村集体经济组织实际行使。在此种情形下，说农村集体经济组织只享有土地使用权不享有土地所有权，实有掩耳盗铃之嫌。对于公有制下所有权的实质归属，孙宪忠教授指出："所有权其实也是一个法律技术上创制出来的概念，因为所有权是确定财产支配秩序的主要法律手段，它在发挥这一作用时必须遵守'特定主体对于特定物的支配权'这个法律规则，所以，在确定所有权的主体的时候，也就是在确定特定物的归属的时候，民法必须依据处分权，把能够自主行使处分权的主体确定为所有权主体。"[1]"所有权不过就是一个确定财产支配秩序的法律手段，这个法律手段和财产控制终极的力量并不能简单的相等。"[2]对于农村集体经济组织而言，其实质上是对具体特定的集体土地享有法人所有权的主体，对集体土地的支配完全符合民法上所有权的特征，因此，无论其是否属于名义上的所有权主体，其所有权主体之实均不容否定。

---

① 孙宪忠等：《国家所有权的行使与保护研究》，中国社会科学出版社，第56－57页。
② 同①：59。

（3）农民集体所有与农村集体经济组织所有相互依存、相互成就，是作为公有制的集体所有制在不同制度层面的不同表现形式，具有实质同一性。农民集体为公有制下抽象的所有权主体，是从所有制角度描述农村社会的经济基础，其制度功能在于从生产关系视角维持集体资产的公有属性。马克思认为，所有制是一定生产关系的总和，要说明所有制，就必须把社会的全部生产关系描述一番①。农民集体所有就是对农村整体生产关系的描述。农村集体经济组织为民法制度中具体的所有权主体，是从财产控制角度描述具体的占有支配关系，其制度功能在于解决公有制下具体财产通过现代产权制度安排参与市场活动的问题。农民集体所有决定政治经济属性，农村集体经济组织所有决定具体的支配关系。农民集体必须借助农村集体经济组织实现其财产的市场化运营，农村集体经济组织存在的核心价值就在于运营管理公有制下不可分割到个人的土地等集体财产，如果没有这些集体财产作为支撑，农村集体经济组织完全没有作为一类特殊法人存在的必要。农民集体和农村集体经济组织通过共同的成员和共同的财产而紧密连接，农村集体经济组织直接依据法律规定行使农民集体财产所有权，农民集体的成员作为农村集体经济组织的成员，直接通过农村集体经济组织的治理机制享受权利并承担义务。

2. 从具体到抽象再到具体——集体所有在不同阶段的不同表现形式　在我国集体土地归属上，农民集体所有与农村集体经济组织所有并存的现象还可以从历史发展的横向维度予以诠释，体现了集体所有在不同历史发展阶段的不同表现形式，是充分回应农村基层治理现状的结果。

回溯历史，在人民公社时代，法律之所以直接规定集体土地属于人民公社（农村集体经济组织）所有，是因为在当时的社会背景下，人民公社完全可以担负起行使集体土地所有权的职责。在人民公社解体之后，抽象的农民集体所有应运而生，农民集体所有原本只是对集体土地等生产资料所有制性质的描述，但在人民公社解体之后，这一抽象概念被迫成为具体所有权的载体。但由于农村集体经济组织并非一夜之间在所有的农村集体全部消失，一些地方的农村集体经济组织继续以其他形态存续和发展，故此，法律规定出现了农民集体所有与农村集体经济组织所有并存和混同的现象。近年来，中央重新提出了发展壮大集体经济的要求，集体土地资源配置也进一步向市场化方向发展，这对集体土地所有权的主体提出了更高的要求，越来越多的村集体"重拾"或"新设"了农村集体经济组织，集体土地所有权的归属主体也就具备了从抽象农民集体回归到具体的农村集体经济组织的条件。

从理想状态看，每一个承载了土地所有权的农民集体都应当有相对应的农

---

① 《马克思恩格斯全集》第 1 卷，人民出版社 1995 年版，第 191 页。

村集体经济组织，但从当前农村基层治理的实际情况看，农村集体经济组织并非普遍且健全的存在，一些地方历史上的农村集体经济组织已经消亡，新的农村集体经济组织尚未成立，一些地方虽有各种形式的所谓农村集体经济组织，但治理机制不健全，不符合前述作为特别法人的特有要求，并无能力全面承接土地所有者的职责。在这些情形下，仍然需要村民委员会等自治组织来代表农民集体行使财产所有权。但村民委员会等自治组织的代表不同于农村集体经济组织的代表，村民委员会本身属于政治组织，由3~7名村委会委员组成，而且在一些开放程度较高的村庄、村民的范围与集体经济组织成员的范围也并不完全重合，农民集体的成员绝不等同于村委会的成员，农民集体的财产也绝不能等同于村委会的财产。可见，村委会的职能定位和组织架构决定了其在代表农民集体行使所有权上具有很大局限性，只能是过渡阶段的权宜之计，在村委会代表行使的场合，农民集体作为抽象的所有权主体并不能也无法"隐身"。因此，在那些缺乏适格农村集体经济组织的集体，仍然需要抽象的农民集体作为土地所有权的承载主体，以避免这些公有财产异化为"村委会所有"。而在那些通过农村集体产权制度改革设立了适格农村集体经济组织的地方，农民集体则可隐身到后台，农村集体经济组织成为实际的土地所有权主体。此时，农民集体与农村集体经济组织实为同一主体，农村集体经济组织本身就是农民集体法人化改造的结果，是农民集体在民事主体制度上的表现形式。

由此可见，农民集体所有原本只是对集体土地等生产资料所有制性质的描述，具体所有权的承载主体是农村集体经济组织，但由于农村集体经济组织在一段时间内的缺位，导致农民集体所有这一抽象的所有制概念被迫进入民法具体所有权的范畴，从而出现了农民集体成为具体所有权主体的现象。但由于农民集体本身无法具体运营管理集体财产，其所有权的实现仍然需要借助其他主体去具体行使，通过改造农民集体而重建农村集体经济组织成为不二选择。但对全国数百万个承载土地所有权的农民集体而言，重建农村集体经济组织并非一朝一夕之功，重建本身也存在制度成本，在这一较长的过渡阶段，那些没有适格农村集体经济组织的地方仍然需要农民集体来担当具体的所有权主体，故此出现农民集体所有与农村集体经济组织所有并存现象。

总之，不同形式的农村集体经济组织实则是农民集体在不同发展阶段的不同表现形式：在人民公社时期，集体所有表现为人民公社所有；在人民公社解体，新的农村集体经济组织设立之前，集体所有被抽象规定为农民集体所有；在作为特别法人的新型农村集体经济组织重新设立之后，集体所有又重新具体表现为农村集体经济组织所有。从这一角度而言，无论是人民公社，还是作为特别法人的新型农村集体经济组织，均属于农民集体在不同发展阶段的不同表现形式，人民公社属于农民集体的初级形式，松散的农民集体则属于其过渡阶段的中级形式，作为特别法人的新型农村集体经济组织则属于农民集体的高级形式。当前，我们正处于从中级形式向高级形式过渡的阶段，农民集体在有的地方表现为松散的农民集体，在有的地方则表现为更为高级形式的农村集体经济组织特别法人。

（四）小结——集体土地所有权是农村集体经济组织的法人财产

总之，依据《民法典》《土地管理法》等法律的规定，"农民集体"是所有权主体本身，"农村集体经济组织"则属于行使集体土地所有权的法定代表主体。如果按照法定代理来理解此处的代表关系，为了解决集体土地所有权主体虚位问题，应当首先赋予"农民集体"这一主体本身特别法人地位，然后健全"农民集体"本身的治理机制；"农村集体经济组织"则应定性为"农民集体"全资投资设立的企业形态，代理"农民集体"履行经济职能。在《民法总则》颁布之前，不少研究正是遵循这一思路展开的。但《民法典》的颁布彻底改变了这一路径。《民法典》并没有承认并明确"农民集体"的民事主体地位，而是径行回避了对"农民集体"主体地位的规定，直接赋予了"农村集体经济组织"这一代表主体特别法人地位，"农民集体"则在《民法典》的主体类型中找不到定位。其背后的立法原因是："农民集体所有"和"国家所有"作为公有制在所有权制度中的两种表现形式，法律均不直接规定"国家"和"农民集体"这两种所有权主体本身的法律地位，而是直接规定其所有权代表行使主体，从而维持这两种公有制下所有权主体抽象的法律地位。这一做法实则是维持了"农民集体"的"虚"，但通过做实"农村集体经济组织"，使集体所有权的行使得以落实。这为完善集体所有权实现机制明确了新的路径：回避"农民集体"的性质和主体地位等问题，通过明确其"法定代表主体"的性质和治理机制来完善集体所有权的行使机制。

从功能上看，这一路径也能实现"完善集体所有权的实现机制""解决土地所有权主体虚位问题"的目标，但在理论上尚需回答两个困惑：

第一，在所有权行使领域，"农村集体经济组织"是否完全并自动替代"农民集体"？笔者认为，由于"农民集体"在立法上被抽象化，其事实上无法以自身名义独立开展任何意思表示，甚至都没有能力和相应的机制做出向"农村集体经济组织"授权的意思表示，故此，只有在所有权行使领域让"农民集体"完全"隐身"，由"农村集体经济组织"自动且全面代表（甚至是代替）"农民集体"行使集体所有权，才能真正解决集体所有权的实现机制问题。从这一角度说，在所有权行使领域，"农村集体经济组织"可以也应当完全替代"农民集体"。

第二，农民集体的成员和农村集体经济组织的成员是何种关系？农民集体的财产（资产）与农村集体经济组织的财产（资产）又是何种关系？笔者认为，应当区分是否具备健全的农村集体经济组织，尤其是是否成立了符合特别法人要求的农村集体经济组织而区别对待：一是按照特别法人的要求成立了"农村集体经济组织"的"农民集体"。该"农民集体"的经济职能全部转归"农村集体经济组织"行使，农村集体经济组织作为该农民集体土地以及其他集体资产的法定代表行使主体，实际行使集体土地和其他集体资产的所有权，是权利义务的实际承受者，"农民集体"与"农村集体经济组织"具有了高度同一性。为了保持这种高度同一性，维持"法定代表"的正当性，必须保持农民集体的成员和农村集体经济组织成员范围的完全重合以及财产（资产）范围的完全重合。这意味着农民集体的成员与农村集体经济组织的成员本质上属于同一内涵，二者的财产（资产）本质上也属于同一内涵，而且农村集体经济组织一旦成立，农民集体的财产（资产）依法自动成为农村集体经济组织的法人财产（资产），既无须任何意思表示，也无须办理任何财产转移手续。二是农村集体经济组织尚不健全，或者尚未按照特别法人的要求设立相应的农村集体经济组织的农民集体。由于没有适格的农村集体经济组织来行使土地所有者职责，按照法律规定，只能由"村民委员会"来代表"农民集体"行使土地等集体资产所有权。但"村民委员会"的代表不同于"农村集体经济组织"的代表，村民委员会在代表农民集体行使土地所有权方面存在诸多缺陷，本质上并不适宜作为所有权主体，由村委会来代表行使实乃无奈之下的权宜之举。在这种情形下，"农民集体"并不能也无法"隐身"，"农民集体"的成员不能等同于村委会的成员，"农民集体"的财产（资产）也不能等同于村委会的财产（资产），"农民集体"和"村委会"之间的委托代理关系是明显的、显性的，需要严格按照民法委托代理的规则来规范二者之间的权利义务关系。

故此，对于按照《民法总则》以及未来的《农村集体经济组织法》关于特别法人的要求设立了"农村集体经济组织"的"农民集体"，"农民集体"完全可以被"农村集体经济组织"所替代，二者的成员和财产（资产）完全重合，"农民集体"的经济职能完全且自动地由"农村集体经济组织"来依法实现，"农民集体"成为一个抽象的法律概念而在实践运转中"隐身"，"农村集体经济组织"则成为"农民集体"可感知能运行的"替身"。从未来改革方向看，应当在所有的"农民集体"均成立相应的农村集体经济组织，从而将村委会从经济职能中解放出来，实现政社分开。但考虑到在所有的"农民集体"均设立符合特别法人要求的"农村集体经济组织"工程量巨大，而且短时间内也并非每一个"农民集体"都具备设立"农村集体经济组织"特别法人的条件，必然会在相当长的过渡时期内有相当多的"农民集体"尚未设立"农村集体经济组织"或者所设立的"农村集体经济组织"并不符合特别法人的要求暂不属于真正的"农村集体经济组织",在这种情形下,"农民集体"尚无法"隐身",村委会也仍需代行土地所有者职能。这也是"民法总则"并没有完全舍弃"农民集体"概念并直接规定农村土地属于农村集体经济组织所有的一个重要考量。

四、农村集体经济组织法人所有不违反公有制

否认农村集体经济组织对集体土地享有法人所有权的学者,其另一个重要理由是农村集体经济组织对集体土地享有法人所有权会导致集体土地被转让或者存在私有化的风险。对此有必要专题分析。

(一)法人所有不是公有制的对立面

所有制是一定生产关系的总和,其作用在于对整体生产关系的描述和定性;所有权则需要解决具体财产的占有支配问题,是对具体社会关系中权利义务的描述和规范。公有制也需要借助民法上的所有权制度具体落实。法人所有并不必然和公有制相冲突,不分青红皂白就一味将法人所有置于公有制对立面的做法没有科学依据,也不符合实际。"在公共财产治理秩序中,利用当代民法技术规则中的法人制度,尤其是公法人制度,明确承认实际行使公共财产占有、使用、收益和处分权利的法人享有公共财产所有权……借以使得财产实际控制秩序从主体、客体、权利、义务和责任的各个方面明确化。"[1]农村集体经济组织法人作为与机关法人并列的特别法人,正是属于此类具有公法人色彩的法人,其实际对集体土地也行使占有、使用、收益、处分权能,让其作为集体土地所有权的主体,是名副其实且实事求是的做法,并不违背公有制的要求。

(二)把握农村集体经济组织的本质要求

农村集体经济组织对集体财产所有权的具体行使是否会导致集体所有制的异化或落空,是否会威胁土地公有制,关键在于如何把握农村集体经济组织的本质要求,如何基于其公有制属性安排其治理结构,包括利益分配机制。一方面,如前所述,作为适格法定代表主体(也是实际上的土地所有权承载主体)的农村集体经济组织必须具备自动全权代表、代表行使全部财产、利益的高度一致性与唯一对应性、成员一致性4个特征,符合这4个特征的农村集体经济组织在代表农民集体行使土地所有权时,也是在直接代表全体集体成员行使土

---

[1]　孙宪忠等:《国家所有权的行使与保护研究》,中国社会科学出版社,第23页。

地所有权。另一方面，基于公有制的要求，"农村集体经济组织"在治理结构和收益分配上必须体现"集体所有"的公有制属性，符合公有制财产运营管理和收益分配的本质要求。显然，基于公有制的特殊要求，农村集体经济组织在治理结构方面必须具有区别于企业法人的一些特别要求，农民集体成员与农村集体经济组织之间的关系也并不能简单类比股东与公司之间的关系。具体来说，作为特别法人的新型农村集体经济组织在治理结构上应具有如下特性：

1. **成员身份的固有性和法定性**　农民集体成员自动成为农村集体经济组织成员，其成员身份的取得直接依据法律法规规定的条件和程序判断，而非基于其投资行为，成员没有也无需向农村集体经济组织投资。

2. **财产的自动继受性**　在农村集体经济组织设立过程中，农民集体的财产自动成为农村集体经济组织的财产，既不存在一个所谓的农民集体或农民集体成员向农村集体经济组织投资的行为，也没有所谓的财产转移过程，更不涉及财产转移税费问题，因为农村集体经济组织与农民集体本身就是一个主体，后者是前者法人化改造后的形态。

3. **土地等资源性资产的专属性和责任财产的限制性**　土地等资源性资产作为公有制专属资产，其所有权不可被转让，也不得纳入农村集体经济组织的责任财产[1]，这是土地公有制的应有要求。但农村集体经济组织为开展经营活动，可以为自己设定土地用益物权，例如为自己设定 50 年期限的集体建设用地使用权，并用该集体建设用地使用权进行抵押贷款，或者出资入股设立子公司等。在此，必须区分农村集体经济组织本身和农村集体经济组织出资设立的子公司，前者为封闭的公有制主体，属于特别法人，有严格的特定性要求，后者则属于开放性的一般市场主体，按照企业法人规则运行，农村集体经济组织特别法人对其投资的企业享有出资者权益。

4. **人合性和权益分享的均等性**　尽管当年人民公社的成立包含农民出资的过程，但在新的时代背景下，通过农村集体产权制度改革而设立的作为特别法人的农村集体经济组织却并非基于成员出资而设立的资合性组织，每个成员在农村集体经济组织中的地位和权益具有平等性，在表决机制上应当按照人合规则实行一人一票的均等表决制度，集体土地等公有制财产来源的法定性与公有性也要求这些资产的收益分配机制遵循公有制逻辑，原则上实行按"人头"平均分配规则，由全体成员公平分享。

由此可见，当我们将农村集体经济组织特别法人作为公有制主体并让其承担土地所有者职责之时，必须对农村集体经济组织本身提出严格的适格性要求，如此才能确保农村集体经济组织所有的公有制属性。

---

[1]　黄薇：《中华人民共和国〈民法典〉释义（上）》，法律出版社，2020 年，第 192 页。

（三）谨防农村集体经济组织"泛化"

值得关注的是，近年来，在理论研究和实践探索中一定程度上存在"泛化"农村集体经济组织的现象。有学者认为："从现存形态划分，集体经济组织包括行政社区范围内以土地为基础的集体经济组织，以及其他财产合作形成的农民专业合作社、供销社、信用社以及乡镇企业。"① 从实践操作看，一些地方将农民专业合作社、乡镇集体所有制企业等均归类为新型农村集体经济组织，有的村存在多个所谓的农村集体经济组织，有的村将集体与部分农户、市场主体共同投资形成的混合所有制企业也称为经济合作社并纳入农村集体经济组织范畴。例如山东东平县在经济合作社资源股份设置上实行 A、B 两类股份，A 股为集体配置股，由"四荒地"等资源转化而来，B 股为个人自愿股，由成员以家庭承包经营土地自愿入股②。

上述观点和做法实则是混淆了农村集体经济组织与农村集体经济的多样化实现形式。《产改意见》提出"多种形式发展集体经济""鼓励整合利用集体积累资金、政府帮扶资金等，通过入股或者参股农业产业化龙头企业、村与村合作、村企联手共建、扶贫开发等多种形式发展集体经济"③。毫无疑问，农村集体经济组织对集体资产的运营管理应当形式多样化、产业多元化，可以自己直接经营管理，也可以与其他市场主体合作，或者依法以集体资产对外投资入股等，混合所有制企业也是发展集体经济的有效途径。但在主体上，应当严格区分农村集体经济组织本身和具有集体经济成分的市场主体：农村集体经济组织作为承载土地所有权的公有制主体，有其严格的规定性，与农民集体具有唯一对应性；具有集体经济成分的市场主体则可以形态各异，可以是农村集体经济组织投资设立的全资企业，可以是乡村集体所有制企业，可以是包含农村集体经济组织投资的农民专业合作社，也可以是农村集体经济组织参股的有限公司或者股份公司等。后者虽具有集体经济属性，但其组织载体不属于农村集体经济组织，如果将两者混淆，将导致前者的公有制属性无法坚持、后者的市场化属性受到掣肘的"两败"后果。

农业农村部于 2020 年 11 月印发的《农村集体经济组织示范章程（试行）》（以下简称《示范章程》）坚持了农村集体经济组织的上述本质内涵和特征。分析发现，《示范章程》下的农村集体经济组织具有如下特点：一是表现形式法

---

① 郭洁：《论农村集体经济组织的营利法人地位及立法路径》，载《当代法学》2019 年第 5 期，第 87 页。

② 孔祥智：《产权制度改革与农村集体经济发展——基于"产权清晰＋制度激励"理论框架的研究》，载《经济纵横》2020 年第 7 期，第 38 页。

③ 见《产改意见》第四（十四）。

定性，即经济合作社与股份经济合作社两种形态①。二是成员同一性，并不区分"集体成员"与"本社成员"，二者为同一内涵。三是财产范围一致性，农民集体所有的全部财产，包括经营性资产、非经营性资产、资源性资产等，全部属于农村集体经济组织的财产，但在这些农民集体财产何以全盘成为农村集体经济组织之财产上，未有任何交代，似乎是理所当然地自动全部进入②。四是责任财产特殊性，集体土地等资源性资产所有权虽属于农村集体经济组织的财产，但不纳入责任财产范围③。五是表决方式的"人合性"，设成员大会（成员代表大会）、理事会、监事会等作为农村集体经济组织的机关，成员大会实行一人一票表决方式。

从《示范章程》勾勒出的农村集体经济组织"画像"可以看出：首先，其十分肯定且明确地将农村集体经济组织作为土地所有权的主体，尽管基于风险防范的考虑，将集体土地所有权排除在责任财产之外，但这并不影响农村集体经济组织实际享有集体土地所有权。这意味着通过集体产权制度改革设立农村集体经济组织之后，农村集体经济组织即得以成为集体土地所有权的主体。其次，对农村集体经济组织的"画像"总体符合本文前述适格农村集体经济组织的应有要求，农村集体经济组织的成员即为农民集体的成员，农村集体经济组织的财产自动由农民集体的全部财产转化而来，农村集体经济组织本身也由农民集体成员（同时也是农村集体经济组织成员）发起设立，农村集体经济组织在成员和资产上维持了与农民集体的高度一致性。由此可见，农村集体经济组织本身就是农民集体法人化改造的结果。这一结论进一步印证了前述农村集体经济组织是农民集体发展到高级阶段的表现形式（法人化表现形式）的论断。

这对规范试点做法具有重要的指导意义，针对前述改革实践中存在的农村集体经济组织泛化现象，应当以此为指导分类处理：在尚未设立农村集体经济组织的地方，当其通过农村集体产权制度改革新设立农村集体经济组织时，应当严格遵循上述农村集体经济组织的本质内涵和应有要求，体现其公有制属性；对于已经设立的农村集体经济组织，则应依据其具体情况分类施策，其中一部分可修正其治理机制以使其符合农村集体经济组织的公有属性要求，另一部分则可改制为农村集体经济组织投资设立或参股的企业法人。

---

① 见《示范章程》第二条。
② 见《示范章程》第三条。
③ 见《示范章程》第五条。

五、农村集体经济组织如何行使集体土地所有权

基于前述研究结论，农村集体经济组织本身是集体土地所有权的主体，是以所有者身份对集体土地进行经营管理。在此基础上，结合实践中农村集体经济组织的设立和运行状况，尚需进一步解决农村集体经济组织行使集体土地所有权的途径和方式问题。具体来说，有两个问题需要讨论：一是农村集体经济组织的设立层级问题，二是集体土地所有权的委托行使或者联合行使问题。

（一）农村集体经济组织设立的层级问题

由于农村集体经济组织最核心的职责就是行使集体土地所有权，所以其设立层级应当与土地所有权的层级相对应。

从集体土地所有权的实际归属来看，有如下两个特征需要注意：一是"三级所有"的情况均存在，其中，乡镇集体所有的情形相对较少，生产队一级所有的情况最多；南北方情况也有差异，在南方，土地所有权归属于生产队所有的情况较多，在北方，土地所有权归属于行政村一级的情况更多。二是一个行政村范围内可能同时存在属于行政村所有的土地和属于各村民小组所有的土地。

虽然在行政隶属关系上可以说村民小组隶属于行政村，行政村隶属于乡镇，但是在土地所有权归属上，不能说生产队的土地隶属于行政村，即在作为土地所有权主体时，生产队与行政村是独立的平等主体，各自享有所有权。

在农村集体经济组织的设立上，理想的情况就是每一个拥有土地所有权的农民集体都设立相对应的农村集体经济组织。但考虑到全国农民集体数量巨大，而且各地经济发展水平、集体资产状况、村集体凝聚力等存在很大差异，短时间内无法要求各农民集体均通过改革设立农村集体经济组织。另外一个考虑因素是成本，如果一个生产队很小，人很少，再成立农村集体经济组织，设立一套机构，会产生相应的运行成本，经济上是否划算？

一般来说，各农民集体均可以通过农村集体产权制度改革使其具备设立农村集体经济组织特别法人所需要的基础条件，如成员、名称、住所、财产、组织机构等，这些并非难事。但决定某个农民集体在当前是否设立以及是否适宜设立农村集体经济组织特别法人，还需要考虑诸多客观因素，例如：该农民集体的大多数成员对农村集体经济组织法人的认知程度如何？是否有比较强烈的设立意愿？是否具备基本的经营管理能力？村庄人口的流动性和开放性如何？集体是否有数量比较大的集体经营性资产需要市场化经营管理？这些因素均会对某个农民集体在当前阶段是否设立农村集体经济组织产生影响。其中，当前

迫切需要市场化经营管理的集体资产数量，以及大多数成员的意志，是决定某个农民集体当前是否设立农村集体经济组织特别法人的最核心因素。

因此，是否设立农村集体经济组织，法律不宜做强制性要求，更不应有统一进度的要求。如果某一农民集体本身并没有什么可供经营的资产，眼前也没有开展市场经营活动的必要，则不需要立即设立农村集体经济组织，土地所有权以及其他集体资产所有权的行使职责暂时由村委会代行即可。反之，如果集体经营性资产的数量较大，对集体资产经营管理的专业能力要求较高，或者村庄人口流动频繁需要固定成员资格和权益，农民有迫切意愿，则应当在村委会之外按照法定条件和程序设立农村集体经济组织特别法人。总之，全国各地设立农村集体经济组织特别法人不是一蹴而就的，需要一个因需而动、循序渐进的过程。

（二）集体土地所有权的委托行使或者联合行使问题

从成本效益角度考虑，并不是每一个土地所有权的单位都设立农村集体经济组织。那么，不设立农村集体经济组织的地方，集体资产管理如何管理？以一个村民小组为例，可有以下四种路径：

一是交由村民小组来管理。由村民小组代表农民集体来行使土地所有权以及其他集体资产所有权，这种情况通常适用于集体资产并不多、市场化运作程度也不高的地方，其政经分开的需求并不强烈。

二是委托村一级农村集体经济组织来行使。村民小组开会表决，决议授权村一级农村集体经济组织来行使，双方形成委托代理关系，权利义务关系需要双方在委托合同中列明。

三是间接联合行使。例如，一个行政村范围内8个生产队（村民小组）都有自己对应的集体土地所有权，都不设立农村集体经济组织，但他们愿意将土地集中起来联合行使所有权。这时，可以在村一级成立一个"组织"，将8个生产队的土地所有权集中起来行使，8个生产队按照其土地资源的评估价值（考虑数量、区位等）分享这个"组织"的股权，8个生产队基于其股权获取分红之后，再将其收益分配给其各自成员。这种情况下，这8个生产队相当于是这个"组织"的股东。那么，这个"组织"是否属于农村集体经济组织？对其运营管理的土地享有什么权利？显然，它的设立方式和治理结构与典型的农村集体经济组织存在很大不同，看起来更像是一个公司，但从运营管理集体土地的职能上看，它又与其他农村集体经济组织无异。如果我们把这个"组织"定性为村一级的农村集体经济组织，似乎它可以享有土地所有权，但这就会导致土地所有权从生产队一级上提至行政村一级；如果说这个"组织"不享有土地所有权，只享有土地使用权，那么就需要为各生产队投入这个"组织"的土地使用权设定一个具体的期限。

四是直接联合行使。例如，上述的 8 个生产队可以在村一级成立一个行使土地所有权的"组织"，将 8 个生产队的土地所有权集中起来行使，但这个"组织"的股权不是量化给 8 个生产队，而是直接量化给 8 个生产队的成员。考虑到 8 个生产队的土地资源禀赋不同，在给 8 个生产队的成员配股时，在股份数量上会存在差异；配股完成之后，8 个生产队的成员全部都是这个"组织"的成员，这个"组织"直接向 8 个生产队的成员分红。那么，这个"组织"是否属于农村集体经济组织？8 个生产队的土地所有权是否转移？无论是从职能还是从表现形式上看，这个组织都与典型的农村集体经济组织无异，但它的设立过程却不同，其资产来源也存在差异。如果发生土地所有权的转移，会导致土地所有权从生产队一级上提至行政村一级；如果不转移，就意味着这个"组织"享有土地使用权，那么就需要为各生产队投入这个"组织"的土地使用权设定一个具体期限。

从理论上说，四条路均走得通，但均需要明确其法律关系，并完善具体的配套制度，避免权利义务关系的混乱，或者避免行政村利用其优势地位侵害生产队的土地所有权。各地可结合实际情况选择最适合的路径。

六、结论与建议

第一，集体土地所有权是农村集体经济组织的法人财产，农村集体经济组织对集体土地享有土地所有权，其不仅是集体土地的经营管理者，也是所有者。《民法典》第二百六十二条的代表行使规定并不能成为否定农村集体经济组织属于集体土地所有权主体的依据，集体经济组织对农民集体的代表实则是对全体集体成员的直接代表。

第二，农村集体经济组织对集体土地享有法人财产权与"集体土地属于农民集体所有"的法律规定不相冲突。在集体土地归属上，农民集体所有与农村集体经济组织所有并存的现象也并不违反物权法的"一物一权"原则，其反映了在所有制与所有权的互动关系中，集体所有在不同制度层面与不同历史时期的不同表现形式，是同一事物的不同面相。承认农村集体经济组织与农民集体的实质一致性，承认农村集体经济组织的土地所有权主体地位，可以实现农民集体成员对农村集体经济组织行为的直接控制，并有效解决农村集体产权制度改革中农村集体经济组织成员和资产来源的难题。

第三，农村集体经济组织对集体土地享有法人财产权不违反公有制，关键在于从严界定和准确把握农村集体经济组织的基本内涵与本质特征。农村集体经济组织对集体土地享有法人所有权本身并不会威胁公有制底线，但需要把握好农村集体经济组织作为公有制主体的本质要求。作为公有制主体的农村集体经济组织，与享有土地所有权的农民集体具有唯一对应性，在成员、财产和利益上与农民集体具有高度同一性，农民集体成员自动成为农村集体经济组织成员，其一经设立便依法自动继受农民集体的全部财产，但土地等资源性资产的公有制专属性决定了这些资产所有权不得被纳入责任财产范围，其在表决机制和收益分配上遵循人人均等、公平分享的公有制逻辑。

第四，农村集体经济组织"泛化"现象亟待纠正。当前改革实践中存在泛化农村集体经济组织的现象，新设立的农村集体经济组织应当严格遵循上述要求，已经设立的农村集体经济组织应当依据具体情况分别采取修正其治理机制、改制为企业法人等举措予以规范。对经营性资产的股份权能改革不应置于农村集体经济组织治理结构内部，而应在农村集体经济组织子公司的平台开展，其股权配置可以体现灵活性；农村集体经济组织本身的收益分配则应遵循公有制逻辑，坚持封闭性和均等性。

第五，建议在《农村集体经济组织法》制定中将集体土地所有权明确为农村集体经济组织的法人财产，并通过责任财产限制等手段避免土地所有权被作为偿债财产。

第六，建议在每一个拥有土地所有权的农民集体（乡镇农民集体、村农民集体、生产队农民集体）均设立相应的农村集体经济组织，农村集体经济组织的设立层级与土地所有权的归属层级相对应。在人数较少的生产队一级，设立农村集体经济组织时可以采取简易程序和简易组织形式。建议在《农村集体经济组织法》中就采取简易方式设立的条件、设立的简易程序、简易组织形式等进行明确规定。

第七，鼓励农村集体经济组织，尤其是生产队一级农村集体经济组织的合并。考虑到过于细小的土地所有权单位不利于土地所有权的行使，也不利于充分发挥土地利用效率，可以鼓励农村集体经济组织在平等自愿的基础上合并，在农村集体经济组织合并的同时，其土地所有权也进行合并。

第八，鼓励农村集体经济组织联合行使土地所有权。农村集体经济组织彼此独立，互不存在隶属关系。当几个农民集体的土地所有权有进行一体开发利用的需要时，如果农村集体经济组织不愿意合并，可以考虑采取联合行使土地所有权的方式，由所涉及的几个农村集体经济组织通过协议方式联合行使土地所有权，并调整相互之间的利益关系。至于协议的形式，可以是松散的合作协议，也可以通过协议成立联合体。

第九，农村集体经济组织的核心职能是行使土地所有权，集体土地所有权是农村集体经济组织存在的根基，也是其特别性的根源。在城镇化的过程中，若一个农村集体经济组织因为征收等原因不再享有任何集体土地所有权，应当为此类农村集体经济组织设立退出机制。

第四章 农村集体经济组织的成员资格

农村集体经济组织是一个集合体，成员是农村集体经济组织法人的基本要素，也是最为核心的要素，是农村集体经济组织各种机关产生和运行的基础，也是农村集体经济组织各种权利义务的最终承担者。因此，确认农村集体经济组织成员的范围，建立成员名册，是农村集体经济组织特别法人设立和运转的第一步。

与一般的营利法人不同的是，农村集体经济组织成员资格的取得并非基于其投资行为，而是基于其身份和法律的直接规定。在村庄生活维持封闭性的计划经济时代，成员资格基本和农民户籍身份相统一，并不困难；但随着村庄封闭性被打开，村庄内外人口交互流动，且一些地方实行的户籍制度改革取消了农业户籍和非农业户籍的区分，这些因素均为农村集体经济组织成员资格的确认增添了复杂性。不仅如此，近年来，与成员资格相伴随的土地利益日益显化。农民具有成员资格，便能基于该成员资格享有相应的权利，在土地资源有限的情况下，新成员的增加会减少原有成员的利益份额。尤其是在农业税和"三提五统"等集体提留免除之后，集体成员资格体现更多的是一种利益，甚至是法律赋予的一种"特权"。这使得"成员资格"成为"香饽饽"，围绕成员资格确认的利益之争也逐渐增多。因此，建立完善的成员资格确认标准和程序，明确成员与非成员的界限，对确定农村集体经济组织的范围和边界、明确集体财产权的行使规则和利益归属、保障农民权利等都具有重要意义。

一、现状分析

（一）立法和司法文件中的探索

农村集体经济组织成员资格认定是确认和保障农村集体经济组织成员权的

基础性制度设计。"成员资格的确认标准及方式是成员权享有的前置性、基础性制度。"① 目前我国尚无有关农村集体经济组织成员资格认定的全国统一性立法。农村集体经济组织成员资格认定事关农民基本民事权利和生存利益，特别是在解决农村土地补偿款的分配、集体福利分配等成员权益纠纷过程中，集体经济组织成员资格认定已经成为一个必须解决且无法忽视的现实问题。最高人民法院曾经试图解决农村集体经济组织成员资格认定，但是由于立法权限等原因而最终没有成功②。迫于解决纠纷的现实需要，国内多省市的高级人民法院对农村集体经济组织成员资格认定制定了相应的司法认定标准。最高人民法院《关于当前民事审判工作中的若干具体问题》（2015）对因土地补偿费分配、"外嫁女"等涉及集体成员资格问题的司法做法进行了明确指引③。在实施乡村振兴战略的过程中，最高人民法院在总结司法实践经验的基础上对该类纠纷的解决提出了司法意见④。

在地方性法规以及地方高级法院的司法文件中对集体经济组织成员资格的认定多有涉及。有些地方性法规⑤对集体经济组织成员资格认定的标准做了较为系统的规定。此外，一些地方的法院针对司法实践需要，对农民工及随同

---

① 戴威：《农村集体经济组织成员权制度研究》，法律出版社，2016年12月第1版，第134页。

② 最高人民法院在起草《关于审理涉及农村土地承包纠纷案件适用法律问题的解释》过程中曾试图对农村集体经济组织成员资格问题做出规定，并设计了七个条文的初步意见。但是最终最高人民法院审判委员会讨论后认为："农村集体经济组织成员资格问题事关广大农民的基本民事权利，属于《立法法》第四十二条第（一）项规定的情形，其法律解释权在全国人大常委会，不宜通过司法解释对此重大事项进行规定。因此，应当根据《立法法》第43条规定，就农村集体经济组织成员资格问题，建议全国人大常委会作出立法解释或者相关规定。"

参见：最高人民法院副院长有关负责人就最高人民法院《关于审理涉及农村土地承包纠纷案件适用法律问题的解释》答记者问。

③ 该司法文件指出：要密切关注立案登记制带来的影响。对于因土地补偿费分配、"外嫁女"等问题产生的集体经济组织成员资格认定问题，应依法进行审理。要尤其注意涉农纠纷的群体性特点，对于可能产生的大规模群体事件，要加强与当地党委政府的沟通协调，及时做好处置预案，防止产生连锁反应。

④ 最高人民法院印发《关于为实施乡村振兴战略提供司法服务和保障的意见》（法发〔2018〕19号）指出，依法妥善处理农村集体经济组织成员资格问题，保护农民基本财产权利。充分认识集体经济组织成员资格对农民享有土地承包经营权、宅基地使用权和集体收益分配权等基本财产权利的重要意义，审慎处理尊重村民自治和保护农民基本财产权利的关系，防止简单以村民自治为由剥夺村民的基本财产权利。不断加强与农村农业管理部门、土地管理部门等单位的沟通协作，依法依规保护农村外嫁女、入赘婿的合法权益。

⑤ 比较有代表性的有《广东省农村集体经济组织管理规定》《湖北省农村集体经济组织管理办法》《浙江省村经济合作社组织条例》《都江堰市农村集体经济组织管理办法》等。比较典型的司法文件有天津市高级人民法院《关于农村集体经济组织成员资格确认问题的意见》（津高法民一字〔2007〕3号）、重庆市高级人民法院《关于农村集体经济组织成员资格认定问题的会议纪要》的通知（渝高法〔2009〕160号）等。

进城上学子女，旧房改造、下山脱贫搬迁农户的集体经济组织成员资格的认定问题做了更具操作性的规定①。各省在实施《农村土地承包法》的相关规定②中，对农村集体经济组织成员资格认定也有相应规则。上述司法文件和地方性法规对解决大量涌现的纠纷、保护农民财产权益和维护社会稳定起到了积极作用。

（二）政策文件中的探索

近年来，中共中央、国务院制定的政策文件对农村集体经济组织成员资格认定规则进行了全面、深入、广泛的探索。中共中央、国务院《关于稳步推进农村集体产权制度改革的意见》（2016 年 12 月 26 日）对集体经济组织成员资格认定的规则做了迄今为止政策文件中最为详尽的表达③。国务院《关于进一步推进户籍制度改革的意见》（国发〔2014〕25 号）揭示了现阶段农民享有的三大财产权利与集体经济组织成员资格之间的关系，并提出要完善集体经济组织成员资格的认定办法④。

地方党委和政府的规范性文件对集体经济组织成员资格问题也有涉及，一

---

① 丽水市中级人民法院《关于做好涉农案件审判工作的指导意见》规定，切实维护农民工及随同进城上学子女的农村集体经济组织成员资格的权利，保护农民工及其上学子女返乡后的有关土地承包经营权等权利的实现。旧房改造，下山脱贫搬迁的农户，在新居住地未取得集体经济组织成员资格，其在原住所地的集体经济组织成员资格仍然不变，由此产生的相关合法权益应予以保护。

② 代表性的有《陕西省实施〈中华人民共和国农村土地承包法〉办法》《江西省实施中华人民共和国农村土地承包法办法》《山东省实施中华人民共和国农村土地承包法办法》《四川省实施中华人民共和国农村土地承包法办法》《云南省实施中华人民共和国农村土地承包法办法》《重庆市实施中华人民共和国农村土地承包法办法》等。

③ 该意见指出：确认农村集体经济组织成员身份。依据有关法律法规，按照尊重历史、兼顾现实、程序规范、群众认可的原则，统筹考虑户籍关系、农村土地承包关系、对集体积累的贡献等因素，协调平衡各方利益，做好农村集体经济组织成员身份确认工作，解决成员边界不清的问题。在改革试点中，要探索在群众民主协商基础上确认农村集体经济组织成员的具体程序、标准和管理办法，建立健全农村集体经济组织成员登记备案机制。成员身份的确认既要得到多数人认可，又要防止多数人侵犯少数人权益，切实保护妇女的合法权益。提倡农村集体经济组织成员家庭今后的新增人口，通过分享家庭内拥有的集体资产权益的办法，按章程获得集体资产份额和集体成员身份。

④ 该意见指出：土地承包经营权和宅基地使用权是法律赋予农户的用益物权，集体收益分配权是农民作为集体经济组织成员应当享有的合法财产权利。加快推进农村土地确权、登记、颁证，依法保障农民的土地承包经营权、宅基地使用权。推进农村集体经济组织产权制度改革，探索集体经济组织成员资格认定办法和集体经济有效实现形式，保护成员的集体财产权和收益分配权。

些地区做出了较为具体的探索①。有些地方性法规还对具有集体经济组织成员的特殊群体的权益进行了规定②。有些地方对集体经济组织成员资格和户口登记的关系做了大胆探索，实质上指出集体经济组织成员资格的认定不能仅仅看户口登记③。有些地区的规范性文件对集体经济组织成员资格认定适用的依据的顺序做了规定④，这对于规范认定集体经济组织成员身份具有重要意义，也是一个非常值得关注的实践问题。有些地方的规范性文件对妇女的集体经济组织成员资格认定问题做了规定⑤。

（三）实践探索

农村集体产权制度改革中，各地积极探索农村集体经济组织成员资格的认定办法，为立法和政策的制定积累了经验。例如，山东省昌乐县制定了《昌乐县农村集体经济组织成员资格认定工作指导意见（试行）》，明确了可以认定为集体经济组织成员的 6 种情形、不予认定的 4 种情形、成员资格丧失的 7 种情形，以及在校大学生、服义务兵役人员、外嫁女等 7 种特殊人员的集体经济组织成员资格确认问题。对有争议人员，按照"于法有据、尊重民意、稳定有

---

① 中共山东省委办公厅、山东省人民政府办公厅《关于加快推进农业转移人口市民化的实施意见》（2016 年 9 月 9 日）指出，维护进城落户农业转移人口在农村的合法权益。农业转移人口整户转为城镇居民的，凭原村（居）集体经济组织出具或由村（居）民委员会代行出具的集体成员资格证明和户籍迁出地乡镇政府（街道办事处）出具的整户转移备案证书，继续享有农村土地承包经营权、宅基地使用权及其他集体经济权益。家庭部分成员转为城镇居民的，凭原村（居）集体经济组织或由村（居）民委员会代行出具的集体成员资格证明和户籍迁出地乡镇政府（街道办事处）出具的个人转移备案证书，继续平等享有在原农户的农村土地承包经营权、宅基地使用权及其他集体经济权益。制定农村集体经济组织成员资格认定办法，逐步实现成员集体财产权和收益分配权与户籍变动脱钩。探索建立农村土地承包经营权、集体收益分配权依法自愿有偿流转机制，支持引导进城落户农民宅基地使用权依法自愿有偿转让，有效盘活农村资产，提高农业转移人口带资进城能力。

② 《浙江省华侨权益保护条例》（2018.09.30）第二十七条规定：具有村集体经济组织成员资格的华侨，可以依法参加本集体经济组织成员大会，享有成员权利，承担成员义务。华侨出国定居前持有的农村集体资产股权，可以按照本人意愿决定保留或者在本集体经济组织内部转让；保留股权的，享有与其他农村集体经济组织成员同等的收益分配权。

③ 陕西省人民政府办公厅《关于印发进一步推进户籍制度改革重点任务分工方案的通知》（陕政办函〔2015〕126 号）规定：推进农村集体经济组织产权制度改革，探索集体经济组织成员资格认定办法和集体经济有效实现形式，保护成员的集体财产权和收益分配权。集体收益分配权以是否拥有集体经济组织成员资格为依据，户口登记不作为享有集体收益分配权的依据，户口迁移与集体利益收益分配无关。

④ 《朝阳区农村集体经济产权制度改革实施细则》第十九条规定：对集体经济组织成员资格有争议的，除法律、法规和政策另有规定外，由本集体经济组织成员大会或成员代表大会民主决定。

⑤ 《广东省妇女发展规划（2011—2020 年）》规定：维护农村出嫁女合法权益。依照法律的相关规定，通过集体协商等有效方式，帮助认定出嫁女农村集体经济组织成员资格。引导农村建立健全体现男女平等的村民自治章程和村规民约。及时处理、纠正侵害出嫁女合法权益的行为，保障出嫁女依法平等获得土地征收补偿费、股份分红和其他经济补偿，享有与居住地男子平等的各项土地权益。

序"的原则,在保证程序规范的前提下,由村级通过民主议定的方式解决。在认定中特别注重完善有关程序规则,具体体现为:通过民主选举产生资格认定小组、一村一策拟定认定标准,按照摸底调研登记、公开公平拟定、"三榜"公示确认、大会民主表决、上报存档备案等步骤,严格规范操作,切实做到程序规范、群众认可。其他试点地区,如浙江省德清县、天津市宝坻区、湖北省京山县、辽宁省海城市、河北省承德市、重庆市梁平区、贵州省湄潭县、黑龙江省方正县、内蒙古自治区阿荣旗等也结合实际情况,因地制宜地制定了本地集体经济组织成员资格的认定意见。

总之,农村集体经济组织成员资格认定这个经典难题已经引起了立法机关、司法机关和集体产权改革实践部门的广泛关注。这些立法和政策探索对于解决现实纠纷起到了积极作用。但是,这些探索具有强烈的应急处理规范性质。事实上,并没有从根本上解决问题,且其规范层次与农村集体经济组织成员身份认定的重要地位不相匹配。农村集体经济组织成员资格认定标准面临着规范效力层次低,缺乏制定依据;社区自治程度高,缺乏有力制约;认定标准不统一,缺乏基本共识等①现实困境。最为理想的方案是在《农村集体经济组织法》中制定出解决农村集体经济组织成员身份认定的国家统一规则。

(四)司法案例

在我国目前的司法实践中,对农村集体经济组织成员的资格认定并无统一规则,认定的标准也呈现出多样化的特点,影响了司法的统一。"农村集体经济组织成员身份认定无法可依,受当地乡规民约、传统观念和历史习惯等因素影响较大,乡土色彩较浓。各地对农村集体经济组织成员身份的认定方法各不相同。"② 司法实践中的农村集体经济组织成员资格认定也非常混乱。

一方面,法院在是否受理农村集体经济组织成员认定案件方面观点不一。多数法院认为集体经济组织成员资格认定属于集体经济组织成员自治的范围,不属于平等主体之间的民事财产关系纠纷,不属于法院受案范围,直接将该类纠纷拒之法院之外。有学者对集体经济组织成员资格认定的司法现状进行了实证分析,经过研究发现:一方面,当事人仅仅提出成员资格认定的诉求,法院不予受理的共识已基本达成。另一方面,如果当事人未明确提出成员资格认定或在集体成员权益纠纷诉求中附带提出集体成员资格认定,法院是否予以认定

---

① 高飞:《农村集体经济组织成员资格认定的立法抉择》,载《苏州大学学报(哲社版)》2019年第2期,第38-40页。

② 方志权:《农村集体经济组织产权制度改革若干问题》,载《中国农村经济》2014年第7期,第9页。

和认定标准均呈现出矛盾现象。其根据在于：不是平等民事主体间的纠纷；集体经济组织成员资格认定属于村民自治范畴；集体经济组织成员资格争议应由行政机关处理；集体经济组织成员资格认定缺乏实体法依据等[①]。有些法院认为，可以依法判定农村集体经济组织成员资格。但是，一般需要在侵害农村集体经济组织成员权益纠纷、土地补偿费分配纠纷、集体收益分配权纠纷等案件中提出。个别法院在判决中明确指出："农村集体经济组织成员资格的认定，是作为裁判者的审判机关的权利，农村集体经济组织成员资格的取得丧失不宜交由村民自治决定。"[②] 但是，这种观点并不为多数法院采纳，属于极个别案例。以外，法院在农村集体经济组织成员资格认定的具体标准方面，观点迥异。司法实践中主要存在如下标准：①单一标准，即主要以是否具有本集体经济组织所在地常住户口作为判断标准。②复合标准，即以户口标准为基础，辅之以是否在本集体经济组织所在地长期生产、生活等因素。③权利义务标准，以权利义务关系是否形成的事实作为判断标准，即必须与本集体经济组织形成事实上的权利义务关系及管理关系的人，才具有成员资格。

笔者采用文献调查法，从"北大法律信息网"之"北大法宝"司法案例数据库中检索，选择 100 个案例为蓝本，围绕有关问题进行了实证分析，分析结果简要概括如下：

1. 关于"双方的诉争焦点及纠纷类型" 争议焦点及纠纷类型主要集中在 3 个方面：土地补偿款分配、集体收益分配和集体福利分配。其中涉及土地补偿款分配的占 66%，集体收益分配的占 28%，集体福利分配的占 6%（图 4-1）。调查结果发现，随着城市化进程的发展，以及各种大型交通工程、工业园区、大学科技园等项目的推进，很多农村集体土地被征用，人地之争的冲突日趋激烈。由于相关制度不完善，导致现实生活中产生了大量土地补偿款纠纷，存在着大量的集体经济组织或者负责人侵害集体成员的集体收益分配权、集体福利分配权的纠纷。

2. 关于"是否涉及农村集体经济组织成员资格认定" 在侵犯集体经济组织成员权益纠纷案件中，90%的裁判文书直接涉及农村集体经济组织成员资格的认定（图 4-2）。该调查结果充分说明，农村集体经济组织成员资格认定已经变成解决土地补偿费纠纷、集体收益分配纠纷、集体福利纠纷等的症结所在，不解决集体经济组织成员身份的认定问题，该类案件几乎难以解决。

---

① 江晓华：《农村集体经济组织成员资格的司法认定——基于 372 份裁判文书的整理与研究》，载《中国农村观察》2017 年第 6 期，第 14-27 页。

② 参阅：《姬某与沈阳市皇姑区陵东街道田义村民委员会承包地征收补偿费用分配纠纷案》，辽宁省沈阳市中级人民法院民事判决书（2016）辽 01 民终 470 号。

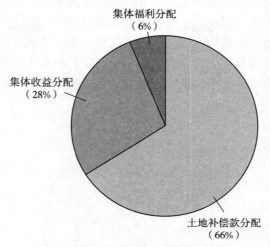

图 4-1 双方的诉争焦点及纠纷类型

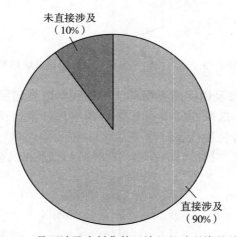

图 4-2 是否涉及农村集体经济组织成员资格认定

3. 关于"农村集体经济组织成员资格认定标准" 只要是涉及集体经济组织成员身份认定的案件，100％的案件都将户口或者户籍作为认定集体成员资格的参考要素，但是仅有 5％的案件将户口或者户籍作为唯一认定标准（图4-3）。实证分析发现，法院在具体裁判过程中还参考了生产、生活关系（或基础）标准，生活保障标准，就业渠道标准，权利义务关系标准，是否存在土地承包关系，是否享有农村最低生活保障待遇，是否在所在集体具有房屋等标准。"复合标准"和"权利义务标准"的区分并不清晰，很多案件是二者混合使用的。"系统分析说"的观点在一些判决书中被采纳。还有法院认为，农村集体经济组织成员资格问题事关广大农民的基本民事权利，在法律无明文规定的条件下，人民法院的司法行为不宜对此做出认定①。此外，司法实践中对农村集体经济组织成员资格认定的做法是混乱的，主要体现在两个方面：一方面是认定与不认定的问题，绝大多数法院给予认定，还有极少数法院拒绝给予认定；另一方面，认定的参考标准和参考因素很不一致。

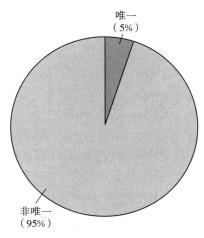

图4-3 户口户籍作为唯一成员资格认定标准

4. 关于"是否涉及村民自治章程、村规民约以及村民会议或者村民代表讨论决定的事项" 选取的样本中有48%的案件涉及村民自治章程、村规民约以及村民会议或者村民代表讨论决定的事项（图4-4）。从调查结果来看，有近半数的案件涉及"村民自治章程、村规民约以及村民会议或者村民代表讨

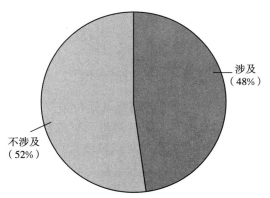

图4-4 涉及村民自治章程、村规民约以及村民会议或者村民代表讨论决定的事项

———————

① 云南省富民县人民法院（2008）民初字第672号民事判决。

论决定的事项"，可见村民自治、村规民约对农村集体经济组织成员资格认定和成员权益的保障具有较大影响。在实践中，存在着大量打着村民自治的幌子，利用村民规约侵害集体经济组织成员权益的现象。村民自治认定农村集体经济组织成员身份的问题应引起高度关注。

5. **关于"是否涉及妇女等特殊人群权益保护"** 选取样本中有40%的案件涉及出嫁女权益的保护，另有5%的案件涉及入赘婿、大学生、残疾人等特殊群体的权益保护（图4-5）。调查结果发现，在农村集体经济组织成员资格认定过程中，存在着大量、类型多样的侵害特殊群体权益的案件，特殊群体权益保障应是农村集体经济组织成员资格认定中应该给予格外关注的问题。

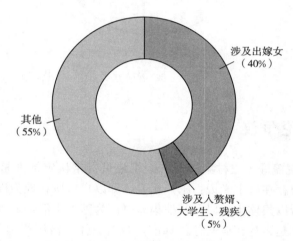

图4-5 涉及妇女等特殊人群权益保护

6. **关于"是否采用了集团诉讼"** 虽然很多案件中原告一方，即作为农村集体经济组织成员的一方涉及的人员众多，但是99%的案件采取了各个成员单独诉讼的形式，只有1%的案件采取集团诉讼的形式进行诉讼（图4-6）。在现实生活中大量存在的"侵犯集体经济组织成员权益纠纷"中，很多纠纷的受害者（原告）一方往往人数众多，完全可以使用民事诉讼法中的集团诉讼（代表人诉讼制度）提起诉讼。但是，司法实践中只有极少数的案件使用集团诉讼，大多是让各个受害人以几近完全相同的诉讼请求、几近完全相同的案件事实单独提起若干个单独的诉讼，人为造成法院裁判案件数量的虚高，且造成司法资源的极大浪费。对于采用该种诉讼模式的原因，在北京市高级人民法院《关于审理农村土地承包纠纷案件若干问题的指导意见的说明》中似乎可以找到答案①。其他地区法院也有类似规定②。

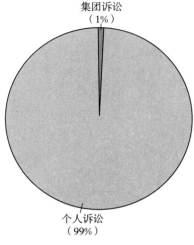

集团诉讼
（1%）

个人诉讼
（99%）

图 4 - 6 诉讼方式

二、理论争议

1. **理论学说梳理** 农村集体经济组织成员资格认定标准是学术界讨论的热点问题，主要存在以下学说：①户籍说，即以户口所在地为标准。②生活保障说，即以是否以集体土地以及其他集体财产为基本生活保障为标准。③权利义务说，即以其是否尽相应义务为标准，凡对集体经济组织尽了相应义务的，就应享有相应的权利，属于该集体经济组织成员。④农龄＋户籍说，即将按农龄分配与按户籍分配配合使用。理由在于：农龄很容易操作和得到认可；农龄可以很好地涵盖各种不同类型的集体成员，适应成员的复杂状况③。⑤系统分

---

① 该说明指出，随着农民民主意识的增强，集团诉讼、群体性诉讼在近期涉农案件中有明显增加。从维护稳定大局出发，应不鼓励集团诉讼的产生，各级法院应严格限制集团诉讼，力争以个案解决为宜。在当事人强烈要求以集团诉讼解决纠纷时，应严格按照民事诉讼法的有关规定处理。同时，注意保护诉讼代表人的合法权益，不得以各种理由限制其诉讼权利。在审理中，对集团诉讼可能发生的问题，各级法院要早预防、早汇报，将涉农集团诉讼作为大要案积极与有关政府进行沟通，并向上级法院汇报。在处理时，应慎重处理，积极协调，多做调解工作，注重集体利益与农民个人利益的平衡。

② 内蒙古自治区包头市中级人民法院《关于规范受理涉及农村土地承包纠纷案件的暂行规定》(2006)："受理涉及农村土地承包纠纷案件应分案受理，不宜集团诉讼。"

③ 方志权：《农村集体经济组织成员资格界定与农龄统计研究》，载《科学发展》2013 年第 4 期，第 99 - 100 页。

析说，即应该综合考量户籍、生存生活保障、权利义务关系等多种因素①。该学说实际上采取了"一般原则＋特殊处理"相结合的标准，将成员资格认定标准的一般情形和特殊情形作为一个整体进行系统综合分析。上述几种学说各有其历史合理性和正当的内在理路，但亦各有其不足和值得商榷之处。

2. 理论学说评析

（1）户籍说。"户籍说"具有其合理性，符合我国农村社区人口形成的规律，也符合现实状况。一般来讲，具有特定农村社区户籍的人和具有特定农村集体经济组织成员资格的人基本上一致的。因为"长期以来，习惯上依户籍确定集体成员的资格。在改革以前，农村社会相对封闭，人口流动不是很大，因而，成员户籍所在的村民集体组织即为成员所属的集体组织。"② 但是，单纯采纳"户籍说"不免具有机械性，其缺点是明显的：一是难以适应农村人口流动日益频繁带来的问题，频繁的城乡人口流动不免造成户籍变更与居住地变更之间的时间差，"随着农村人口的多向流动及频繁穿插，成员身份的稳定状态受到冲击，虽然集体的地域边界仍很清晰，但固有成员和各种社区新成员在利益享有上的差异使得农村社区在成员结构上形成一种差序状态。"③ 在城乡人口频繁流动的背景下，单纯依据户籍作为判断集体经济组织成员的标准，难免带来很多问题。二是难以克服趋利动机带来的特定农村社区人口畸形膨胀问题，加剧农村地区的人地矛盾、外来人口和本集体经济组织成员的矛盾。例如，在一些经济发达的地区，随着农村土地资源的日益珍贵和农村福利水平的提高，加剧了一些具有城市社会保障的居民甚至公务人员为了巨额利益而采取各种不当手段获取农村户籍，挤占集体经济组织成员利益的现象。三是户籍具有行政管理性质，单纯依据户籍确定成员资格有可能损害农民集体成员利益。虽然"户籍说"具有以上缺点，但并不意味着在实践中就要完全抛弃以户籍作

---

① 具体而言，该观点认为，农村集体经济组织成员资格的判断应当以我国农村集体经济组织所具有的自然共同体特征出发，以成员权理论为基础，以是否形成较为固定的生产、生活为基本条件，并结合是否具有依法登记的集体经济组织所在地的常住户口，作为判断是否具有集体经济组织成员资格的一般原则。同时，考虑到农村富余劳动力向城市转移的趋势以及农村土地承包对未丧失集体经济组织资格的人具有的基本生活保障功能，对一些特殊情形，可以做出特别处理，如明确成员资格的保有期间，确立资格取得唯一性原则以避免"两头占"或者"两头空"等，以期能够有效、灵活而卓有成效地解决问题。易言之，也就是在确定特定农业人员集体经济组织成员资格的判断标准问题上，将成员资格的取得、丧失以及特殊情形的处理作为整体来系统地把握，考虑各种因素后进行综合分析判断。

参见最高人民法院民事审判第一庭：《最高人民法院农村土地承包经营纠纷案件司法解释理解与使用》，人民法院出版社，2005 年 8 月版，第 294 页。

② 韩松：《集体所有制、集体所有权及其实现的企业形式》（修订版），法律出版社 2009 年 1 月版，第 81 页。

③ 戴威、陈小君：《论农村集体经济组织成员权利的实现—基于法律的角度》，载《人民论坛》，2012 年第 1 期，第 22 页。

为确定成员资格的标准，只是说不应作为唯一判断标准。而且，以户籍作为判断集体经济组织成员的标准在司法实践中是较为高效的务实选择，换言之，"户籍说"制度的实施成本是相对低廉的。

（2）**生活保障说。**"生活保障说"是一种较为理性的判断标准，集体土地以及其他集体资产为集体经济组织成员提供的基本生存保障，是在确定农村集体经济组织成员资格过程中不可忽略的因素。忽略了这个因素，很可能会造成集体经济组织成员失去基本生存保障。但是，单纯采纳该说显然会导致在实践中的制度实施成本过于庞大。而且，随着我国农村社会经济的发展和农民收入来源的多元化，农民对土地等集体资源的依赖程度并不高，很多农民的主要收入来源并非集体土地等资源性资产，而是来源于集体资源以外的劳务收入等，在很多案件中，依据"生活保障说"进行成员资格身份的判定实际上并没有说服力。

（3）**权利义务说。**"权利义务说"贯彻了权利义务相一致的原则，有其合理性。但其缺点也是很明显的。一方面，这种学说难以避免现实生活中存在的"悬挂户""空挂户"现象。受到成员资格背后潜在的巨额利益驱使的"悬挂户""空挂户"，会积极地采取各种措施满足"与所在的集体具有权利义务关系"的标准。另一方面，该学说的判断标准也是非常模糊的，在实践中的可操作性较差。

（4）**农龄十户籍说。**该学说有其合理性，但是在我国的很多地区存在操作性困难，农龄统计本身就是一个非常艰巨的任务。在上海等集体经济发达、集体产权相对清晰的地区，该种做法具有可行性，但是在我国的其他地区，操作的可行性不高。

（5）**系统分析说。**"系统分析说"是一种较为理性的做法，也是集体产权制度改革实践和司法实践中广泛采纳的观点。首先，这种观点在成员资格的判断标准上采取了"一般原则"与"特殊处理"相结合的标准，遵循了从一般到具体的逻辑思路，做到了各种要素思虑的周延性。其次，在集体经济组织成员资格判断的"一般原则"中，它充分考虑了我国农村集体经济组织所具有的自然共同体特征，成员权理论，是否形成较为固定的生产、生活，常住户口这几个方面的因素，考虑的因素较为全面。实际上，在中央出台的集体产权制度改革文件中也是采纳了"系统分析说"，统筹考虑"户籍关系、农村土地承包关系、对集体积累的贡献等因素"①。再次，在"特殊处理"的标准中又考虑到

---

① 中共中央、国务院《关于稳步推进农村集体产权制度改革的意见》指出：确认农村集体经济组织成员身份。依据有关法律法规，按照尊重历史、兼顾现实、程序规范、群众认可的原则，统筹考虑户籍关系、农村土地承包关系、对集体积累的贡献等因素，协调平衡各方利益，做好农村集体经济组织成员身份确认工作，解决成员边界不清的问题。

农村富余劳动力向城市转移的趋势以及农村土地承包对未丧失集体经济组织成员资格的人所具有的基本生活保障功能，结合具体情形进行判断，具有较强的灵活性。总之，"系统分析说"在判断集体经济组织成员资格时既具有全面性，又具有灵活性，是一种颇具科学性的判断标准。

三、基本原则

中共中央、国务院《关于稳步推进农村集体产权制度改革的意见》规定，确认农村集体经济组织成员身份。依据有关法律法规，按照尊重历史、兼顾现实、程序规范、群众认可的原则，统筹考虑户籍关系、农村土地承包关系、对集体积累的贡献等因素，协调平衡各方利益，做好农村集体经济组织成员身份确认工作，解决成员边界不清的问题。改革试点中，要探索在群众民主协商基础上确认农村集体经济组织成员的具体程序、标准和管理办法，建立健全农村集体经济组织成员登记备案机制。成员身份的确认既要得到多数人认可，又要防止多数人侵犯少数人权益，切实保护妇女合法权益。提倡农村集体经济组织成员家庭今后的新增人口，通过分享家庭内拥有的集体资产权益的办法，按章程获得集体资产份额和集体成员身份。结合这一规定，总结实践探索经验，可将农村集体经济组织成员身份确认的基本原则概括为以下 8 个方面：

1. **尊重历史原则** 这一原则要从两个方面来把握。一方面，要考虑农村集体经济组织和集体土地的来源。追根溯源，农民集体的土地来源于社会主义改造时期入社的农民土地，新时期的农村集体经济组织与当年的农业生产合作社有同宗关系。从成员构成来看，现在的农村集体经济组织的成员，虽然绝大部分都不是当年合作化运动时入社的农民，但大部分都和当年入社的农民之间存在血缘上的联系。因此，在新的时期确认农村集体经济组织成员的身份，首先需要考虑此种土地和血缘的传承性，尊重历史。事实上，在农村集体经济组织成员身份确认中，最没有争议的就是自中华人民共和国成立以来祖祖辈辈都生活在该村庄的农民，以及他们的具有本地农业户籍的后代，这是最为原始的成员。另一方面，要尊重历史认定的成果。各地在实践工作中曾出台了众多农村集体经济组织成员资格认定的办法，或者因农村土地承包、征地补偿款分配等原因曾经确认过农村集体经济组织成员身份，对这些已经确认的成果，应当尊重其效力。例如，四川省成都市温江区《农村集体经济组织成员身份界定试行办法》第 12 条第一款规定："本办法实施前已经确认为本集体经济组织成员的，成员身份继续有效。"湖北省荆州市沙市区《农村集体经济组织成员资格认定办法》第 19 条、四川省都江堰市《农村集体经济组织成员确认办法（试行)》第15条也有类似规定。

2. **兼顾现实原则** 在农业税和"三提五统"等取消前,农村集体经济组织的成员基于农村土地承包和村庄共同生产生活而对集体承担一些义务,例如缴纳集体统筹费,参加共同劳动修筑村庄道路、水利设施等;在农业税和"三提五统"取消后,大部分村庄已经不再存在共同劳动的形式,但土地仍然肩负着农民的社会保障功能,是否具有农业户籍、是否享受城镇居民社会保障待遇,在一定程度上决定着该农民是否仍然需要以土地为其基本生活保障。故此,农村集体经济组织成员身份的认定还需要结合土地的保障功能,综合考虑户籍关系、农村土地承包关系、对集体积累的贡献等多种因素,协调平衡各方利益。其中,确保农民有基本生活保障但又避免双重保障,是重要的考虑因素。

3. **程序规范原则** 成员身份的确认不仅需要有明确的实体标准,而且需要遵循正当的程序。一方面,实体的规则需要按照正当程序去适用,以确保实体规则被正确适用以及其价值目标的实现;另一方面,实体规则难以穷尽社会生活中出现的各种复杂状况,而且对实体规则的理解难免存在个体化差异,这时就需要通过正当的程序去裁决。成员身份是成员享受集体权益的基础,对成员切身利益有重大影响的事项,必须按照正当程序的要求,充分保障被认定主体的知情权、救济权等,针对一些复杂争议性事项,在认定前需要充分听取被认定主体的意见和申辩,认定结果做出后,要及时告知被认定主体,被认定主体对认定结果不服的,应当有相应的争议解决和救济程序。认定结果固定后,应当建立成员登记备案制度,规范管理。

4. **群众认可原则** 这首先是对确认过程的要求,确认程序体现成员的意志,充分尊重成员的主体地位,实行民主管理和民主监督,成员资格认定过程中遇到的重大问题由成员大会民主协商解决,通过成员自治使确认结果体现最大多数成员的利益。其次是对确认结果的要求,确认结果要得到多数人的认可,体现多数人的意志。但同时,又要防止多数人侵犯少数人权益的现象出现,尤其是针对实践中妇女权益容易受侵害的现象,中央文件特别提出"切实保护妇女合法权益"。

5. **公平公正原则** 农村集体经济组织成员资格的确认不得侵害农民合法的人身财产权益,不得以多数人名义对少数人予以不公正对待。该原则可以扩展为身份平等原则、分配公平原则和利益衡量原则。

(1)身份平等原则。身份平等原则是指在农村集体经济组织成员资格认定过程中,同等情形的人同等对待,杜绝身份不平等现象。一方面,在农村集体经济组织成员资格认定中坚持平等原则,意味着"不分加入集体时间长短,不分出生先后，不分贡献大小，不分有无财产投入等，其成员资格都一律平等。"[1] 身份平等原则符合农村集体经济组织成员的自然共同体特征，符合"同等情形、同等对待"的法治精神。另一方面，要反对身份歧视行为。成员身份认定实践中存在着大量违反平等原则的现象，如村委会、集体经济组织利用多数决原则或者村规民约等做出对出嫁女、入赘婿、外来户、后来户、服刑人员、在校大学生，甚至残疾人等主体的成员资格予以否定或者歧视待遇的现象。这些现象均背离了平等原则的要求，损害了部分农村集体经济组织成员的权益。

（2）**分配公平原则。**分配公平原则是指在认定农村集体经济组织成员资格时，应该在集体之间、成员之间公平地分配利益和负担，避免不公平结果的出现。农村集体经济组织成员资格认定表面上是一种成员身份的分配，实质上是一种利益分配。身份与利益紧密相连，利益乃身份的潜在本质所在。"身份表现为某种利益。民事主体基于特定的地位，而产生相应的具有支配性质的利益。"[2] 农村集体经济组织成员资格认定过程中的公平原则应该是一种不考虑个体能力差别、贡献差别的公平，这不同于公司等营利性法人中成员身份的取得往往基于出资比例或者所持股份。贯彻公平原则，要坚决避免"两头占"和"空挂户"现象。"两头占"是指在户籍变动过程中，在迁入地与迁出地均具有集体经济组织成员资格，而导致在两个集体经济组织体中同时享有成员身份的情形。在"两头占"的情况下，农民集体经济组织成员同时占用了两个集体经济组织的资源，基于资源稀缺性，这必然侵害了其他集体经济组织成员的利益。"空挂户"是指出于利益驱动或其他原因，某些个体将户口迁入特定的农村集体经济组织，并将户口挂在该集体经济组织的社会现象。"空挂户"与所在农村集体经济组织没有实质上的权利义务关系，往往是基于非法牟利的动机。必然加剧特定农村集体经济组织内部的资源竞争，损害了其他集体经济组织成员的权益。

（3）**利益衡量原则。**利益衡量的过程是对各方主体利益确认、分析、选择和平衡的过程。在农村集体经济组织成员资格认定过程中，要注意利益衡量原则的适用。一方面，农村集体经济组织成员资格认定往往涉及多个农村集体经济组织成员之间的利益冲突，而且利益冲突往往还关系到集体经济组织成员的基本生存保障，在取舍方面颇有难度；另一方面，在农村集体经济组织成员资格认定过程中，需要对确定集体经济组织成员的若干要素，如生产、生活关系，生活保障基础，成员的就业渠道，成员与集体经济组织之间的权利义务关

---

① 胡康生：《中华人民共和国物权法释义》，法律出版社 2007 年 3 月版，第 141 页。

② 杨立新：《人身权法论》（修订版），人民法院出版社 2002 年 1 月版，第 95 页。

系、土地承包关系等进行综合考量。中央文件指出，在集体经济组织成员身份认定中要"协调平衡各方利益"，本质上就是指要坚持"利益衡量原则"。

6. 生存保障原则　生存权在人权体系中具有基础性地位。在农村集体经济组织成员资格认定过程中，要始终把集体经济组织成员的生存权放在首要位置，坚决避免出现侵害集体经济组织成员生存权的现象。我国目前仍有数亿名农民生活在农村，集体资产仍是农民的生存之本、发展之基。享受农村集体资源及其收益的前提是具有农村集体经济组织成员资格。目前正在积极推进的农村集体资产股份合作制改革更是强调农民对集体资产的各项股份权益，特别是把集体收益分配权作为农民享有的一种稳定财产权确定下来并持续保障。无论农民是否进城，其享有的集体收益分配权都将继续保留。贯彻生存保障原则意味着在农村集体经济组织成员资格认定过程中，要杜绝"两头空"现象，即在农村集体经济组织成员未取得其他稳定性的替代性社会保障之前，不应简单地认定其丧失原集体经济组织成员资格，避免出现农村集体经济组织成员在一定时期或者永久失去集体经济组织成员身份的情况。

7. 资格唯一原则　集体经济组织成员资格身份的认定实际上就是农村集体经济组织内外部人员利益分配和争夺的过程。基于农村集体经济组织成员身份背后潜伏资源的稀缺性和成员身份背后潜伏利益重要性的价值考量，在成员资格认定过程中，需要贯彻资格唯一原则，即一个人在同一时期内只能在一个农村集体经济组织内部享有一个成员资格，不能享有两个或者两个以上的成员资格，即不能出现"两头占"现象。"农村集体经济组织成员资格的唯一性是因为集体公有制是对集体成员最基本社会保障，是由社会通过集体提供给成员个人的，一个人只能在一个特定集体享有。"[①] 农村集体经济组织成员资格的唯一性，也是其区别于其他营利性法人成员的一个显著特征。营利性法人，如公司的股东可以基于其投资，在不同的公司法人中取得并保有成员资格，并享受不同成员身份带来的利益。

8. 自治与法治相结合原则　由于长期以来农村集体经济组织成员资格认定缺乏国家层面的统一规定，各地区甚至同一地区各村之间都存在差异，农民自治因素体现更为充分。但过度的农民自治，可能会使得少数人的合法权益（例如实践中经常出现的"外嫁女"的土地权益问题）得不到保护。在此首先需要明确的一点是，农村集体经济组织成员资格的认定到底是农民集体自决事项还是需要法律做出强制性规定的事项？首先，农村集体经济组织的自决以其成员边界清晰为前提，这决定了必须通过法律的强制性规定确立成员资格界定的基本规则，使得绝大部分成员的资格是清晰的和法定的，从而才能为成员自

---

① 韩松：《农民集体所有权主体的明确性探》，载《政法论坛》2010年第1期，第106页。

决提供主体基础；其次，成员资格的确立属于对公民权利有重大影响的事项，涉及重大财产权利的取得或者剥夺，不适宜完全交由集体表决。因此，国家法律必须对农村集体经济组织成员资格的认定提供基本的统一标准和一些作为"底线"的强制性规则，以防范"少数人的暴政"。与此同时，对一些差异化的特殊情况的处理则给农村集体经济组织留下成员民主决策的空间，以便因地制宜地满足各地差异化的需求。这意味着在农村集体经济组织成员资格认定的立法上，应当采取"法定标准为主、自治意志为辅"的模式。近年来，中共中央、国务院发布的一系列政策文件，为集体经济组织成员资格认定的自治与强制相结合原则提供了政策支撑。一方面，农村集体经济组织成员资格的认定事关农民基本生存利益，集体经济组织成员资格取得、丧失等均基于法定事实较为妥当，即原则上应该从立法上明确一般标准和底线要求，以防止自治权的滥用。另一方面，集体经济组织成员资格的认定极为复杂，法定的强制性调整不免有挂一漏万之弊端，故有必要将特殊情形下成员资格的认定交给集体经济组织成员自治确定，这也是社团自治的应有之义。但是，集体经济组织成员自治要有边界和限制，特别是要处理好自治与强制的关系，原则上应该法定强制，特殊情形可以自治。从目前的地方性法规和集体产权改革的实践来看，多数地区都采纳了自治与强制相结合原则，即立法或者政策规定集体经济组织成员资格认定的一般规则和底线，特殊情形下交给集体经济组织成员自治解决，主要体现为允许通过申请的方式取得集体经济组织成员资格身份，如有些地方允许非婚姻、收养、血缘、户籍政策等原因要求加入集体经济组织的农村居民通过民主决策的方式取得集体经济组织成员身份[1]。这本质上属于通过社团自治的方式取得集体经济组织成员身份。中央政策文件也提倡"探索在群众民主协商基础上确认农村集体经济组织成员"。还有学者指出，应当将自治、法治、德治协调作为农村集体经济组织成员资格认定规则设计的主线，并将其有效融入立法体例、认定主体、程序规则、判定标准、丧失资格、司法救济、协同保障等内容中[2]。该种观点主张在集体经济组织成员资格认定中，不仅要注重自治与法治的结合，还需要实现自治、法治、德治的"三治融合"。

---

[1]　具体参阅《辽宁省海城市农村集体经济组织成员身份界定指导意见（试行）》（海股改农发〔2015〕1号）第4条第三项；《山西省潞城市农村集体经济组织成员资格界定指导意见（试行）》（潞政发〔2016〕35号）；《福建省闽侯县农村集体经济组织成员身份界定指导意见》（侯委〔2016〕83号）；《闽清县农村集体经济组织成员身份界定指导意见（试行）》第4条等。

[2]　韩俊英：《农村集体经济组织成员资格认定——自治、法治、德治协调的视域》，载《中国土地科学》2018年第11期，第18页。

四、特殊问题

(一) "农嫁女"

"农嫁女"这一特殊情形可以分为"农嫁农"和"农嫁非"两种具体情形。

1. **"农嫁农"** "农嫁农"是指农村集体经济组织成员从一个农村集体经济组织嫁到另一个农村集体经济组织的情形。在现实生活中通常体现为某农村集体经济组织女性成员与其他集体经济组织男性成员结婚,并已到男方所在集体经济组织生产、生活,但由于种种原因没有将户口迁入男方所在的农村集体经济组织,因此在认定其集体成员资格时发生争议。在这种情形下,由于女方实际上已经脱离了原农村集体经济组织的生产生活,即生活基础已经不在原农村集体经济组织,一般认定其具有男方所在农村集体经济组织的成员资格,司法实践中也多采纳该种观点[①]。

从实践做法观察,在"农嫁农"的情形中,农村集体经济组织成员资格的认定已经不完全受到户口的限制,而是主要以生产、生活基础以及基本生活保障基础作为判断标准。其原因在于:首先,这可以在一定程度上避免比较富裕的农村集体经济组织的人口畸形增长。在现实生活中,受到经济利益的驱动,很多经济富裕的农村集体经济组织女性成员在出嫁后,虽然很早已经脱离了原农村集体经济组织的生活,但往往仍将户口留在原农村集体经济组织,以获取集体收益分配、集体福利等。长此以往,必将导致经济富裕的农村集体经济组织的人口畸形增长,人口和集体资源激烈竞争。而采用生产、生活基础以及基本生活保障基础作为判断标准,意味着即便"农嫁女"不迁走户口,只要生产、生活基础以及基本生活保障基础发生改变,就可以认定其原来农村集体成员资格已经发生改变,这样可以在一定程度上避免经济富裕的农村集体经济组织人口的不正常增长。其次,这也符合农村社会长期形成的自然习惯。"从集体经济组织自然共同体属性出发,因迎娶进入本集体经济组织农户生产、生活所增加的人口自古就被视为自然共同体人口数量增长的重要途径之一。以实际

---

① 天津市高级人民法院《关于农村集体经济组织成员资格确认问题的意见》第4条第1款规定:"婚姻关系发生在不同集体经济组织成员之间,其中一方虽未迁移户口,但已实际进入对方所在集体经济组织生产、生活,应当认定其具有该集体经济组织成员资格。"
重庆市高级人民法院《关于农村集体经济组织成员资格认定问题的会议纪要》第10条第1款规定:"农女嫁出后,在男方较为固定生产、生活,并依赖于男方土地作为基本生活保障的,无论其户口是否从原集体经济组织迁出,均应认定具有嫁入地的集体经济组织成员资格。"

生产、生活所在地的集体经济组织认定其成员资格，也符合历史形成的自然习惯。"[1]

2. "农嫁非"　"农嫁非"是指农村户籍的人嫁（娶）城市中具有非农业户口的人的情形。在现实生活中，"农嫁非"情形中争议较多的就是"嫁城女"的集体成员资格认定问题。但是，随着城乡融合的发展和相关政策的贯彻实施，特别是城乡一体化步伐的推进，农业户口和城市户口的区分已经不再有意义。但是，在现实生活中仍存在之前留下的历史遗留问题。对于该种情形的处理，应该充分考虑"农嫁女"的生活保障基础，贯彻平等原则、生存保障原则的基本精神，无论其户口是否迁入男方，无论其在娘家生产、生活，还是在城镇生活，只要未纳入国家公务员序列、事业单位或者国有企业职工等稳定的社会保障体系，应认定其具有原农村集体经济组织的成员资格。

（二）入赘婿、离婚、丧偶等特殊情形

1. "入赘婿"　入赘指的是男方到女方家落户，俗称"倒插门"。"在一般情况下，入赘对男方来说是非常不光彩的事。在中国，不论是农村还是城市，直到现在，入赘都是很少见的。"[2]"入赘是从妻居制，赘婿的孩子是跟母亲的亲属一起生活的。"[3]结婚后成为女方家庭成员的男子俗称为"入赘婿"，但现代社会的"入赘婿"已经不允许歧视赘夫。"入赘婿"的集体经济组织成员资格在实践中涉及多种情形，应该区别对待。

第一种情形，女方家庭有女无儿或者儿子无赡养能力。如果女方家庭有女无儿或儿子没有赡养能力，由女儿尽主要赡养义务，男子取得女方所在村集体经济组织户籍且在女方生产生活并履行相应义务的，应确认其具有女方所在村集体经济组织成员资格。这种做法不仅符合《婚姻法》规定的男方可以到女方落户的规定，而且也符合农村地区居民的伦理观念，在实践中容易实现。

第二种情形，有儿有女户的招婿，或无儿多女户的招婿。这种情形下的招婿在农村地区是存在思想和现实障碍的，因为"依农村一般习惯，女大当嫁，有儿户不能给女儿招赘上门女婿，无儿多女户也不得招赘两个以上的上门女婿。这样，在婚姻法与习惯法之间就存在冲突，而且这一习惯法观念在广大农村根深蒂固。"[4]实践中，有些地方的处理措施是：由女方所在村集体经济组

①　辛正郁：《农村集体经济组织成员资格的确定》，载《民事审判指导与参考》，2006年第2集，总第26集，第90页。

②　韩明谟：《农村社会学》，北京大学出版社，2011年，第154页。

③　费孝通：《乡土中国》，上海世纪出版集团，2007年8月，第500页。

④　韩松：《论成员集体与集体成员——集体所有权的主体》，载《法学》2005年第8期，第48页。

织民主议定，可以由一个女儿在成婚后保留该村集体成员资格，并接纳该女儿的配偶成为该村集体成员；如果经民主议定拒绝接纳，该女婿便不具有其妻所在村集体经济组织成员资格。这种做法具有一定合理性，"在现实的农村经济和社会条件下，各个集体都是独立的利益团体，其受益者的成员是相对封闭的，各集体组织间的成员是不可能完全自由出入流动的，除非符合法律规定、符合社会公平正义和伦理道德习惯，成员才可自由地加入集体，否则，各个集体有权决定拒绝不符合一般社会公平观念和集体所有权价值功能的外来成员的加入。"① 那么，这种运用民主议定的方式确定"入赘婚"的集体经济组织成员资格是否具有合法性？应当说，这种做法充分考虑了成文法、习惯法之间的冲突，整体上并无不当。但是，如果不加任何区分、一概地通过民主议定的方式确定上述群体的集体经济组织成员资格确实存在法律障碍：一是违反公民在法律面前一律平等的宪法精神；二是违反《婚姻法》男女平等的基本原则。从法治精神和现实状况综合考量，应该按照不同的具体情形分别对待：对于没有明显趋利倾向，也不会产生较大利益冲突，入赘婚通过婚姻行为取得集体经济组织成员资格，原则上不应加以限制；但若女方所在地的集体经济已经出现或者即将出现土地征收补偿款分配等集体收益分配的情形，此时入赘则具有明显的趋利倾向，其成员资格的认定应当交由所在的集体经济组织通过民主议定方式确定。

2. **离婚、丧偶** 主要是指在离婚或丧偶前，已经基于婚姻关系发生了集体经济组织成员资格的变动，取得了本集体经济组织的成员资格，那么离婚或者丧偶后其集体经济组织成员资格是否发生变动？现实生活中存在着某些集体经济组织收回离婚或者丧偶妇女的承包土地或者不予分配集体收益的情形。对于该类人员，一般而言，应继续维持已经形成的集体经济组织身份的既成事实，不能因离婚、丧偶等事实的出现而导致该类群体的集体经济组织成员身份发生变动。《农村土地承包法》对离婚或者丧偶妇女的承包地收回有相关规定，现行立法对离婚或者丧偶妇女已经享受到的集体经济组织成员权益，强调予以保护，那么，其集体经济组织成员资格也应继续维持不变②。

---

① 韩松、姜战军、张翔：《物权法所有权编》，中国人民大学出版社，2007 年 5 月，第 124 页。

② 《农村土地承包法》第六条 农村土地承包，妇女与男子享有平等的权利。承包中应当保护妇女的合法权益，任何组织和个人不得剥夺、侵害妇女应当享有的土地承包经营权。

第三十一条 承包期内，妇女结婚，在新居住地未取得承包地的，发包方不得收回其原承包地；妇女离婚或者丧偶，仍在原居住地生活或者不在原居住地生活但在新居住地未取得承包地的，发包方不得收回其原承包地。

（三）在读大学生、服兵役、服刑、超生人口

按照之前的户籍政策，在读大学生离开所在的农村集体经济组织上学时，一般要办理户口迁移，这就造成了在校大学生的户籍会暂时脱离所在的集体经济组织。但是，在这种情形下，不应该认为其丧失了集体经济组织成员资格，因为农村生源的在读大学生在校就读期间尚没有独立的经济来源，农村土地等集体资产仍然是其就读期间的生活保障基础，否认此类人员在读期间的成员资格，会增加其家庭经济负担，不利于其顺利完成学业。值得探讨的是，硕士研究生、博士研究生在读期间是否具有集体成员资格？这应该根据研究生的培养类型区别对待。目前我国的研究生教育可划分为若干个类别，包括全脱产、在职培养、委托培养、定向培养等，不同类别研究生的生源来源不同，生活保障基础也有所不同。一般来说，连续在读的研究生，即未落实工作单位又继续深造的学生，其生活保障基础仍然保留在原来所在的农村集体经济组织的集体土地等集体资产上，为了保障该类研究生的正常深造，为国家培养高层次人才，应该保留其集体经济组织成员资格。对于已经在城市工作、生活且取得稳定生活保障基础的在职培养、定向培养等类型的研究生，由于其已经有稳定的替代性生活保障基础，故不应保留其原来的集体经济组织成员资格。

按照国家法律和政策的规定，现役军人因服兵役而不在原集体组织生活居住以及其户口迁出，都属于暂时的情形，服完兵役后，原则上户口落回原籍，回原居住地生活居住。义务兵服兵役是为国家尽义务，理应得到社会的关爱和优待，况且义务兵服兵役一般要复员回原籍，继续依靠土地维持生计。为了巩固国防事业，维护国家安全，免除服兵役人员的后顾之忧，应该保留其服役期间的集体经济组织成员资格。如果其服兵役结束后在城镇就业并将户口迁出，享受城镇居民福利保障待遇，则自其领取城镇居民福利保障待遇起，丧失原农村集体经济组织成员资格。

服刑人员在服刑期间，虽然户口已迁出原农村集体经济组织所在地，但户口迁入地并不负担其基本生活保障，其生活保障基础仍依附于本集体经济组织，保留此类人员的成员资格，有利于促进其积极接受改造，重新回归社会[①]。

违反计划生育的主体是超生人口的父母，不应该由超生人口承担其父母违法的不利后果。因此，超生人口的农村集体经济组织成员资格不应该受到影响。只要该主体符合农村集体成员资格取得的一般原则和具体规则，就应该具

---

① 参见天津市高级人民法院《关于农村集体经济组织成员资格确认问题的意见》（津高法民一字〔2007〕3号）第5条的规定与说明。

有集体成员资格，以确保其享有生活保障基础。在我国司法实践和集体产权制度改革实践中，也认可该类群体的集体经济组织成员资格。

（四）"空挂户"、外出经商或务工、回乡退养人员

"空挂户"是指将户口迁入特定农村集体经济组织，但其目的并不是要在该集体组织生产、生活，而是出于利益驱动或其他原因，需要将户口挂在该集体经济组织的一种现象[①]。"空挂户"人员不能成为集体经济组织成员，因为其生活保障基础并不依赖于本集体经济组织的土地，而且"空挂户"现象加剧了特定农民集体内部的人地竞争，还可能产生不公平的结果。

当今我国的社会经济结构正在发生重大结构性变化。有学者认为，我国已经从以农为本、以土为生、以村而治、根植于土的"乡土中国"，进入乡土变故土、告别过密化农业、乡村变故乡、城乡互动的"城乡中国"[②]。在城乡中国的背景下，农村人口外出经商、务工的情形很常见，而且很多农村人口长期脱离所在的农村集体经济组织生产、生活，其与所在农村集体经济组织之间的生产生活联系逐渐疏远，以至于在一些地方，针对一部分人的集体经济组织成员资格认定产生了一定分歧。做好农村集体经济组织成员资格的认定工作，应该在重塑新型城乡关系、走城乡融合发展之路、促进乡村振兴和农业农村现代化的目标指引下依法依规有序推进。《乡村振兴促进法》和党中央、国务院发布的政策文件都强调要保持进城农民的"三权"[③]，有关集体经济组织成员资格认定规则的设计应当符合法律政策要求，有助于实现改革目标的推进，而不是阻碍改革的步伐。因此，不能因为这些群体暂时离开其所在的农村集体经济组织而否定其成员身份，而应该继续保持其集体经济组织成员身份，让他们带着集体经济组织成员资格所带来的各种权益进城，以免除其后顾之忧。当然，也应该允许农民在"依法自愿有偿"的基础上转让上述权益。

回乡退养人员是指原籍在农村的原城镇国家干部、企事业单位职工退休后将户口迁回原农村集体组织的人员。对于回乡退养人员的集体成员资格，有人认为，这个群体已经长期不在农村生产、生活，已经和所在的集体经济组织脱

---

① 重庆市高级人民法院《关于农村集体经济组织成员资格认定问题的会议纪要》的通知："非因生活需要，而是出于利益驱动或其他原因，仅将户口挂在集体经济组织的，不应认定其具有该集体经济组织成员资格。"

② 刘守英、王一鸽：《从乡土中国到城乡中国——中国转型的乡村变迁视角》，载《管理世界》2018年第10期，第128页。

③ 中共中央、国务院《关于建立健全城乡融合发展体制机制和政策体系的意见》（2019年4月15日）指出：坚决破除妨碍城乡要素自由流动和平等交换的体制机制壁垒，促进各类要素更多向乡村流动，在乡村形成人才、土地、资金、产业、信息汇聚的良性循环，为乡村振兴注入新动能。维护进城落户农民土地承包权、宅基地使用权、集体收益分配权，支持引导其依法自愿有偿转让上述权益。

离了生产生活联系，即便再回乡生活，也不应该具有农村集体经济组织成员资格。对此，要全面分析，要看其是否已获得城镇提供的社会保障，并遵循成员资格认定的生存保障原则、资格唯一原则和利益衡量原则等进行综合研判。如果他（她）已经享有城镇提供的社会保障，领取退休工资和养老保险金，就不得再享有农村集体土地等生活保障利益，不能取得集体经济组织成员资格分得土地使用权或分配集体收益，但他们落户农村集体社区而成为集体社区的居民，可以享有村民资格、社区村民自治的其他权利以及基地使用权。如果原城镇国家干部或企事业单位职工由于响应国家政策回原籍农村落户并未享有城镇社会保障，需要以农村土地为其基本生存保障，则应随其落户至集体组织而取得集体成员资格[①]。

五、认定程序

对于农村集体经济组织成员资格认定的程序，各地有很多典型做法。结合农村集体产权制度改革的要求以及地方经验，农村集体经济组织成员资格的初始认定应当遵循如下程序：

1. **成立组织**　成立农村集体经济组织成员资格认定工作小组（以下简称认定工作小组），由村级组织主要负责同志任组长，以村"两委"成员、党员代表、村民代表以及熟悉集体经济组织发展历史且群众认可的老同志等为成员，由该认定工作小组具体负责本集体经济组织的成员身份认定工作。

2. **发布公告**　由认定工作小组发布开展集体经济组织成员资格认定的登记公告，明确登记对象、登记基准日、登记时间、登记方式等内容。认定工作小组要借助明白纸、宣传页、大屏幕、村内广播和入户宣讲等适宜方式，广泛宣传成员资格认定工作的目的和意义，让广大农民群众知晓法律、法规、政策的基本规定和本村集体经济组织成员认定工作方案的基本内容，动员群众积极配合、广泛参与成员资格认定工作。

3. **信息登记**　认定工作小组指导农民填写农村集体经济组织成员摸底登记表，主要包括姓名、性别、出生日期、身份证号码、户籍所在地、户籍变动情况（迁入迁出时间、原因）、家庭成员情况、土地承包情况等内容。

4. **摸底调查**　认定工作小组要广泛搜集本村集体经济组织相关人员的户籍登记、土地承包经营权登记等信息，收集整理村民提交的相关证明材料并进行真实性审查，对照成员资格认定标准，对本村人员基本情况进行全面细致的分析。

---

① 韩松、姜战军、张翔：《物权法所有权编》，中国人民大学出版社，2007年，第121页。

5. **方案制定** 认定工作小组在对本村集体经济组织的历史沿革、成员变化和本村现状人口进行全面调查并掌握基本情况与相关人员基本诉求的基础上，依据法律、法规、规章等有关规定，针对不同类型人员，研究制定本农村集体经济组织成员身份认定方案，经村民代表会议表决通过，报镇人民政府备案。

6. **初步认定** 认定工作小组根据调查摸底掌握的基础信息，依据相关法律、法规、规章等有关规定和本村集体经济组织成员资格认定工作方案，对符合本村集体经济组织成员资格条件的人员进行初步认定，形成初步认定成员名单。

7. **公示修正** 认定工作小组对初步认定成员名单进行公示。公示期间，对初步认定成员名单有异议的，相关人员应当以书面形式向认定工作小组提出意见。对于相关人员提出的意见，认定工作小组应当讨论提出处理意见，做出修改或不修改初步认定成员名单的决定，并向当事人反馈处理意见。经过修改的初步认定成员名单应当再次进行公示，每次公示不得少于三天。初步认定成员名单须经过公示无异议后方可确定为村内认定结果。

8. **民主表决** 对于认定过程中出现的少数特殊情况，经工作认定小组处理后，当事人或利害关系人仍然有异议的，由已经确认身份无争议的成员组成成员会议进行民主表决。

9. **备案审核** 经公示无异议后，或经民主表决确定后，将农村集体经济组织成员名单报乡镇人民政府备案。乡镇人民政府指导所辖村组集体经济组织做好成员资格认定工作，并对有关工作进行监督。认定工作小组应全面收集成员资格认定过程中的会议记录、实施方案、公示材料、成员名册和相关证明材料等重要资料，整理成册后上报乡镇人民政府（街道办事处）存档备查。

10. **结果公布** 成员资格认定结果要以村党组织、村委会和认定工作小组名义在区级以上媒体进行公布。

11. **编制名册** 认定工作小组负责登记成员基本信息，建立农村集体经济组织成员登记簿。

六、资格管理（静态或动态）

在某一固定时点全面完成农村集体经济组织的成员资格认定之后，在该固定时点的成员范围已经明确。但从动态角度看，随着时间变化，决定是否享有成员资格的因素可能发生变化，从而有可能导致成员资格的变化。此时，是否需要对发生变动因素的有关人员的成员资格予以重新认定和调整？如果采静态管理方式，即成员资格固化，意味着以某一固定时点一次性认定之后，成员范围即已被封死，不再发生变化。如果采动态管理方式，意味着成员范围会随着人口的自然更替和户籍迁入迁出等因素而发生变化。

关于集体经济组织成员资格认定之后，是采取静态管理还是动态管理，各地在试点实践中有所不同，在理论上也有所分歧。笔者认为，成员的固化虽然有利于定分止争，明晰产权归属，有利于成员财产权的保护，为未来集体资产股权的交易流转奠定基础，但是也有明显的缺陷。其一，成员资格固化背离集体所有制。"集体所有是自然人作为民事主体享有民事权利的特殊形式。这种特殊性体现在它与单个自然人的不同，而是个人的集体。成员个人于集体之中享有集体的所有权，集体所有权由集体成员个人联合起来以集体的名义所享有"①。"集体所有权的明确性不能以私人所有权的明确性为判断标准。"② 集体是一个群体，不仅是当代人，还包括未来的后代，而非明确的数个个体。集体所有制的提出正是对个人所有权的一种矫正，所以构成集体的成员应该是具有一定变动性的。如果将成员资格固化，那么将意味着集体土地属于多个个人共有，这实际上已经将集体所有权转变为私人所有权了。其二，成员资格固化可能诱发社会风险。集体资产，尤其是土地资源的增值必然引发人们对成员资格的争取，若采取资格固化，无疑会导致现有人口对成员资格的争夺，以及未来新增人口与既定成员之间的冲突，不利于社会稳定。

对此，中共中央、国务院《关于稳步推进农村集体产权制度改革的意见》规定，提倡农村集体经济组织成员家庭今后的新增人口，通过分享家庭内拥有的集体资产权益的办法，按章程获得集体资产份额和集体成员身份。该规定实则是对成员资格的认定采动态管理标准，允许新增人口取得成员资格，但在股权份额的管理上提倡以户为单位不变。既然需要对成员范围认定实行动态管理，在农村集体经济组织于某一固定时点的成员范围确定后，还需要明确新取得成员资格和丧失成员资格的标准，前者解决非成员的加入问题，后者解决成员的迁出问题。

（一）新取得农村集体经济组织成员资格

在以下两种情形下，有关主体可以取得本农村集体经济组织成员资格：

第一，新出生。本农村集体经济组织成员新出生的子女，如果其父母双方均为本集体经济组织成员的，则其出生时自动取得本集体经济组织成员资格；如果其父或其母一方具有本集体经济组织成员资格，则其有权选择是否落户本

---

① 韩松：《论成员集体与集体成员——集体所有权的主体》，载《法学》2005 年第 8 期，第 41-50 页。

② 韩松：《农民集体所有权主体的明确性探析》，载《政法论坛》2011 年第 1 期，第104-116页。

村组并成为本集体经济组织成员。此处的子女包括婚生子女、非婚生子女、计划生育子女、超计划生育子女等，在所不限。

第二，落户＋集体表决同意。其他农村集体经济组织的成员，因婚嫁、政策性移民等原因加入本村组户籍，客观上需要以本村组土地权益为基本生活保障，本集体经济组织成员通过民主表决同意接纳其成为本集体经济组织成员的。

（二）丧失农村集体经济组织成员资格

农村集体经济组织成员资格具有法定性和不可剥夺性，应对其丧失事由做出严格的限定，主要有以下三种情形：

第一，死亡。农村集体经济组织成员死亡，其民事主体资格丧失，自然也丧失集体成员资格。此处的死亡包括自然死亡和宣告死亡。当然，宣告死亡后又重新出现的，依法恢复其资格。

第二，农村集体经济组织成员取得另一个农村集体经济组织的成员资格。当某一农村集体经济组织成员因符合法定条件将其户籍迁入另一个农民集体所在地，并成为另一个农村集体经济组织的成员，则自其实际加入新的农村集体经济组织之日起，享有新的农村集体经济组织的成员资格，同时丧失原农村集体经济组织的成员资格。这是禁止双重户籍和双重成员资格的体现，典型的情形是某村居民因婚嫁等原因到其他村组居住并取得其他村组成员资格。但需要注意的是，如果婚嫁等人员只是将户籍迁出，但并没有取得新居住地的农村集体经济组织的成员身份，则其原农村集体经济组织成员身份不丧失，这是土地保障规则的要求。

第三，农村集体经济组织成员迁入城镇落户并实际享受城镇居民社会保障待遇。此类人员的户籍已经迁出，而且不再以土地为其基本生活保障，故此应当认定其丧失农村集体经济组织成员资格，这是禁止"双重福利"原则的体现。特殊情形是现役军人、在读大学生等，他们的户口虽然迁移到了城镇，但在服役期间或在读期间仍不丧失原集体组织成员资格。以此类推，农村集体经济组织成员因移民等原因已经丧失中国国籍的，自然也丧失农村集体经济组织成员资格。

值得讨论的是，是否允许某一成员自愿放弃成员资格？例如《文昌市农村集体经济组织成员资格认定指导意见》（2018年）将"以书面形式自愿申请放弃集体经济组织成员资格的"规定为成员资格丧失的法定情形。笔者认为，农村集体经济组织成员资格具有法定性，而且承载着农民的基本生活保障。实践中探索的农民自愿退出集体经济组织成员权益的做法，大都以该农民已经实际享受城镇社会保障待遇为前提，不具备此前提的，即便农民自愿申请退出，也不应允许。如前所述，"农村集体经济组织成员迁入城镇落户并实际享受城镇居民社会保障待遇的"应当是农村集体经济组织成员资格丧失的法定原因，故此没有必要再将此种情形规定为自愿放弃理由。但在中国城镇化的过程有一种特殊的情形，老人进城长期跟子女一起生活，但又无法或者没有取得城镇户籍并享受城镇居民社会保障待遇，此种情形不属于丧失农村集体经济组织成员资格的法定情形，农村集体经济组织仍然应当为其保留成员资格。但考虑到其长期不参与村庄生活，行使农村集体经济组织的权利和履行义务均存在诸多不便，如果其自愿退出农村集体经济组织，放弃成员资格，应予以允许，但应当由该成员提出书面申请，并由农村集体经济组织给予适当经济补偿。总之，原则上不允许某一成员自愿放弃成员资格，在极少数的特殊情况下，允许自愿放弃，但应对条件予以严格限制和审查。

需要注意的是，农村集体经济组织成员无论是因为加入其他集体经济组织还是因为享受城镇居民社会保障待遇而丧失集体经济组织成员资格，均不影响其已经取得的作为用益物权的土地承包经营权和宅基地使用权。但是其不再具有下一轮分配承包地的资格，也不再具有分享集体资产收益的资格。

（三）外部主体能否通过出资取得农村集体经济组织成员资格

之前有地方的土地股份合作社为了弥补集体发展资金不足的问题，曾经开展过这方面的探索，其间也暴露出一些问题。一方面，农村集体经济组织作为土地所有权的法定代表行使主体，是公有制的载体，应维持其成员的封闭性和社区性，如果允许外部主体通过出资方式购买成员资格并享受股份，将会导致土地所有权的权益也被外部主体所享有，从而与农村土地集体所有的公有制属性相抵触。另一方面，农村集体经济组织法人是承担着一定公益职能的特别法人，其财产本身不是来自其成员的出资，而是来源于法律的直接规定，如果允许外部主体通过出资购买成员资格并取得股份，也与其原始财产来源方式不相容。因此，应当维持农村集体经济组织成员资格的封闭性，成员资格的取得，必须源于上述户籍、实际居住、权利义务、土地保障等因素，而非出资行为。

如果农村集体经济组织在经营管理过程中需要吸纳外部资金以壮大发展，可以其部分经营性资产出资，与外来资本合作设立子公司，在子公司平台上吸纳外来资本。如此一来，既可以维持农村集体经济组织的封闭性和公有制属性，在一定程度上隔断市场风险，又可解决其市场化运作和融资问题。

第五章　农村集体经济组织
特别法人的设立

农村集体经济组织作为特别法人，必须依法设立。《民法总则》《民法典》直接赋予了农村集体经济组织法人地位，但并未对其设立程序和条件做出明确规定，只是规定其要依法成立。因此，《农村集体经济组织法》应当对农村集体经济组织的设立条件和程序做出明确规定。

一、设立条件

按照民法的法人理论，一个组织要具有法人资格，需满足以下四个基本要件：①具有区别于其成员意志的独立意思。②具有独立的名义，通常要有自己的字号或名称。③具有相对独立的财产。④责任的独立性。《民法总则》第五十七条规定，法人是具有民事权利能力和民事行为能力，依法独立享有民事权利和承担民事义务的组织。第五十八条规定，法人应当依法成立。法人应当有自己的名称、组织机构、住所、财产或者经费。因此，名称、住所、组织机构、财产是所有法人必须具备的四要素。农村集体经济组织法人也应当具备这四个基本要素，且这些要素均应当记载于章程。

（一）名称

法人的名称是识别法人的标志，每个法人都应当有自己的名称，以便参与市场交易活动，并将不同的法人相互区分。农村集体经济组织的名称也承载着区分并特定化不同农村集体经济组织的功能。由于农民集体存在乡镇农民集体、村农民集体、生产队农民集体3种情形，对应的农村集体经济组织也应当包含这3个层级。

在农村集体经济组织的名称设计上，实践中有"××村土地股份合作社""××村经济合作社"等不同称呼。2016年12月26日中共中央、国务院印发的《关于稳步推进农村集体产权制度改革的意见》规定，农村集体经济组织是集体资产管理的主体，是特殊的经济组织，可以称为经济合作社，也可以称为股份经济合作社。

农村集体经济组织作为参与市场活动的主体，可以参照企业名称管理规范的要求。企业名称一般由地区、字号、行业、组织形式四要素组成，其名称设计应当符合如下要求：①应当能够体现其作为"农村集体经济组织"这一特别法人的组织形式，以便体现其集体所有制特征。②体现地域性，以便市场主体可以方便地推定其主要财产——土地所在的地域范围。③该名称必须具备足够的可识别度，具有唯一指向性。④由于农民集体对应乡镇、村、队 3 个级别，农村集体经济组织的名称还应能体现出其所对应的农民集体的级别。⑤至于"字号"和"行业"可不做要求，因为一旦从名称知晓其为农村集体经济组织，便可对其行业和主营业务做出相应的判断。但如何体现其"农村集体经济组织"的特别法人属性呢？是直接标注"农村集体经济组织"字样，还是采用"经济合作社"或"股份经济合作社"字样？原则上，两个方案均可，如果直接使用"农村集体经济组织"的表述，标识性更强，而且可以避免与农民专业合作社等组织形式混淆，但"农村集体经济组织"的字样难免生硬和拗口；如果采用"经济合作社"或"股份经济合作社"字样，可以顺应实践中长期形成的语言习惯，易于被社会大众所接受，但必须在名称管理上强调其规范性和可识别性，在立法上需将"经济合作社"或"股份经济合作社"作为农村集体经济组织的专属命名字段，以此突出其与农民专业合作社和农业合作企业等的区别。如此方能便于市场主体识别，保护农村集体经济组织的权益，同时保护交易相对方的交易安全。

综合权衡，建议分别以"××省××县（市、区）××镇（街、乡）农民集体（股份）经济合作社""××省××县（市、区）××镇（街、乡）××村农民集体（股份）经济合作社""××省××县（市、区）××镇（街、乡）××村××队（组）农民集体（股份）经济合作社"来命名 3 个层级的农村集体经济组织。按照中央文件要求，通过集体经营性资产的股份权能改革实行股份合作制是农村集体经济组织改革发展的方向，在股份合作制改革完成后，冠名"股份"字样，在未完成股份合作制改革前，则不标注"股份"二字。

（二）住所

法人的住所是指法人的主要办事机构所在地。《民法总则》第六十三条规定，法人以其主要办事机构所在地为住所。依法需要办理法人登记的，应当将主要办事机构所在地登记为住所。法人的住所具有重要的法律意义，决定法人的法律适用、管理机关，影响诉讼管辖等。农村集体经济组织法人作为农民的联合体，具有鲜明的地域特征，其最主要的职责是经营管理土地等资产，而土地的范围由其所对应的农民集体的层级和地域范围所决定，因此，农村集体经济组织的住所应当设于其所代表行使的土地所有权的土地地域范围内，以该住所为注册登记地。至于其根据市场经营需要在其他区域设立分部、办事机构等，则在所不限。

（三）财产

运营管理集体财产是农村集体经济组织产生和存续的原因之所在。拥有独立的财产也是农村集体经济组织独立承担民事责任之必须，是其取得法人资格的基本前提。

对于农村集体经济组织的财产范围，《物权法》第五十八条规定："集体所有的不动产和动产包括：（一）法律规定属于集体所有的土地和森林、山岭、草原、荒地、滩涂；（二）集体所有的建筑物、生产设施、农田水利设施；（三）集体所有的教育、科学、文化、卫生、体育等设施；（四）集体所有的其他不动产和动产。"2016 年 12 月 26 日中共中央、国务院印发的《关于稳步推进农村集体产权制度改革的意见》将农村集体资产区分为资源性资产、经营性资产和非经营性资产三类，其中资源性资产包括农民集体所有的土地、森林、山岭、草原、荒地、滩涂等；经营性资产是指用于经营的房屋、建筑物、机器设备、工具器具、农业基础设施、集体投资兴办的企业及其所持有的其他经济组织的资产份额、无形资产等；非经营性资产是指用于公共服务的教育、科技、文化、卫生、体育等方面的资产。这是按照资产的不同用途进行的分类，目的在于针对不同用途的资产分类推进农村集体产权制度改革，尤其是针对经营性资产开展股份合作制改革。

实践中，地方也大多从资产角度来规定农村集体经济组织的财产。例如《江苏省农村集体资产管理条例》（2018 年）第二十一条规定："下列资产属于农村集体资产：（一）依法属于集体所有的土地和森林、山岭、荒地、滩涂、水域等资源性资产；（二）集体所有的用于生产经营的建筑物、构筑物、设施设备、库存物品、各种货币资产、集体投资兴办的企业及其所持有的其他经济组织的资产份额、无形资产等经营性资产；（三）集体所有的用于公共服务的教育、科技、文化、卫生、体育等方面的非经营性资产；（四）集体所有的其他有形和无形资产。农村集体经济组织通过接受政府拨款、减免税费和社会捐赠等途径所形成的资产，属于农村集体资产。"《四川省农村集体资产管理办法》（2001 年）第六条规定："农村集体资产包括：（一）依法属农村集体经济组织所有的自然资源，包括土地、森林、山岭、草原、荒地、滩涂、水面等；（二）依法属农村集体经济组织所有的现金、存款及有价证券等；（三）农村集体经济组织以资金、劳务投入形成的资产及其收益；（四）依法属农村集体经济组织所有的专利、商标、商誉等无形资产；（五）依法属农村集体经济组织所有的其他资产。"

无论何种类型的资产，无论资源性、经营性还是非经营性，均属于农村集体经济组织法人的财产。从财产权角度而言，一切具有货币价值并受到法律保护的非人身属性的权利，都属于财产权的范畴，包括物权、债权、知识产权以及数据财产权等，其对应的标的可以是动产或不动产，可以是有形物或无形物等。从实践情况看，农村集体经济组织的财产种类是相当丰富的，一方面，其拥有法律直接赋予的土地、森林、山岭、草原、荒地、滩涂等自然资源的所有权，这是法律直接赋予的，并非基于投资或者经营积累而产生；另一方面，其他市场主体所可能拥有的其他一切类型的财产，原则上农村集体经济组织都可能拥有，可以基于土地等集体资产的经营而获得，也可以基于农村集体经济组织本身的投资和市场交换活动而获得，还可以基于社会捐赠、政府拨款等途径取得。从来源上看，可以是法律的直接赋予，可以是集体投资经营收益或者积累，可以是政府转移支付，也可以是社会各界捐赠等。

结合《物权法》和一些地方的集体资产管理规定，可将农村集体经济组织的主要财产梳理为如下六类：①法律规定属于集体所有的土地和森林、山岭、草原、荒地、滩涂等；②集体所有的建筑物、构筑物、生产设施、农田水利设施等；③集体所有的用于经营的设备、库存物品、各种货币资产（现金、存款、有价证券等），集体投资兴办的企业及其所持有的其他企业的投份额或权益，集体所有的专利、商标、商誉等无形资产等；④集体所有的用于公共服务的教育、科学、文化、卫生、体育等设施；⑤集体通过接受政府拨款、减免税费和社会捐赠等途径所形成的货币或实物等；⑥集体所有的其他不动产和动产。其中，①和②，尤其是①，是所有农村集体经济组织必然都拥有的财产，其余4类则视农村集体经济组织的实际情况而存在较大差异。

（四）组织机构

在名称、住所、财产、组织机构四要素中，农村集体经济组织登记成为特别法人最薄弱的环节就在组织机构要素上。农村集体经济组织法人作为一个由若干自然人集合形成的团体组织，应当具备区别于其成员的独立意思，但该法人毕竟属于拟制的人，不同于有血有肉会思考的自然人，其意志的形成和执行均需借助自然人，这便需要为农村集体经济组织法人设立组织机构或者说机关。

考虑到农村集体经济组织需要开展大量的经营性活动，可以借鉴现代公司治理的经验，参照《民法总则》营利法人的规定，为农村集体经济组织设立权力机关、执行机关和监督机关，并设法定代表人，以此作为农村集体经济组织法人的机关，从而使这一"法律拟制之人"具备意思形成、表达和执行能力。结合地方探索情况，建议设置成员大会作为农村集体经济组织的最高权力机关，设置理事会作为农村集体经济组织的执行机关，理事会的理事长为农村集体经济组织的法定代表人，设置监事会作为农村集体经济组织的监督机关。关于农村集体经济组织各机关的组成、职责，各机关相互之间的关系等将在后文做详细探讨。

设立社团法人需要先制定章程，制定章程为要式行为，且为共同行为。制定章程是社团法人的必备要件。"作为广大成员组成的团体，其有权制定自治规范，也应有团体大纲——章程。"①《民法典》和《民法总则》第七十九条要求设立营利法人应当依法制定法人章程。农村集体经济组织法人章程对农村集体经济组织法人的治理非常重要，是农村集体经济组织法人的"小宪法"。对于农村集体经济组织设立是否必须制定章程，法律未置可否。依类推解释，应肯定农村集体经济组织法人同样应该依法制定法人章程。有关政策文件对农村集体经济组织的章程问题做了规定②。为促进农村集体经济组织规范发展，保障农村集体经济组织及其成员的合法权益，农业农村部依据《国民法典》和国家有关法律法规政策，拟定了《农村集体经济组织示范章程（试行）》。农村集体经济组织法人治理机制的依据主要通过制定法和法人章程实现，其中制定法规范相当的强制性，法人章程规范则有较强的任意性，两者一"强"一"弱"，实现农村集体经济组织法人的协同治理。因此，有必要对农村集体经济组织法人章程进行专题讨论。

（五）组织章程

章程是规定法人组织与活动的根本依据，在法人治理中居于宪法之地位。法人的基本权益关系、组织架构等均需要章程加以规定。法人章程对法人社员、债权人以及社会大众均产生规制作用。

农村集体经济组织法人章程是以书面形式，规范农村集体经济组织设立的目的、宗旨、组织原则、组织机构、治理机制、组织形式、经营活动方式、利润分配、股东的权利和义务等重要事项的法律文件。农村集体经济组织法人的章程不同于示范章程。农村集体经济组织的示范章程一般是由有关政府管理部

---

① 陈甦：《民法总则评注》（下），法律出版社，2017年，第702页。

② 中共中央、国务院《关于稳步推进农村集体产权制度改革的意见》（2016年12月26日）指出，改革后农村集体经济组织要完善治理机制，制定组织章程，涉及成员利益的重大事项实行民主决策，防止少数人操控。

门为方便法人制定符合本团体实际情况的章程而制定的起到示范指导作用的章程。以前我国相关部门也起草过《农民专业合作社示范章程》《高级农业生产合作社示范章程》《农业生产示范合作社示范章程》，在不同的历史时期，曾经对集体经济组织治理发挥过积极作用。在农村集体产权制度改革中，不少地方政府也曾经制定过示范章程。示范章程在没有经过具体法人依法定程序采纳的情况下，不具有直接的规范效力。农村集体经济组织法人章程应当是特定法人根据自己的情况制定的具有约束力的章程。农村集体经济组织法人示范章程对法人章程的制定能够起到指导功能，但是不具有强制约束力。

1. **章程的功能**

（1）法人设立之必备条件。"章程，是一个组织成立的基础，也是明确农村集体经济组织具体权责的基本准则，是其规范化存续、治理的根本性制度载体。"[1] 农村集体经济组织法人章程是法人运转的基本规范依据，对内具有最高效力，对外具有公示对抗效力。没有农村集体经济组织法人章程，农村集体经济组织无法成立，更难以运转。

（2）法人治理之基本依据。相对于各种规章制度、各种文件议案以及通过的各种决定决议等，法人章程居于最高地位，一切不符合章程规定的行为都是违规的。从中央有关文件中，可以充分看出章程对于农村集体经济组织法人的重要性[2]。从地方立法的表述中，也可得出农村集体经济组织法人章程是其内部治理的重要依据[3]。

（3）法人规制与管理之重要依据。虽然农村集体经济组织的法人章程具有自治的性质，但是法律对其应当具备的法定性、真实性和公开性等要有相应要求：农村集体经济组织法人章程的内容不得违反强行法的规定，不能脱离法律的框架。农村集体经济组织法人章程在法人的设立阶段、运行阶段、终止阶段均发挥着重要作用，且其章程本质上也是国家进行管理的重要依据。

2. **章程的内容** 农村集体经济组织法人章程是农村集体经济组织及其成员的基本行为规范，章程对关系法人的重大事项进行规定。一般应当载明下列事项：名称和住所；宗旨；组织的资产；成员资格及其权利、义务；管理人员

---

① 李芷君：《新型农村集体经济组织章程规范化路径分析》，载《农村经济与科技》2019年第6期，第17页。

② 中共中央、国务院《关于稳步推进农村集体产权制度改革的意见》（2016年12月26日）指出，提倡农村集体经济组织成员家庭今后的新增人口，通过分享家庭内拥有的集体资产权益的办法，按章程获得集体资产份额和集体成员身份。中共中央办公厅 国务院《关于加强和改进乡村治理的指导意见》指出："农民合作组织和其他经济社会组织要依照国家法律和各自章程充分行使职权。"

③ 《江苏省农村集体资产管理条例》第二十条第二款规定，农村集体经济组织成员应当遵守法律、法规、规章和章程，执行农村集体经济组织的各项决议，不得侵害农村集体经济组织和其他成员的合法权益。

的产生与罢免；民主决策、民主管理及其议事、办事、表决规则（包括应当通过召开成员大会表决的重大事项、可以通过召开成员代表会议表决的具体事项、成员代表会议代表的人数及其产生办法等）；收益分配制度；监督管理与财务公开制度；组织章程修改程序；其他有关事项。这些事项，各地农村集体经济组织可以根据本地实际情况选择性采纳，并做切合实际的修改或变更。从各地的地方性立法来看，农村集体经济组织法人章程的内容大同小异。

3. 章程的制定与修改 团体的设立行为以制定章程为表现形式，制定章程的性质，通说认为是合同行为，其成立需要当事方之间的意思一致。章程也是既存成员与后来成员之间的合同①。农村集体经济组织法人选择的形式不同，法人章程的制定规则也不尽相同。章程的制定事关农村集体经济组织法人的运转和利害关系，需要经过严格法定程序方可通过。从实践情况看，一般而言，农村集体经济组织法人章程须经乡镇人民政府（街道办事处）审核，由社员（股东）大会表决通过，自通过之日起施行并报县（市、区）农业农村主管部门备案；章程经镇人民政府（街道办事处）主管部门初审后，方可提交本组织成员大会表决，并在表决通过后 10 日内送镇人民政府（街道办事处）主管部门存档②。

就公司法人而言，其章程的修改需要经过股东会，而且需要经过超多数决修改。例如有限责任公司须经代表 2/3 以上表决权的股东通过，股份有限公司须经出席会议股东所持表决权的 2/3 以上通过。修改农村集体经济组织法人章程，同样需要经过严格的民主决策程序。须由社委会（理事会）或者 1/10 以上有选举权的社员（股东）联名提出书面修改意见，经社员（股东）代表会议讨论同意，再由社委会（理事会）起草修改方案，提交社员（股东）大会审议通过后生效。从实践情况看，由于各地农村集体经济组织法人形式选择的不同，导致法人章程的修改程序也不尽相同。例如，有些地方对于由社区集体经济组织改组的股份合作公司规定了更为严格的法人章程修改规则③。这主要是

---

① 蔡立东，田尧，李海平：《团体法制的中国逻辑》，法律出版社，2018 年，第 38 页。

② 《江苏省农村集体资产管理条例》第七条规定，设立农村集体经济组织，在农村基层党组织领导下，可以由村民委员会成立工作组，制定设立方案，拟订章程草案，在乡镇人民政府指导监督下组织实施。农村集体经济组织设立大会应当通过章程，并根据章程选举产生其组织机构。

③ 《深圳经济特区股份合作公司条例》第八十一条规定，修改公司章程，由董事会拟定公司章程修改方案，并经股东大会以特别决议通过。修改公司章程后，由董事会向登记机关办理相关登记或者备案手续，并予以公布。第八十二条规定，公司因减少注册资本而修改章程的，应当在修改章程的决议中规定减少注册资本的方法。第八十三条规定，公司减少注册资本的，应当编制资产负债表以及财产清单。公司应当自作出减少注册资本决议之日起十日内书面通知债权人，并于三十日内在报纸上公告。债权人自接到通知书之日起三十日内，未接到通知书的自公告之日起四十五日内，有权要求公司清偿债务或者提供相应担保。

因为这一类股份合作公司涉及更多的利害关系人，虽然是股份合作公司，其法人治理已经与现代开放性公司无异。但是，有些地方的农村集体经济组织仍然保留了较强的社区性、封闭性，其对社会公众和交易安全的影响较小，故其章程修改程序相对简单。可见，农村集体经济组织法人章程之修改程序与其所采纳的法人形式具有密切关系。

4. 章程的效力 农村集体经济组织法人章程在本质上是农村集体经济组织成员制定的约束法人和成员的自治性法规，经法定程序生效后，对集体经济组织成员具有法律的效力，且章程对未来加入的成员也有约束效力。"章程对设立人及所有未来的社员均有拘束力，唯并不具法律规范性，其对未来社员，所以有拘束力，乃基于其自愿加入社团而发生。"[①] 农村集体经济组织法人章程不仅具有对内效力，而且具有对外效力。

农村集体经济组织法人章程，对内具有最高规范效力。章程规范的是法人成立、运转的各种重要事项和一般事项。法人章程不仅约束农村集体经济组织自身，而且约束农村集体经济组织法人的各个组织机构，乃至于约束每个农村集体经济组织成员。这些组织机构和成员的行为都必须在法人章程范围内实施行为。当然，农村集体经济组织法人章程的最高效力是相对于内部起草的文件而言的。农村集体经济组织法人章程比法律法规的效力要低，而且要受到法律法规规章的约束。组织章程不得与宪法、法律、法规和国家的政策相抵触，不得有侵犯成员的人身权利、民主权利和合法财产权利的内容；如有违反的，由镇人民政府（街道办事处）责令改正。总之，农村集体经济组织法人的章程是其内部治理的总章程，在法人内部具有最高效力。

农村集体经济组织法人章程的对外效力主要解决的是其对抗效力问题。有学者认为："于理而言，农村集体经济组织转立为农工商公司、股份合作公司的，其章程当然应当随公司的登记而公开，章程关于农工商公司、股份合作公司的业务范围、法定代表人职权的限制等，仍然仅能对抗善意的相对人。"而对于"在不存在组织形式的场合，农村集体经济组织早就历史地存在，其章程是依《民法总则》确认其为法人后再行制定的，章程的公开与否以及以什么方式公开尚无确定的规则，章程对于相对人的效力得依公平原则予以解释确定。"[②]《民法总则》对法人章程的对外效力有一般规定："法人章程或者法人权力机构对法定代表人代表权的限制，不得对抗善意相对人。"据此，农村集体经济组织法人章程原则上没有对抗善意第三人的效力，这显然是基于交易安全的考虑，因为根据交易实践，交易中的第三人在交易过程中不会也很难去查

---

① 王泽鉴：《民法总则》，北京大学出版社，2009年，第149页。
② 屈茂辉：《农村集体经济组织法人制度研究》，载《政法论坛》2018年第2期，第38页。

阅对方的法人章程。因此，农村集体经济组织法人章程的对外效力本质上涉及法人权益保护和交易安全维护的冲突问题，在此二者发生冲突的时候，应该倾向于交易安全的维护。如上文所述，农村集体经济组织法人的形式有不同的选择，不同形式的农村集体经济组织法人，对其章程的对外公示性的要求是不同的，对于采纳股份合作公司这一组织形式的，应该具有更强的对抗效力。

二、设立程序

农村集体经济组织的上述四要素确定后，便可进入设立程序，依法成立并登记为特别法人。农村集体经济组织设立的过程同实践中开展集体产权制度改革的过程具有契合性，结合公司设立程序和集体产权制度改革的程序，建议农村集体经济组织法人的设立遵循如下程序：

（一）确认成员范围

即确认农村集体经济组织成员的范围，厘清成员与非成员的界限，并登记造册。有关规则在前文已有详述。

（二）确定财产范围、数量和类型

即开展集体资产的清产核资，对集体所有的各类资产进行全面清查和核算，摸清集体资产的范围和数量，并登记造册。2016年12月26日中共中央、国务院印发的《关于稳步推进农村集体产权制度改革的意见》对集体资产的清产核资有详细要求："在清产核资中，重点清查核实未承包到户的资源性资产和集体统一经营的经营性资产以及现金、债权债务等，查实存量、价值和使用情况，做到账证相符和账实相符。对清查出的没有登记入账或者核算不准确的，要经核对公示后登记入账或者调整账目；对长期借出或者未按规定手续租赁转让的，要清理收回或者补办手续；对侵占集体资金和资产的，要如数退赔。""清产核资结果要向全体农村集体经济组织成员公示，并经成员大会或者代表大会确认。清产核资结束后，要建立健全集体资产登记、保管、使用、处置等制度，实行台账管理。""在清产核资基础上，把农村集体资产的所有权确权到不同层级的农村集体经济组织成员集体，并依法由农村集体经济组织代表集体行使所有权。""集体资产所有权确权要严格按照产权归属进行，不能打乱原集体所有的界限。"因此，清产核资的主要任务是查实集体资产的存量、价值、使用情况，包括债权债务情况，并将集体资产所有权确权到不同层级的农民集体，在此基础上登记造册，实行台账管理。

同有限责任公司和股份公司不同，农村集体经济组织作为法人，其原始资产，或者说其原始法人财产并非来自成员的出资，而是来源于法律的直接规定。如前所述，由于在集体所有权行使领域的"农村集体经济组织"和"农民集体"的同一性，在农村集体经济组织法人设立之时，法律规定的属于农民集体所有的资产，无论是资源性资产、经营性资产还是非经营性资产，均通过"虚拟"注资方式成为农村集体经济组织法人的资产，如此才能落实集体所有权的主体。

但值得注意的是，并非所有的上述资产都属于农村集体经济组织法人可以经营的范围。按照分类改革的要求，只有经营性资产才纳入集体资产股份合作制改革的内容，资源性资产和非经营性资产不实行确权到户和股份合作。中共中央、国务院《关于稳步推进农村集体产权制度改革的意见》明确规定，适应城乡一体化发展新趋势，分类推进农村集体产权制度改革，在继续按照党中央、国务院已有部署抓好集体土地等资源性资产确权登记颁证，建立健全集体公益设施等非经营性资产统一运行管护机制的基础上，针对一些地方集体经营性资产归属不明、经营收益不清、分配不公开、成员的集体收益分配权缺乏保障等突出问题，着力推进经营性资产确权到户和股份合作制改革，对于切实维护农民合法权益，增加农民财产性收入，让广大农民分享改革发展成果，如期实现全面建成小康社会目标具有重大现实意义。

因此，在农村集体经济组织法人的资产管理和股权配置上，应当区分经营性资产和其他资产，经营性资产纳入农村集体经济组织法人的"资本"范围，非经营性资产虽然也属于农村集体经济组织法人的财产，但不属于其"资本"。非经营性资产一般不可处分，也不可量化为成员的股份，只有经营性资产才是可量化、可处分的。这既是中央提出的集体资产管理分类改革的要求，也是保障土地公有制底线的要求。这意味着农村集体经济组织法人在资产的运营管理活动中需要区分作为经营性资产的"资本"账户和作为非经营性资产和资源性资产的"非资本"账户，对两类资产进行分类登记管理。

此外，需要注意的是，特定范围内的非经营性资产，尤其是资源性资产在特定情形下是可以转化为经营性资产的。例如，对于集体拥有所有权的建设用地，属于资源性资产，在没有市场化使用之前，不纳入农村集体经济组织的经营性资产，也不向成员量化权益，但在通过明确用地条件并依法将其纳入集体经营性建设用地入市范围之后，该具体宗地上的集体经营性建设用地使用权则转化为经营性资产。

（三）配置成员权益份额或股份

应依据资产情况和成员情况，给成员配置权益份额或股份。

中共中央、国务院《关于稳步推进农村集体产权制度改革的意见》规定，农村集体经营性资产的股份合作制改革，不同于工商企业的股份制改造，要体现成员集体所有和特有的社区性，只能在农村集体经济组织内部进行。股权设置应以成员股为主，是否设置集体股由本集体经济组织成员民主讨论决定。股权管理提倡实行不随人口增减变动而调整的方式。按照这一要求，对于集体的经营性资产，可以以股份形式量化到户。在具体制度设计上，涉及如下 4 个方面的问题：

1. **内部和外部的关系**　按照规定的要求，股份量化到户只能在本集体经济组织内部进行。换言之，只有农村集体经济组织成员才能获得被量化的股份，从而排斥外部主体通过出资或者其他方式获取股份。实践中，一些农村土地股份合作社等在股权配置上吸纳了外来资本，在向农村集体经济组织特别法人改造的过程中需要予以调整。

2. **集体和成员的关系**　在配置结构上，对是否设置集体股不做统一要求，由集体经济组织成员民主决议决定。

3. **成员之间股份数量的分配关系**　调研表明，在成员间的股份量化份额上，各地差异很大，实践中存在 3 种分配逻辑：一是基于传统的成员权逻辑；二是劳动创造的逻辑；三是资本创造的逻辑。按照这 3 个基本逻辑，在具体的股份合作制改制中形成了各种不同的组合，有的承认劳动创造和天赋村籍，设人头股、农龄股；有的承认人头股、劳动贡献股、资本贡献股。在对经营性资产的股份合作制改革中，股份应当坚持按照集体所有权的性质分配，强调其人合性和公有制属性，原则上以按人头分配为主要规则，以户为单位，按每户具有成员资格的人数配置。尤其是不应当设置资本贡献股，也不宜允许成员通过额外出资的方式获取更多股份。

4. **股份的静态或动态管理**　中共中央、国务院《关于稳步推进农村集体产权制度改革的意见》提倡各户的股权总数不随人口增减变动而调整，成员家庭今后的新增人口虽然也具备成员资格，但并不为其增加配置股权，其只能在家庭财产共有的框架下通过分享家庭内拥有的集体资产权益的方式实现其对集体资产收益的权益。此种管理方式只是提倡，并非强制性要求，各农村集体经济组织可结合绝大多数农民的意愿合理安排。

需要注意的是，实行集体资产股份合作制改革针对的资产仅仅是经营性资产，同样，股份指向的资产权益也仅仅针对经营性资产。在没有实行股份合作制改革的地方，以及虽然实行了股份合作制改革但针对经营性资产之外的其他集体资产或者事项的处理，仍然需要借助"成员权益份额"的概念，而不能被"股份"所替代。

（四）拟定章程

农村集体经济组织设立和运营过程中的核心要素，包括名称、住址、机关设置、财产、成员、股份配置、利润分配等，均应记载于章程中，作为农村集体经济组织设立和运营的依据。具体而言，章程应当载明如下事项：①名称和住所；②职责；③资产；④成员资格取得、保留及丧失条件；⑤成员的权利和义务，成员的变动事宜；⑥组织机构及其选举和罢免、辞职的办法，组织机构的职权、任期、议事规则；⑦收益分配制度；⑧监督管理与信息公开制度，公告事项及发布方式；⑨章程修改程序；⑩其他有关事项。

（五）召开成立大会，通过章程并选举机关

召开成员大会，表决通过农村集体经济组织的章程，选举产生农村集体经济组织的权力机关、执行机关、监督机关和法定代表人，以及审议其他重大事项。成员大会的组成及召开规则详见第六章。

（六）核准和登记

农村集体经济组织作为一种可以从事经营性活动的特别法人，必须依法登记，取得法人登记证书，并办理银行开户手续和税务手续等。由于农村集体经济组织法人并非基于其成员的自由意志发起设立并成立，而是按照法律的强制性要求成立的，在其成员范围、股份配置、利润分配、经营管理活动等方面，法律有更多的强制性要求。为了确保农村集体经济组织法人的设立过程符合法律的强制性要求，在登记之前应设置政府主管部门的审核批准程序，由地方政府农业农村主管部门予以核准。地方政府农业农村主管部门核准后，核发农村集体经济组织登记证书。

三、过渡阶段的特殊问题

（一）农村集体经济组织法人的逐步设立

虽然理想的情形是每一个拥有土地所有权的农民集体都设立相对应的农村集体经济组织，但考虑到全国农民集体数量巨大，而且各地经济发展水平、集体资产状况、村集体凝聚力等存在很大差异，短时间内无法要求各农民集体均通过改革设立农村集体经济组织。

一般来说，各农民集体均可以通过农村集体产权制度改革使其具备设立农村集体经济组织特别法人所需要的基础条件，如成员、名称、住所、财产、组织机构等，这些并非难事。但决定某个农民集体在当前是否设立以及是否适宜

设立农村集体经济组织特别法人，还需要考虑诸多客观因素，例如：该农民集体的大多数成员对农村集体经济组织法人的认知程度如何？是否有比较强烈的设立意愿？是否具备基本的经营管理能力？村庄人口的流动性和开放性如何？集体是否有数量比较大的集体经营性资产需要市场化经营管理？这些因素均会对某个农民集体在当前阶段是否设立农村集体经济组织产生影响。其中，当前迫切需要市场化经营管理的集体资产的数量，以及大多数成员的意志是最为核心的决定因素。

因此，在那些尚不存在农村集体经济组织的村庄，是否设立农村集体经济组织，法律不宜强制性要求，更不应有统一进度的要求。如果某一农民集体本身并没有什么可供经营的资产，眼前也没有开展市场经营活动的必要，则并不需要立即设立农村集体经济组织，土地所有权以及其他集体资产所有权的行使职责暂时由村委会代行即可。反之，如果集体经营性资产的数量较大，对集体资产经营管理的专业能力要求较高，或者村庄人口流动频繁，需要固定成员资格和权益，农民有设立农村集体经济组织的迫切意愿，则应当在村委会之外按照法定条件和程序设立农村集体经济组织特别法人。中共中央、国务院《关于稳步推进农村集体产权制度改革的意见》也规定，有集体统一经营资产的村（组），特别是城中村、城郊村、经济发达村等，应建立健全农村集体经济组织，并在村党组织的领导和村民委员会的支持下，按照法律法规行使集体资产所有权。总之，农村集体经济组织特别法人在全国各地农民集体的设立不是一蹴而就的，而是需要一个因需而动、循序渐进的过程。

（二）已有农村集体经济组织向特别法人的改造

实践中数量不少的农民集体已经设立了农村集体经济组织。这些农村集体经济组织的设立都产生于《农村集体经济组织法》颁布生效之前，由于没有全国统一的法律法规可供依循，这些农村集体经济组织在法人性质、组织机构设置、股权配置、成员认定等诸多方面存在差异性做法，并且在未来《农村集体经济组织法》颁布生效后必然会与法律的要求存在出入之处。实践中，实际运转的农村集体经济组织有经济联合社（合作社）、股份经济联合社（合作社）、农民专业合作社、经济合作企业、有限责任公司等不同的类型，对于这些已经成立并运行的农村集体经济组织，应当在《农村集体经济组织法》颁布生效后按照该法的要求予以改造和调整，改造内容包括其组织形式、治理机制、成员权益配置（包括股权配置）方式等各个方面，改造完成后经依法登记取得特别法人地位。在改造完成之前，其属于过渡阶段的农村集体经济组织，暂时代行集体资产运营管理职责，但并不具备特别法人地位。

第六章　农村集体经济组织特别法人的治理结构

一、机关设置与运行

成员大会、理事会、监事会和法定代表人是农村集体经济组织的必设机关。

（一）成员大会和成员代表会议

1. **成员大会**　成员大会是农村集体经济组织的意思形成和决策机关，也是最高权力机关，依法行使农村集体经济组织的一切权力。成员大会由全体具有完全民事行为能力的成员组成。凡涉及成员重大利益的事项，均应由成员大会决议。

成员大会的召开，需有 2/3 以上具有完全民事行为能力的成员参加方为有效。同股份公司的"资合"不同的是，成员大会的表决应实行"一人一票制"，从而体现其"人合"属性。对于一般事项，成员大会所做决议需经到会成员 1/2 以上通过；对于法律规定和章程约定的特别事项，成员大会所做决议则需经到会成员 2/3 以上通过。

成员大会每年至少召开一次。有 1/10 以上具有完全民事行为能力的成员提议或者理事会、监事会提议召开临时成员大会的，应当召开临时成员大会。

召开成员大会，应当提前 30 天通知全体成员，告知其时间、地点和事项等。

2. **成员代表会议**　实践中，一些农村集体经济组织的成员大会人数众多，考虑到部分成员长期不在本集体经济组织生活居住的实际状况，而农村集体经济组织需要集体表决的事项多且频繁，因此，一些地方对具体事项的集体表决采取了成员代表会议的变通方式，由成员代表会议来代行成员大会的职责。

成员代表经成员大会选举产生，成员代表会议的决议与成员大会的决议具有同等效力。但考虑到成员代表会议毕竟人数有限，针对具体事项的表决时，如果其代表性不够，有可能偏离多数成员的意志，对此，可以通过两条途径控制：一是将最为重大事项的表决权留给成员大会，例如章程的制定和修改等，农村集体经济组织可以在章程中具体约定；二是设置公示程序和特殊情形下的矫正程序，例如《广东省农村集体经济组织管理规定》（2013 修订）规定，成员代表会议表决通过的事项应当公示 5 天。1/10 以上有选举权的成员提出异议的，应当提交成员大会重新表决。这一程序设置具有借鉴意义，可以较好地平衡集体决议的效率和公正性问题。

故此建议，在成员人数较多或者因其他客观情形导致经常召开成员大会存在困难的农村集体经济组织，可以设立成员代表会议。成员代表会议的组成应考虑其充分的代表性，由成员大会从具有完全民事行为能力的成员中选举产生，并经成员大会授权行使部分事项的集体决策权。

成员代表实行任期制，每届任期 5 年，可以连选连任。成员代表会议的决议应当在本集体经济组织范围内公示 5 日，1/10 以上具有完全民事行为能力的成员对成员大会做出的决议提出异议的，应当提交成员大会重新表决。

成员代表会议因需要而召开。成员代表会议的表决同样实行"一人一票制"，其参会人数需达到应到会人数的 2/3 以上方为有效，所做决议需经到会代表半数以上通过，对特殊事项的表决则需到会代表 2/3 以上通过。

在一些成员人数较少或经常性召开成员大会并不存在困难的农村集体经济组织，可以不设成员代表会议。各农村集体经济组织可以在其章程中对是否设置成员代表会议、成员代表会议的表决事项、表决程序、监督程序等做出具体规定。

3. 成员大会和成员代表会议的职权　　原则上说，农村集体经济组织的一切权力均属于成员大会，但成员大会受到召开时间和效率的限制，不能经常性召开。因此，法律需要将必须由成员大会决议的事项予以列明。我国《物权法》第五十九条第二款规定："下列事项应当依照法定程序经本集体成员决定：（一）土地承包方案以及将土地发包给本集体以外的单位或者个人承包；（二）个别土地承包经营权人之间承包地的调整；（三）土地补偿费等费用的使用、分配办法；（四）集体出资的企业的所有权变动等事项；（五）法律规定的其他事项。"2019 年 8 月新修改的《土地管理法》第六十三条规定，集体经营性建设用地入市事项必须经本集体经济组织成员大会三分之二以上表决通过。结合这些法律规定和地方探索，建议如下事项应当保留为成员大会行使的职权：

（1）通过、修改章程。

（2）讨论决定章程未明确的社员资格条件及保留、丧失社员资格的有关事项。

（3）选举、罢免理事会成员和监事会成员。

（4）听取、审查理事会和监事会工作报告。

（5）讨论决定经济发展规划、生产经营计划、基本建设投资计划、年度财务预决算和各项承包方案。

（6）讨论决定土地承包方案、承包地调整方案。

（7）讨论决定集体经营性建设用地入市方案。

（8）讨论决定土地补偿费等费用的使用、分配办法。

（9）讨论决定集体资产处置方案，包括集体出资的企业的所有权变动等事项。

（10）监督财务管理工作。

（11）讨论审议本社的分立、合并、终止事项。

（12）撤销成员代表会议、理事会的决议。

（13）讨论决定其他有关重大事项。

除其中第一项必须由成员大会决议外，其余事项可以由成员大会委托成员代表会议决议。其中，第一项应规定为特别表决事项，需经到会成员 2/3 以上通过。此外，依据《农村土地承包法》和《土地管理法》的规定，农村土地发包方案、集体经营性建设用地入市方案也需经到会成员 2/3 以上通过方为有效。故此，上述第一、六、七项为特别表决事项，需经到会成员 2/3 以上通过方为有效；其余事项为一般表决事项，经到会成员 1/2 以上通过即为有效。

成员大会有权撤销或者改变成员代表会议、理事会做出的不适当决定。成员代表会议有权撤销或者改变理事会做出的不适当决定。

成员大会（成员代表会议）决定的事项，不得与宪法、法律、法规、规章和国家政策相抵触，不得侵犯社员人身权利、民主权利和合法的财产权利。成员大会（成员代表会议）做出的决议，应当及时向全体成员公告。

（二）理事会和理事长

由于成员大会（成员代表会议）召开成本高、耗时长，不能对一切事项事必躬亲，应有常设机构和执行机构，因此，可由成员大会选举产生理事会作为农村集体经济组织的执行机关，一方面执行成员大会的决议，另一方面可以在成员大会的授权下处理日常事务。理事会是成员大会的执行机构，由成员大会选举产生，对成员大会负责。理事会成员由成员大会从具有完全民事行为能力的成员中选举产生。理事会的成员人数，建议设置为 5～9 人单数，每届任期 5 年，可连选连任。理事会决议按照少数服从多数的原则。

理事长由理事会从其成员中选举产生，理事长为农村集体经济组织的法定代表人，对外代表农村集体经济组织法人从事活动。理事长的任期同理事会成员，可连选连任。可设副理事长，产生办法和任期同理事长，可连选连任。

理事会行使下列职权：①选举理事长、副理事长；②召集、主持成员大会（成员代表会议）；③拟订本社经济发展规划、生产经营计划和集体资产经营管理方案；④组织重大投资项目可行性论证并提出投资决策方案；⑤拟订本社财务管理制度、财务预决算方案、收益分配方案和资产经营责任考核方案；⑥执行成员大会（成员代表会议）通过的决议；⑦负责农村集体经济组织的日常事务管理工作。

（三）监事会和监事长

监事会是农村集体经济组织的监督机构，由成员大会选举产生，对成员大会负责。监事会的监事由成员大会从具有完全民事行为能力的成员中选举产生。监事会的监事人数，建议设置为 3～5 人单数，每届任期 5 年，可连选连任。

监事长由监事会从其成员中选举产生，为监事会的负责人。监事长的任期同监事会成员，可连选连任。可设副监事长，产生办法和任期同监事长，可连选连任。监事会监事和理事会理事不得交叉任职。

监事会行使下列职权：①监督本集体经济组织章程的执行；②监督成员大会（成员代表会议）决议的执行；③监督理事会的职责履行及日常工作；④审查本社财务并向社员公布审查情况。

监事会主任或者成员代表有权列席理事会会议。

（四）罢免

由农村集体经济组织 1/5 以上具有完全民事行为能力的成员或者 1/3 以上的成员代表联名，可以提出要求罢免不称职的理事会委员或监事会委员的议案。罢免要求应当书面向理事会、监事会提出，写明罢免理由。被提出罢免的委员有权提出申辩意见。

罢免理事会成员的，由监事会负责召集并主持成员大会（成员代表会议）投票表决；罢免监事会成员的，由理事会负责召集并主持成员大会（成员代表会议）投票表决。理事会或监事会应当自收到罢免议案之日起 30 日内组织召开成员大会（成员代表会议）进行表决。

（五）对不当决议的救济程序

对于成员大会（成员代表会议）或理事会的非法决议、侵权决议或违反内部章程的决议等，农村集体经济组织成员有权通过一定的程序或途径予以纠正或获得救济。为防止成员大会（成员代表会议）、理事会等不当利用其权力侵害少数成员的利益，应赋予成员个体获得救济的权利，在成员大会（成员代表会议）或理事会的决议侵害成员个人合法利益时，受侵害的成员可以请求法院予以撤销。此外，在理事会等的决定侵害农村集体经济组织法人的利益时，还应赋予成员与股东代表诉讼的权利。

除上述必设的工作机关之外，农村集体经济组织可以自行决议是否设立专门负责处理某一方面事务的专业机构，例如专门的管理委员会，或者聘任专业的经营管理人员等。农村集体经济组织法人机关的设立和各自的职权等由法律直接规定，同时，在不违反法律强制性规定的前提下，农村集体经济组织可以通过章程对其机关设置和运行进行特殊或者补充规定。

二、组织职能与外部关系

在村庄治理中，已经存在基层党组织和村民委员会等组织机构，在设立农村集体经济组织之后，三者的职能如何区分，关系如何处理？《乡村振兴促进法》规定，村民委员会、农村集体经济组织等应当在乡镇党委和村党组织的领导下，实行村民自治，发展集体所有制经济，维护农民合法权益，并应当接受村民监督。中共中央、国务院《关于稳步推进农村集体产权制度改革的意见》规定，在基层党组织领导下，探索明晰农村集体经济组织与村民委员会的职能关系，有效承担集体经济经营管理事务和村民自治事务。有需要且条件许可的地方，可以实行村民委员会事务和集体经济事务分离。妥善处理好村党组织、村民委员会和农村集体经济组织的关系。这一规定明确了基层党组织领导下农村集体经济组织和村民委员会的职责分工，前者履行经济职责，后者履行自治职责。

（一）农村集体经济组织的职能

农村集体经济组织是《民法总则》确立的民事主体，也是《宪法》《土地管理法》《物权法》等规定的农村集体土地所有权的代表行使主体。通过这些法律规定可以发现，农村集体经济组织是仅在农民集体实现经济职能领域才出现的概念。因此，农村集体经济组织存在的核心目的就是实现农民集体的经济职能，更具体地说，就是履行集体资产所有者职责，这也是其与村民委员会、党支部等组织的核心区别。因此，凡是与集体资产所有权行使相关的事项，都是农村集体经济组织的职责范围，包括集体资产的取得、使用、管理、分配、处分，以及集体资产收益的管理、使用和分配等。

虽然说经济职能是农村集体经济组织的核心职能，但农村集体经济组织作为实现公有制的载体，其在职能目标上与一般市场主体有所区别，这是因为集体资产的功能本身具有多样性，农村集体经济组织并不以利润最大化为主要目标，而是以全体成员的整体福祉增进为主要目标，这种福祉可以是财产性收益，也可以是居住保障、社会保障、村庄公共服务和环境改善等多个方面，可以是眼前当代人的，也可以是长远下一代人的。

（二）农村集体经济组织与村民委员会的关系

《土地管理法》《农村土地承包法》等法律在赋予了农村集体经济组织土地所有权行使的法定代表主体地位的同时，也赋予了村民委员会同样的地位，在实践中，二者也经常被笼统地以"村集体"概括，在相当多的经济欠发达地区的农村也是由村委会一并履行经济职能，并不存在农村集体经济组织，或者农村集体经济组织名存实亡。当然，按照排序，农村集体经济组织是更优选的法定代表行使主体，但将村委会与农村集体经济组织并列规定为法定代表行使主体的做法并不尽符合现代治理的要求，只是基于村庄现实情况的妥协权宜之举。

按照现代治理的要求，村庄事务应当实行"政社分开"。农村集体经济组织作为土地等集体资产所有权的主体，只承担经济职能，按照市场规则运作，村委会等自治组织则承担自治职责。《村民委员会组织法》（2018 年修改）规定，村民委员会是村民自我管理、自我教育、自我服务的基层群众性自治组织，实行民主选举、民主决策、民主管理、民主监督。村民委员会办理本村的公共事务和公益事业，调解民间纠纷，协助维护社会治安，向人民政府反映村民的意见、要求和提出建议。村民委员会向村民会议、村民代表会议负责并报告工作。因此，村民委员会作为基层群众性自治组织，其主要职责是本村的公共事务和公益事业。

农村集体经济组织与村民委员会存在一些共同之处：二者均属于《民法总则》规定的特别法人，二者均属于农村土地等集体资产的法定代表行使主体，二者均属于村庄治理中的组织机构。但同时，农村集体经济组织与村民委员会无论是在设立基础还是在职责承担方面都存在显著区别：

首先，村民委员会等自治组织承担政治职能和农村基层社会治理的职责，属于基层群众性自治组织；而农村集体经济组织法人是土地所有权和其他集体资产的主体，承担经济职能，是社区性合作经济组织。

其次，村民的范围和农村集体经济组织成员的界定规则不一样，二者的范围也不完全一致，农村集体经济组织成员资格的认定主要是从财产归属的角度考虑，在认定时需要考虑包括户籍等在内的多种因素；而村民则主要是一个地域和社会管理概念，主要是从农村基层社会治理的角度出发，其范围认定主要考虑是否实际长期在某地居住生活，而不是其身份。

再次，二者的成立方式和程序明显不同，村民委员会的委员是由村民选举产生，其设立是"根据村民居住状况、人口多少，按照便于群众自治，有利于经济发展和社会管理的原则设立"，而且需由乡、民族乡、镇人民政府提出，经村民会议讨论同意，报县级人民政府批准；但农村集体经济组织则需要在每一个拥有土地所有权的集体都设立，而且其成员是基于户籍等因素确定的，成员身份是法定的，成员并没有入社、退社的自由。

最后，二者的治理结构存在很大差异。村民委员会由主任、副主任和委员共3~7人组成，在村民委员会成员中，应当有妇女成员，多民族村民居住的村应当有人数较少的民族的成员，是按照政治选举规则运行的。村民委员会可以根据村民居住状况、集体土地所有权关系等分设若干村民小组。但农村集体经济组织的最高权力机关是成员大会，由全体成员组成，下设理事会、监事会等，是按照经济规则运行的。仅从这一点看，农村集体经济组织在实现农民经济利益上的代表性就优于村民委员会。

也正是因为二者在职能、利益代表和运行机制等方面的诸多不同，在村庄治理中，农村集体经济组织需要和村民委员会并行存在，二者不可相互替代，而是各自基于自身的职能和分工相互配合，这也就是政社分开的要求和体现。当然，二者也不存在隶属关系。从实践情况看，村委会已经在各村庄普遍设立，但却并非每一个具有土地所有权的农民集体都存在对应的农村集体经济组织，这正是下一步改革和立法要力推的工作。

具体来说，在"政经分离"之后，村民委员会重点在以下3个方面发挥职能：

第一，村民委员会的第一职能是服务村里的工作，包括除了经济事务外的本村公共事务和公益事业，调解民间纠纷，协助公安机关维护社会治安，在本村开展上级政府传达的政策、行政命令、通知等行政事务，向人民政府反映村民的意见、要求和提出建议。

第二，配合和监督集体经济组织的工作，协助集体经济组织解决社会事务方面的困难，如注册、登记等方面的困难，建立营商环境，积极招商引资，为集体经济组织搭建合作平台，建立村级的产权交易平台，参与集体经济组织的监督工作。

第三，发挥村民委员会的社会控制能力。村民委员会与党组织不同，它类似于村的行政机构，可以直接管理村内事务；但村民不同于任何其他组织中的个人，村民委员会虽然具有管理职能，但没有真正的管理权，不能对村民进行行政处罚，不能通过扣罚工资等形式对村民进行管控。村民委员会制定可以达到实际社会控制的村规民约，并通过全体村民的同意，利用农村生活紧密度高的特殊性以及对福利的增和减达到奖和惩的目的。可由集体经济组织提供资金方面的协助，最终合力促进村民委员会实现其职能。

（三）基层党组织对农村集体经济组织的领导

党对农村工作实行全面领导，同村民委员会一样，农村集体经济组织也必须在党的领导下开展工作。对于农村基层党组织和村民委员会的关系，《村民委员会组织法》（2018 年修改）第四条规定："中国共产党在农村的基层组织，按照中国共产党章程进行工作，发挥领导核心作用，领导和支持村民委员会行使职权；依照宪法和法律，支持和保障村民开展自治活动、直接行使民主权利。"对于农村基层党组织和农村集体经济组织之间的关系，2018 年中央一号文件提出"发挥村党组织对集体经济组织的领导核心作用，防止内部少数人控制和外部资本侵占集体资产。"《中国共产党农村工作条例》第十九条规定："加强农村党的建设。以提升组织力为重点，突出政治功能，把农村基层党组织建设成为宣传党的主张、贯彻党的决定、领导基层治理、团结动员群众、推动改革发展的坚强战斗堡垒，发挥党员先锋模范作用。坚持农村基层党组织领导地位不动摇，乡镇党委和村党组织全面领导乡镇、村的各类组织和各项工作。村党组织书记应当通过法定程序担任村民委员会主任和村级集体经济组织、合作经济组织负责人，推行村'两委'班子成员交叉任职。"

依据这些规定，农村基层党组织需要全面领导农村的各类组织和各项工作，当然也包括农村集体经济组织的工作。至于农村基层党组织领导农村集体经济组织工作的具体方式，《中国共产党农村工作条例》第十九条规定了"村党组织书记应当通过法定程序担任村民委员会主任和村级集体经济组织、合作经济组织负责人"的路径，也即鼓励村党组织书记通过法定程序担任农村集体经济组织的负责人，例如由村党组织书记担任农村集体经济组织的理事长。但这一选任程序必须符合法律和农村集体经济组织章程规定的选任程序。这事实上对村党组织书记的能力提出了更高要求，需要其在具备很高的政治素养的同时具备很强的经营管理能力。除此之外，一些村集体在治理实践中要求事关集体的重大决策在提交成员大会（成员代表会议）表决前需先报基层党组织同意。总之，党的领导是健全农村集体经济组织治理机制、增强农村集体经济组织凝聚力的重要保障。

党在农村工作中一直处于领导地位，在集体经济组织的重构与运行中，同样必须处于领导地位。基层党组织把握集体经济组织工作中的大方向，从群众的利益出发，做出长期的规划，集体经济组织工作中的重大事项必须先提交党支部会议讨论，出现有损于集体经济组织的情况时，必须主动展开调查。由村党组织直接领导集体经济组织会产生监督上的缺漏，例如村党支书兼任集体经济组织负责人时，可能会形成自己领导自己、自己监督自己的局面，为了破除这一问题，可以探讨在集体经济组织内部成立党组织，一些地方已经就此开展了积极探索。

三、农村集体经济组织之间的关系

（一）农村集体经济组织的对应层级

一般来说，农村集体经济组织设置的层级与土地所有权的层级相对应。例如，土地所有权的主体是生产队的，则在生产队范围内的农民集体设立农村集体经济组织，其成员为生产队范围内具备成员资格的农民；同样，如果土地所有权的主体是村集体，则由全村范围内具备成员资格的农民作为成员，设立村一级农村集体经济组织；镇级依此类推。

从土地所有权的归属主体来看，统计数据表明，全国农民集体土地所有权的主体 80％的情形为生产队，这意味着生产队农村集体经济组织应当成为主要形态。如果生产队一级设立了农村集体经济组织，同时村一级也拥有部分土地和其他集体资产所有权，则应在村一级也成立农村集体经济组织，以便作为村级集体资产所有权的行使主体，此时各生产队的农村集体经济组织的成员自动成为村一级农村集体经济组织的成员。镇级依此类推。

（二）农村集体经济组织之间的联合

尽管各农村集体经济组织的主体资格和财产各自独立，各级农村集体经济组织均属于独立的所有权主体，相互之间不存在隶属关系，但应适当鼓励农村集体经济组织之间的联合。从实践中对土地的利用情形看，过小的土地所有权单位不利于土地的整合开发利用，例如当前很多地方的村庄规划是以"几个村的组团"而非"单独的行政村或者村小组"为单位编制，这意味着土地开发权的配置并不和土地所有权的单位相对应，事实上是由几个拥有土地所有权的村组共享同一区域的土地开发权，这便对土地所有权的联合行使提出了要求。土地所有权的联合行使可以采取由几个农村集体经济组织联合成立经营实体的形式，例如由几个相关的农村集体经济组织以其各自的土地使用权入股成立有限责任公司，由新成立的有限责任公司具体负责土地经营管理事宜。北京市大兴区在集体经营性建设用地入市中实行的镇级统筹即采取了此种主体形式，称为镇级联营公司。实践调研还发现，在一些土地所有权归属于村内各组的地方，由于组一级集体经济组织的经营管理能力比较弱，这些组也倾向于将其土地经营管理事务委托给村一级集体经济组织行使，有的采取单独事项的委托方式，也有的采取各组在村一级成立联合体统筹经营管理土地资产的形式。此种联合体的股权架构如何，是否属于农村集体经济组织，其组织形式和管理规则如何安排？这些问题还有待深入探索和研究。

第七章　农村集体经济组织成员的权利和义务

农村集体经济组织存在的一个重要目的就是实现其成员利益。农村集体经济组织的成员享有广泛的权利，同时也承担法定的义务。农村集体经济组织成员的义务内容比较简单，体现为遵守法律、法规、规章和组织章程，积极参与集体生活，执行集体决议，维护农村集体经济组织合法权益等，并不复杂，无须展开探讨。因此，本章重点探讨农村集体经济组织成员的权利。

一、成员权的内涵和内容体系

（一）成员权的内涵

农村集体经济组织成员基于其成员身份而享有的特殊权利称为成员权。正确理解成员权的权利属性和内涵，需要把握三点：

第一，成员权本质上是一种基于身份而享有的资格性权利，不属于实体性财产权，因为具备了成员身份，故有资格享受某些特定的权利。如土地承包经营权、宅基地使用权等作为用益物权，属于实体性财产权利，但成员权的享有并不等于这些实体性财产权利的享有，只是为这些实体性财产权利的享有提供前提，实体性财产权利的享有还需要借助于具体的权利创设和让渡行为，如承包地的发包行为、宅基地分配行为等。在一些实行"增人不增地、减人不减地"的地方，新出生人员虽然具有成员资格，但在本轮承包期届满前并不能实际通过集体发包行为取得土地承包经营权；同样，一些村庄多年不分配宅基地，相当一部分成员虽然具有分配取得宅基地的资格，但是并不能实际取得宅基地使用权。故此，成员权作为一种身份性权利，本身并不包含土地承包经营权、宅基地使用权等用益物权在内，只是为这些权利的取得和享有提供"资格"。这是成员权的资格权属性。

第二，要区分成员权本身和成员权行使的结果。学术界和实践中存在一种将成员权概念泛化的观点，不仅将上述资格性权利包含在内，而且将成员权行使的结果——例如基于成员权而实际取得的土地承包经营权、宅基地使用权等，也包含在成员权的范围内。这种泛化的观点将诸多类型的权利糅合到成员权之中，使之成为一种包罗万象的混合型权利，不利于对"成员权"的正确认识。鉴于基于成员权而取得的土地承包经营权、宅基地使用权等在法律上有明确的地位和内涵，将这些权利排除在成员权的内涵之外，从而将成员权明确界定为资格性、身份性权利，既有利于对成员权内涵和行使的专门研究，也方便立法的表述。除此之外，将土地承包经营权和宅基地使用权置于成员权体系之外还有一个好处：成员权以成员身份为基础，与成员身份相伴而生，具有成员资格就享有成员权，一旦丧失成员资格，则成员权同步丧失；但某一成员取得土地承包经营权和宅基地使用权后，即便后来丧失成员资格，但在土地承包经营权未到期以及其并未自愿有偿交回宅基地使用权之前，其仍然享有土地承包经营权和宅基地使用权，这是土地承包经营权和宅基地使用权物权属性的体现和要求。如果将土地承包经营权和宅基地使用权包含在成员权之内，则容易让人产生一旦丧失成员资格则也丧失土地承包经营权和宅基地使用权的误解，不利于对农民土地权益的保护。

第三，成员权是农村集体经济组织成员基于其身份专享的独特性权利，不包括所有自然人都得以享有的共性权利，例如每一个自然人都享有的人身、财产权利等，这些不属于成员权的内容。换言之，成员权并不包含与其农村集体经济组织成员身份不相关联的权利。同时，成员权的享有排斥外部主体，成员权不可让渡，原则上也不得放弃。这是成员权的独特性和专属性。

（二）农村集体经济组织成员权的内容体系

团体性社员权通常区分为共益权和自益权。共益权是指以完成法人所承担的社会作用为目的而参与相关事务的权利；自益权则指向成员个人之利益。农村集体经济组织成员权的内涵十分丰富，结合此理论，依据其行使方式独立性和利益归属的不同，可以将农村集体经济组织成员的成员权区分为共益性成员权和自益性成员权两大类。共益性成员权是指成员享有的必须借助于集体行为才能行使并由集体来承受权利行使后果的部分，主要是指集体决议权，以及附随于集体决议权的知情权、选举权与被选举权、罢免权、提案权、监督权、撤销权等；自益性成员权是指成员享有的可以由成员独立行使并且独立享受其利益的部分，包括土地承包请求权、宅基地分配请求权、土地权利优先受让权、集体资产收益分配请求权、集体福利分配请求权等（图7-1）。当然，上述列举的权利并非完全并列关系，一些权利的内容之间存在交叉。

无论是自益权还是共益权，在被侵害时，成员都应享有救济权，此为成员

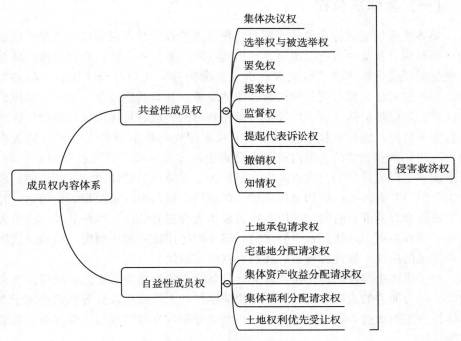

图 7-1 成员权内容体系

权作为一种受到法律保护的权利的必然要求。对自益权的侵害，可以通过直接行使请求权或到法院请求实现请求权的方式得到救济；对共益权的侵害，则可以通过撤销权、成员代表诉讼等途径得到救济。

二、共益性成员权

共益性成员权的行使需要借助于其他成员的集体行为，以成员的意思表示为前提。因此，共益性成员权的实际行使需要其行权主体具有完全民事行为能力。虽然理论上说，所有成员都享有共益性成员权，但实际上只有具备完全民事行为能力的成员才能够实际享有和行使；对于那些不具备完全民事行为能力的成员（例如未成年人），由于其意思表示能力不完备，并不能实际享有参与集体决议、选举和被选举等一系列共益权的行使。此外，共益权中的绝大部分事项均需要通过集体表决的方式行使，基于农村集体经济组织的人合性，表决权的行使由实际参与决议的成员按照"一人一票"的规则行使。不具备完全民事行为能力的成员不参与表决，也无须设置代理投票机制。

（一）集体决议权

集体决议权又被称为参与管理权。集体决议权既是农村集体经济组织成员的一项权利，在某种程度上也是其承担的一项义务。一方面，农村集体经济组织成员需要通过集体决议权来表达诉求、维护并实现自身合法权益；另一方面，每一位成员也都有义务积极参与集体决策，并与其他成员一起形成集体的共同意志，保障集体经济组织的正常运作和目的实现。集体决议权通过集体决议行为来行使，成员有权依据法律规定和章程规定参加成员大会并行使表决权。法律和章程规定的必须由成员大会表决的重大事项，必须召开成员大会，而不能替之以成员代表会议或理事会等。为了保障成员集体决议权的行使，成员大会的召开必须提前通知全体成员，向成员提供与决议事项相关的信息，并给予成员合理的准备时间，这应当成为成员大会召开的法定程序要求。成员大会召开没有尽到上述法定程序要求的，属于程序违法或程序瑕疵，所做决议属于可撤销的决议，被侵害权益的成员有权请求撤销。

由于集体决议权的行使需要其成员具备独立的意思表示能力，故仅具有完全民事行为能力的成员方得以实际行使该项权利。未成年成员等虽然也属于本集体经济组织成员，可以享受集体资产收益分配等方面的权益，但并不享有集体决议权。

（二）选举权与被选举权

行使选举权、被选举权是农村集体经济组织成员参与集体事务管理的重要途径。农村集体经济组织作为团体法人，必须设立意思机关、执行机关和监督机关，以健全其治理机制并保障其日常运转。农村集体经济组织内具有完全民事行为能力的成员均具有选举权和被选举权。选举权是指成员通过参与选举和集体表决行为，选出本农村集体经济组织的各机关组成人员的权利，包括成员代表、理事会委员、监事会委员等。选举权实际上也可以归属于上述集体决议权的一部分。被选举权则是指每一位具备完全民事行为能力的成员都有被选举为本农村集体经济组织各机关组成人员的资格，都有作为候选人的资格。

（三）罢免权

与选举权和被选举权密切相关的是农村集体经济组织成员的罢免权，包括提起罢免议案的权利和对罢免议案予以表决的权利。如前所述，农村集体经济组织 1/5 以上具有完全民事行为能力的成员或者 1/3 以上的成员代表联名可以提出要求罢免不称职的理事会成员或监事会成员的议案。罢免议案由成员大会（成员代表会议）表决决定。

（四）提案权

提案权包括罢免议案的提案权、临时成员大会议案提案权、撤销成员代表会议决议的提案权等。成员提案权的行使需以一定数目的成员集体行使的方式进行，参加提案的成员人数要符合法定的或章程规定的人数要求。提案权也属于成员行使集体决议权、罢免权或监督权等权利的辅助性和保障性权利。

（五）监督权

农村集体经济组织成员对本集体机关的运作和决策享有充分的监督权。具体体现在如下几个方面：成员有权通过选举监事会成员的方式，间接行使其监督权，当然也有权被选举为监事会成员；成员可以通过行使罢免权对理事会和监事会成员予以监督；成员可以通过行使撤销权对成员代表会议的决议予以监督，包括对成员代表会议的决议提出撤销提案和对撤销提案予以表决。

（六）提起代表诉讼权

提起代表诉讼权是指通过提起成员代表诉讼，保护农村集体经济组织的权益。为了避免因农村集体经济组织的机关怠于行使救济权利而给农村集体经济组织造成损害，有必要借鉴《公司法》股东代表诉讼的规定，确立成员代表诉讼制度。当农村集体经济组织的理事会成员、监事会成员、高级管理人员执行职务时违反法律、行政法规或者章程的规定给农村集体经济组织造成损失的，或者在其他人侵害农村集体经济组织合法权益时，农村集体经济组织的法定代表人或者有权机关应当及时行使救济权，向法院提起诉讼，要求有关的责任主体承担损害赔偿责任。如果农村集体经济组织的法定代表人或者有权机关怠于行使此种救济权，农村集体经济组织的成员有权书面请求法定代表人或者有权机关提起诉讼，法定代表人或者有权机关拒绝提起诉讼或者在法定期限内未提起诉讼，或者情况紧急不及时提起诉讼将导致农村集体经济组织的利益遭受难以弥补的损害的，则成员有权以自己的名义向人民法院提起诉讼，要求有关责任主体向农村集体经济组织承担损害赔偿责任。在有权提起成员代表诉讼的成员人数上，参照《公司法》股东代表诉讼的规定，可以酌情规定为占具有表决权的成员 1/10 以上的成员人数。

（七）撤销权

《物权法》第六十三条第二款规定："集体经济组织、村民委员会或者其负责人作出的决定侵害集体成员合法权益的，受侵害的集体成员可以请求人民法院予以撤销。"该条是对成员撤销权的规定，体现了成员对集体决议的监督权，以及对自身成员权被侵害时的救济权。此处撤销的事项，针对的是侵害成员合法权益的决议，但此种决议的内容可能是关系成员自益权（例如集体资产收益分配权）的内容，也可能是关系成员共益权的内容。但需要注意的是，此条中的撤销权仅具备成员资格的人员才能行使，如果某一农民是对其成员资格认定的决议本身存在争议，例如对农村集体经济组织成员大会（或成员代表会议）做出的不予承认其成员资格的决议不服，则不能适用该条的规定，应当按照前述成员资格认定程序中的救济程序处理。

（八）知情权

知情权是农村集体经济组织成员充分行使各种成员权的前提和保障。农村集体经济组织成员对涉及成员利益的集体事务享有充分的知情权，包括但不限于集体资产经营管理状况、集体成员变动状况、集体资产收益使用和分配状况等。事实上，与集体经济组织成员行使集体决议权、选举权和被选举权、罢免权、土地承包请求权、宅基地分配请求权、土地权利优先受让权、集体资产收益分配请求权、集体福利分配请求权等各种与成员权相关的一切事项，成员都应当享有知情权。《物权法》第六十二条规定："集体经济组织或者村民委员会、村民小组应当依照法律、行政法规以及章程、村规民约向本集体成员公布集体财产的状况。"这是对农村集体经济组织成员知情权的不完整规定，成员知情权的范围应当远比此宽泛。《农村集体经济组织法》应当对此做出更加全面和完整的规定。

三、自益性成员权

与共益性成员权的行使是促成集体决议的形成或者农村集体经济组织法人整体利益的实现不同，自益性成员权行使的直接结果是导致该成员取得一定的财产权益。自益性成员权是成员可以独立行使的权利，其实际享有主体是全体具备资格的成员，而不论其是否具有完全民事行为能力。具有完全民事行为能力的成员可以自行独立行使自益性成员权，不具备完全民事行为能力的成员则由其法定代表人代为行使。

（一）土地承包请求权

农村集体经济组织成员有权以户为单位通过家庭承包方式承包本集体土地并取得土地承包经营权。《农村土地承包法》第五条规定："农村集体经济组织成员有权依法承包由本集体经济组织发包的农村土地。任何组织和个人不得剥夺和非法限制农村集体经济组织成员承包土地的权利。"这是对农村集体经济组织成员承包资格的规定。家庭承包的承包资格为农村集体经济组织成员专属，由全体成员平等享有。但从具备承包资格向实际获取土地承包经营权，尚需借助农村集体经济组织的实际发包行为。农村集体经济组织的发包行为则需要经过集体决议通过发包方案和依据发包方案向具体的农户发包两个步骤。发包行为完成后，成员的承包资格转化为针对具体地块的土地承包经营权。

故此，作为成员权之组成部分的土地承包请求权，是指成员依据农村集体经济组织的发包方案，请求农村集体经济组织（发包人）履行承包地发包行为的权利。在农村集体经济组织通过决议方式形成发包方案后，依据决议依法享有承包权益的农户可以请求农村集体经济组织具体履行发包行为，为其设定针对具体地块的土地承包经营权，如果农村集体经济组织怠于此种发包行为，其有权向人民法院提起诉讼，要求农村集体经济组织将发包方案具体为发包行为。但如果是农村集体经济组织形成的发包方案本身侵害了某一成员的承包权益，例如发包方案将妇女的承包权益排除在外或者减半计算，则该权益受到侵害的成员可以依据《物权法》第六十三条第二款的规定行使撤销权，请求人民法院依法撤销该集体决议。

（二）宅基地分配请求权

农村集体经济组织成员有权以户为单位申请集体为其分配宅基地用于建设住宅。通过无偿或者基本无偿分配方式取得一块宅基地用于建房居住，是保障农民户有所居的基本途径，这是农村集体经济组织成员的专属权利。同土地承包请求权一样，宅基地分配请求权在性质上也属于宅基地分配资格，该分配资格向实际获取宅基地使用权转化，也尚需借助农村集体经济组织实际分配宅基地的行为。但同承包地发包行为不一样，宅基地分配行为并非农村集体经济组织具有完全权限的事项，而需要政府审批，遵循"向集体申请—政府审批"的程序。2019年修改后的《土地管理法》将存量宅基地审批权的权限下放到了乡镇政府，从此角度说，宅基地分配请求权所对应的义务主体为"农村集体经济组织＋地方政府"，集体和地方政府均有保障农户宅基地权益的义务。此外，宅基地分配请求权的行使还要受到各地规定的面积标准的限制。

考虑到一些地方宅基地资源紧张，客观上不具备为每户分配一处宅基地的条件，2019年修改后的《土地管理法》第六十二条在维持原有宅基地制度"一户一宅、福利分配"基本内容的基础上，于第二款规定了农民户有所居的多种保障方式，规定"人均土地少、不能保障一户拥有一处宅基地的地区，县级人民政府在充分尊重农村村民意愿的基础上，可以采取措施，按照省、自治区、直辖市规定的标准保障农村村民实现户有所居。"实践中探索的形式包括农民公寓、联建农房、城镇保障房等。在这些情形下，"一户一宅"体现为

"一户一居"。但这种住房形态的转变并不影响农户的宅基地分配请求权：第一，在具备条件的地区，为符合条件的农户分配宅基地仍然是首选，只有在"人均土地少、不能保障一户拥有一处宅基地"的情形下采用变通的居住保障方式；第二，在采用"农民公寓"等变通的宅基地权益保障方式的情形下，农民获取的土地权益仍然为"宅基地使用权"，该土地权益部分仍然为无偿或者基本无偿获取，而非市场价格，这既体现了对农民居住权益的保障，也体现了与传统宅基地分配模式下对农户宅基地分配权益的同等保障；第三，即便是采用城镇保障房等模式保障农民安居，房屋所对应的土地权属状态为国有土地，农民不再享有宅基地使用权，但其应当享有的法定的宅基地权益的货币价值在其获取的房屋和土地权益的价值中得到了体现，实则是其宅基地分配权益的一次性货币化。

（三）集体资产收益分配请求权

集体资产经营管理获取的收益，或者基于集体资产取得的收益，如集体经营性建设用地入市取得的纯收益、宅基地有偿使用的收益、集体经济组织通过宅基地"三权分置"获取的土地收益等，均属于集体资产收益，应当纳入集体资产管理。各地应当制定集体资产收益分配的管理办法，规定集体提留的比例范围和成员分红的比例范围等，农村集体经济组织则在法律规定的范围内确定用于本集体成员分红的具体比例。成员享有的集体资产收益分配请求权类似于公司股东享有的利润分配请求权。

对于集体资产收益分配事项，成员的权利体现在两个层面：第一个层面是通过集体决议形式形成集体资产收益分配的方案，这属于前述共益性成员权的内容；第二个层面是依据集体决议通过的集体资产收益分配方案，请求农村集体经济组织履行具体的收益分配行为，这属于自益性成员权的内容，也即此处的集体资产收益分配请求权。同承包地请求权的行使机制一样，在农村集体经济组织通过决议的方式形成收益分配方案后，依据决议依法享有收益分配权益的成员，可以请求农村集体经济组织具体履行收益分配行为，如果农村集体经济组织怠于此种收益分配行为，其有权向人民法院提起诉讼，要求农村集体经济组织依据收益分配方案行使分配行为。但如果是农村集体经济组织形成的收益分配方案本身侵害了某一成员的权益，则该权益受到侵害的成员可以依据《物权法》第六十三条第二款的规定行使撤销权，请求人民法院依法撤销该集体决议。

至于成员之间分配集体资产收益的比例，一般的规则是按"人头"人均分配。在实行了集体资产股份合作制改革的地方，则以按股分红的方式分配集体资产收益。

中共中央、国务院《关于稳步推进农村集体产权制度改革的意见》鼓励对集体的经营性资产实行股份合作制改革，将成员对集体经营性资产的权益量化为"股权"或"股份"。实践中也有不少实行了股份合作制改革的农村集体经济组织为其成员发放"股权证"，并记载其股份数额和权益。那么，该"股权"和成员权的关系如何，与此处集体资产收益分配请求权的关系又如何？"股权"能否代替成员权？一方面，"股权"是一个集合性权利，其内容既包含上述共益性成员权中的集体决议权、选举权和被选举权等内容，也包含集体资产收益分配请求权；另一方面，"股权"仅针对经营性资产的管理和收益，对于集体的其他资产和集体的其他管理事项，无法也不应该通过"股权"的表决机制行使。故此，"股权"不能替代成员权。

（四）集体福利分配请求权

集体福利分配请求权的内涵和行使与集体资产收益分配请求权十分类似，但集体福利是集体资产收益的变换形式，是农村集体经济组织从集体资产收益中支付给全部或部分符合条件的成员的福利待遇，常见的形式包括为成员购买养老保险、医疗保险，老年人或特困群体生活补助，子女就学补助，子女考学奖励等。需要注意的是，此处的集体福利不包含承包土地、分配宅基地等方面的福利。

与集体资产收益分配不同的是，集体福利分配惠及的对象可能是全体成员，如为所有成员购买医疗保险；也可能是部分成员，如为百岁以上老人发放生活补贴等。在集体福利分配的对象和数额上，并不与成员的股权挂钩，更多地体现了集体的自主意志，尤其是体现了集体成员对于优秀成员的奖励以及对弱势成员的扶持，更多地体现了集体"德治"的因素。也正是基于以上区别，要将集体资产收益分配请求权与集体福利分配请求权分开列明。当然，集体福利分配方案也应当经集体成员表决通过，体现集体大多数成员的意志。

（五）土地权利优先受让权

《农村土地承包法》（2018年修正）第三十八条的规定，承包农户流转土地经营权时，在同等条件下，本集体经济组织成员享有优先权。第五十一条规定，以其他方式承包土地的，在同等条件下，本集体经济组织成员有权优先承包。前一优先权的义务主体指向流转农户，后一优先权的义务主体才指向农村集体经济组织。由于宅基地使用权的转让和股份的转让均局限于本集体经济组织内部，故无设置优先权之必要。但在宅基地"三权分置"制度建立起来之后，对于宅基地"第三权"的流转，也应当建立本农村集体经济组织成员的优先受让制度。

四、成员权的取得、丧失和救济

（一）成员权的取得和丧失

成员权与成员资格相伴而生，某一农民一旦取得成员资格，便自然享有成员权，而一旦丧失成员资格，则丧失成员权。因此，成员权的取得事由和消灭事由，与成员资格的取得事由和消灭事由相同。此外，成员权作为一种身份性权利，为其主体所专享，不存在转让问题。

在此，仍然需要强调严格区分成员权与基于成员权获取的具体财产性权利（例如土地承包经营权、宅基地使用权乃至集体资产分红等），这些具体的财产性权利一旦被某一成员所具体地取得和享有，便具有了独立性，并不必然随该主体成员资格的灭失而灭失，而且可以依据法律规定予以转让或流转等。

（二）成员权的救济

无救济则无权利，成员权同样也需要有救济机制。对成员权的救济，一部分可以通过农村集体经济组织的内部治理机制实现，一部分则可以借助于诉讼制度。对成员权的侵害通常来自三个方面：一是来自农村集体经济组织本身的侵害，例如来自集体决议行为的侵害；二是来自农村集体经济组织的机关或其管理人员的侵害，例如理事会对集体决议执行行为的侵害；三是来自其他主体的侵害。对于来自农村集体经济组织的集体决议行为的侵害，农村集体经济组织的成员可以通过撤销诉讼制度得到救济，向法院请求撤销该侵害其权益的集体决议；对于来自农村集体经济组织的机关或管理人员的决议执行行为的侵害，该成员可以向法院提起诉讼，请求农村集体经济组织的机关执行该决议；通常来说，成员权的义务主体都是农村集体经济组织或其机关，出现其他主体侵害成员权的情形比较少，但也可能会出现第三人恶意阻挠农村集体经济组织的成员行使成员权的情形，例如第三人恶意阻挠某一成员行使表决权，则该第三人的行为属于侵权行为，受侵害的成员可以依据《侵权责任法》请求该第三人承担侵权责任。

第八章　农村集体经济组织的股权（股份）及司法案例

农村集体经济组织股权制度是农村集体产权制度改革中的核心制度构建，是农村集体经济组织立法中的重大问题，不但涉及农村集体经济组织治理结构的完善，也涉及农村集体经济组织成员合法权益的保护。对农村集体经济组织股权制度开展深入研究，具有重大的理论和实践意义。

一、股权的性质、内涵及相关案例

对农村集体经济组织股权的研究，应当着重阐释农村集体经济组织股权的性质，从而进一步厘清农村集体经济组织股权的概念。

（一）理论争议与司法实践典型案例

对于农村集体经济组织股权的性质，理论上主要有两种观点：一是所有权说，认为股权是将集体资产以股份形式量化给村民，集体资产的产权制度变"共同共有"为"按份共有"。二是成员权说，认为集体资产股权是集体经济组织成员权的具体实现形式。也有学者认为，股权仅仅是成员权的一部分，集体组织成员权涵盖了股份分红权，成员权包括集体财产持份权、集体收益分享权、盈余分配权、集体股份受让优先权等。

在司法实践中，农村集体经济组织股权也往往会与成员权相混淆。以下通过三则典型案例来看其司法实践情况。

> **典型案例一**：被继承人江某某于 1924 年 10 月 7 日出生，于 2019 年 10 月 21 日死亡。被继承人冼某某于 1933 年 8 月 29 日出生，于 2017 年 11 月 28 日死亡。江某某与冼某某是夫妻关系，共生育了 5 名子女，分别是江

某1、江某2、江某3、江某4、江某5。江某某与冼某某均为佛山市南海区狮山镇某某社区上三股份经济合作经济社（以下简称上三经济社）成员，2015年12月15日确权时，二人名下各有上三经济社10股股权。江某某与冼某某的父母均早于二人死亡；江某5于1986年死亡，无配偶子女。江某4同意将其法定继承的股权份额由江某1一并继承，其他当事人因股权继承份额等问题，起诉至人民法院。人民法院认为，江某某与冼某某生前基于农村集体经济组织成员身份取得所在经济组织的股权，农村集体经济组织股权包括了人身权和财产权，可以作为遗产来继承的仅有股权项下的财产权，至于股权项下的人身权，本院不做处理。江某1同为上三经济社的成员，是否可以继承股权财产权以外的其他权益，由所在经济社根据集体自治规则调整处理。江某4同意将其法定继承的股权份额由江某1一并继承，属于继承人内部的协商，且不影响其他继承人的利益，本院予以准许。因此，被继承人江某某与冼某某在上三经济社享有的股权项下的财产权，由江某1继承50％，江某2继承25％，江某3继承25％。

典型案例二：被继承人梁某某与黎某某是夫妻关系，二人共生育了三子一女，为黎某1、黎某2、黎某3、黎某4。黎某某于2001年7月17日死亡，黎某1于1996年死亡，被继承人梁某某在2019年3月17日死亡，梁某某的父母早于梁某某死亡。被继承人梁某某名下在佛山市南海区某某镇夏南一股份合作经济联合社（以下简称夏南一经联社）有3股股权。梁某某自2015年起入住老人院直至死亡，入住老人院的费用及医疗费用先从梁某某的积蓄和股权分红收入中支出，不足部分由黎某2和黎某3支付。梁某某死亡后的殡葬事宜由黎某2和黎某3负责料理。当事人因股权继承份额等问题，起诉至人民法院。人民法院认为，梁某某生前基于农村集体经济组织成员身份取得所在经济组织的股权，农村集体经济组织股权包括了人身权和财产权，可以作为遗产来继承的仅有股权项下的财产权，至于股权项下的人身权，本院不做处理。关于继承人遗产份额的确定问题，根据《继承法》第十三条规定："对被继承人尽了主要抚养义务或者与被继承人共同生活的继承人，分配遗产时，可以多分；有抚养能力和有抚养条件的继承人，不尽抚养义务的，分配遗产时，应当不分或者少分。"因此，被继承人梁某某名下夏南一经联社的 3 股股权项下的财产权，由黎某 2 继承 40%、黎某 3 继承 40%、黎某 4 继承 20%。

典型案例三： 被继承人梁某某与林某某原为夫妻关系，二人婚后生育了 3 名子女，分别是梁某 1、梁某 2、梁某 3。后林某某于 2007 年 1 月 31 日死亡，被继承人梁某某与李某于××××年××月××日登记结婚，婚后未生育子女。被继承人梁某某于 2018 年 9 月 27 日死亡，被继承人梁某某的父亲梁某于 2002 年 10 月 20 日死亡，其母亲为黄某。林某某的父亲林某 1 于 2000 年 8 月 13 日死亡，其母亲为冯某某。被继承人梁某某生前持有中山市某某镇民主社区股份合作经济联社（以下简称民主经联社）的股权（1 股，股权证号：161101）。李某、梁某 1、梁某 2 与梁某 3、黄某就涉案遗产的继承问题协商不成，李某遂诉至人民法院，主张权利。继承人冯某某已经表示放弃继承。人民法院认为，因被继承人梁某某订立的遗嘱未对其持有的民主经联社股权的股份分红款进行处理，该遗产应按法定继承办理，由其法定继承人继承。现被继承人梁某某的父亲早于被继承人梁某某死亡，故被继承人梁某某的法定继承人为梁某 1、李某、梁某 3、梁某 2、黄某。又根据《继承法》第十三条第一款"同一顺序继承人继承遗产的份额，一般应当均等"之规定，对被继承人的上述股份分红款，本院确定由李某、梁某 1、梁某 2、梁某 3、黄某各继承五分之一。人民法院判决：被继承人梁某某持有的民主经联社的股权（1 股，股权证号：161101）从 2018 年 9 月 27 日起的股份分红款，由李某、梁某 1、梁某 2、梁某 3、黄某各继承五分之一。

通过上述三则典型案例，可以得出以下结论：人民法院在司法实践中认定农村集体经济组织股权应当是包含人身权和财产权在内的综合性权利。这从权利性质而言，与同为综合性权利的成员权一致。同时，农村集体经济组织股权继承的客体是股权中的财产权部分。案例三中明确了继承人继承的是股份分红款。至于农村集体经济组织股权中的人身权部分，人民法院不做处理，交由农村集体经济组织按照其自治规则调整处理。

（二）股权与成员权的差别

农村集体经济组织股权性质的认定，关键在于厘清股权与成员权的关系。

两者存在以下方面的差异：

一是权利主体不同。成员权的主体是农村集体经济组织成员，该成员应为自然人；股权的主体则可以包括自然人和法人。股权主体是法人的情况，主要体现在保留集体股的情形下，该集体股的主体应当是农村集体经济组织，属于特别法人。

二是权利内容不同。成员权的内容是农村集体经济组织成员依法对农村集体经济组织所享有的权利和承担的义务的总称。股权的内容则以收益分配权为核心。

三是权利客体不同。成员权的客体是农村集体经济组织与成员之间的财产关系和人身关系；股权的客体则是农村集体经济组织与股权之间的财产关系。

四是权利变动不同。成员权和股权的产生、变更与终止均存在较大不同。以权利产生为例，成员权自具备成员资格时产生，而股权的产生则应当由集体经营性资产量化产生。在农村集体产权制度改革中，如果固化股权，新增成员虽无法持有股份，但是不妨碍其享有成员权利，并履行成员义务。

（三）股权属于财产权

在农村集体产权制度改革实践中，农村集体经济组织股权的主要功能是作为收益分配的依据。中共中央、国务院《关于稳步推进农村集体产权制度改革的意见》明确规定，将农村集体经营性资产以股份或者份额形式量化到本集体成员，作为其参加集体收益分配的基本依据。《农村集体经济组织示范章程（试行）》第三十九条第一款规定，本社将经营性资产（不含集体土地所有权，下同）以份额形式量化到本社成员，设置份额_____份，作为收益分配的依据。《黑龙江省农村集体经济组织条例》第十一条第一款规定，集体经营性资产应当以股份或者份额（以下统称股份）的形式量化到本集体经济组织成员，并以户为单位出具股权证书，作为成员持有集体资产股份和享有收益分配权的有效凭证。从这些法规文件的规定可以看出，农村集体经济组织股权的权利性质应当属于财产权，是股东参与农村集体经济组织收益分配的基本依据。

（四）股权的概念

基于权利性质的重新界定，可将农村集体经济组织股权的概念明确为：股东基于农村集体经济组织的股东资格而享有的，从农村集体经济组织获得经济利益的权利。

值得关注的是，作为收益分配依据的农村集体经济组织股权与成员权中的收益分配权，不能完全等同。农村集体经济组织成员的收益分配权的范围更加宽泛，主要包括土地补偿费、安置补助费、集体资产经营收益和其他收益的分配权利。以征地补偿为例，承包地被征收时，农村集体经济组织成员可以获得补偿。《农村土地承包法》明确规定，承包地被依法征用、占用的，承包方有权依法获得相应的补偿。《民法典》第二百四十三条第二款规定："征收集体所有的土地，应当依法及时足额支付土地补偿费、安置补助费以及农村村民住宅、其他地上附着物和青苗等的补偿费用，并安排被征地农民的社会保障费用，保障被征地农民的生活，维护被征地农民的合法权益。"其中，土地补偿费可以在所有农村集体经济组织成员中平均分配，安置补助费则应当在被征地成员中分配，而非所有成员都参与分配。例如，天津市《关于加强农村集体经济组织征地补偿费分配使用监督管理工作意见》规定：已完成二轮延包确权确地到户或确权没确地的，土地补偿费分配给被征地农户；既没确权也没确地的，土地补偿费在集体经济组织成员中平均分配；征收征用荒地、集体经济组织机动地的，土地补偿费在集体经济组织成员中平均分配；由征地单位或者其他单位统一安置被征地农民的，安置补助费支付给负责安置的单位；不需要统一安置的，安置补助费全部用于分配，具体分配办法按照土地补偿费分配办法执行。

农村集体经济组织股权收益分配的来源，主要是农村集体经营性资产的量化。中共中央、国务院《关于稳步推进农村集体产权制度改革的意见》明确规定，将农村集体经营性资产以股份或者份额形式量化到本集体成员。同时，在股权设置方面，不同成员可以存在差异，从而按照股权进行收益分配。例如，安徽省《关于开展农村集体经济组织产权制度改革试点工作的通知》规定：股权设置实行一村一策，总的原则是集体经济组织成员人人享有股份，按贡献大小适当体现差别。上海市《关于本市加强农村新型集体经济组织收益分配监督管理的指导意见》规定：新型集体经济组织以农龄为主要依据确定成员所占集体资产的份额（股份），并按份额（股份）进行收益分配。因此，农村集体经济组织股权的收益分配在不同农村集体经济组织成员之间可以存在差别。这不但体现了农村集体经济组织成员之间的收益分配权平等，且也体现了基于贡献、劳龄等原因不同农村集体经济组织成员之间收益分配权的差别。

二、股权设置及相关案例

农村集体经济组织法人的股权设置关系到农村集体经济组织内部利益的分配格局，关涉每个集体经济组织成员的具体股份权益的分配依据和分配单位，是农村集体产权制度改革和农村集体经济组织法人设立过程中的关键步骤之一。农村集体经济组织股权设置的科学与否还直接决定着相关人员成员权的享有和行使，并影响农村集体经济组织法人的治理效率，是《农村集体经济组织法》立法以及法人章程制定过程中不可逾越的制度设计。股份设置是一个复杂的利益均衡的过程，股份设置如果混乱不已，对保护农民自身的合法权益存在不利影响。无论是政策文件、地方立法还是改革实践，都对农村集体经济组织法人的股权设置给予了充分重视，这也充分说明股权设置在农村集体经济组织法人制度体系中的基础性地位。

（一）设置原则

根据中央政策文件、地方立法以及在改革实践中的实践做法，现阶段我国农村集体经济组织法人的股权设置，应该坚持以下原则：

1. **社区内封闭设置** 农村集体资产股份合作制改革本质上是将农村集体经营性资产以股份或者份额形式量化到本集体成员，农村集体经营性资产是为特定社区范围内的集体成员的利益存在的，这显然不同于工商企业的股份制改造。这意味着，农村集体经济组织法人的股权设置只能在本集体经济组织内部进行，而不能实现面向社会公众的股权的开放性设置。其原因在于，农村集体资产股份合作制改革是把本集体经济组织成员所有、归属不清晰的资产以股份或份额的形式量化到成员，所以改革只能在集体经济组织内部进行，外部组织和人员不能参与。当然，农村集体经济组织法人以股东身份，以集体经营性资产对外投资设置的其他法人组织，其股权的设置不受该原则的限制。

2. **成员股份为主** 农村集体资产股份合作制改革的目的是解决农村集体经济组织内部集体经营性资产"归属不明、收益不清、分配不公"等突出问题，真正实现农村集体经济组织成员集体资产股权的享有和行使主体的清晰。在股权设置中，不能再留下改革不彻底之隐患。在具体股权设置中，应该以成员股为主设置股份，尽量不设置或者少设置集体股。

3. **民主议定** 农村集体经济组织法人的股权设置本质上是法人内部成员利益的分配问题，作为私法人，其成员有权按照法律规定和章程规定，以民主议定的方式确定股权设置。股权的设置方式一般由章程进行确定，但是，应该协调好法律强制和成员自治的关系。法律规定和章程制定应该充分组织农村集体经济组织成员的自治，而不是任意侵犯成员的自治权。当然，集体经济组织成员的自治也不能背离改革的目的和法律的底线规定。如农村集体资产股份合作制改革的核心目标是落实集体经济组织成员对集体经营性资产的成员股份权，那么，股权设置中以成员股为主的规则就不能民主议定，而集体股的设置与否则可以通过民主议定的方式确定。之所以将集体股的设置交由集体经济组织成员民主议定，主要是因为设置集体股仍然会造成集体资产股权权益的权利主体不清晰，如果过于强调集体股的设置比例，将很可能难以实现改革目标。

4. 因地制宜　股权设置问题与农村集体经济组织成员身份的认定类似，很难在全国制定出统一的规则。应根据不同地区的实际情况，由农村集体经济组织进行个性化选择和设置，而不应在国家法律层面对此问题做整齐划一的统一性规定。国家层面的政策以及立法规定一个改革的底线，地方可以因地制宜地具体推进。例如，上海市的农龄比较清晰，在股权配置中普遍设置了农龄股①。而其他地方的农龄计算则非常困难，应该根据本地情形做出设计。总之，股权设置应该注意协调好国家层面的一般规定和地方根据自己的资源禀赋因地制宜实施的股权设置的关系。

（二）集体股

农村集体经济组织是否设置集体股，在理论上和实践中均存在诸多争议。

1. 集体股的理论争议　在集体股制度中，最大的争议在于是否设置集体股，主要有三种观点：肯定说、否定说和折中说。

（1）肯定说。 由于农村缺少公共财政覆盖，农村社会保障制度不健全，集体股仍需要存在，以保证社区的公共建设和公共福利不受影响。集体股是全体成员的公有股份，是保障集体资产集体所有权的基本保障。集体股可以保障集体的经济收益，并用于农村集体经济组织内全体成员的公共产品服务供给。当前需要加强对集体股的内部管控，避免集体资产产权外溢。集体股的设置比例不宜过高，一般掌握在30%以下，且要充分尊重成员的意愿选择，并建立监督机制。

（2）否定说。 集体股只是在股改初期为解决一些特殊问题而采取的权宜之计，是股改不彻底的表现，会带来一系列负面效应。集体股的设置侵犯了集体成员对集体资产的所有权，部分地区集体股分红数额较大，管理不合理。对于城镇化进程较快、已实现"村改居"的地方，应明确不设置集体股，其日常公共事业支出可以通过在集体收益分配中提取公积金、公益金的方式解决。集体股与集体公积公益金的功能趋同、程序相同，应当撤销集体股。

（3）折中说。 在农村集体产权改革实践活动中，集体经营性资产的股权设置应以成员股为主。要从集体股的功能与作用的实效性出发，对集体股的设置进行考虑。是否设置集体股要根据经济发展的需要，充分尊重群众选择，由集体经济组织通过公开程序自主决定，不应在国家法层面对此问题做统一性

---

① 《上海市农村集体经济组织产权制度改革程序实施办法》规定，股权设置原则上以集体经济组织成员农龄为依据，并统筹兼顾好原集体经济组织成员和现集体经济组织成员的利益关系。对撤制村原则上不设立集体股，未撤制的村及镇可设立一定比例的集体股，主要用于公益事业等开支，集体股占总股本的比例由集体经济组织成员大会讨论决定，原则上掌握在总股本的20%左右。

规定。

2. 集体股的具体设计 集体股是按照集体资产净额的一定比例折股量化，由全体成员共同所有的资产。

（1）集体股的设置规则。

①集体股设置与否应当交由农村集体经济组织决定。《农村集体经济组织示范章程（试行）》第十五条规定，成员大会审议、决定土地发包、宅基地分配、集体经营性资产份额（股份）量化等集体资产处置重大事项。《黑龙江省农村集体经济组织条例》第十二条第一款规定，是否设置集体股以及集体股占农村集体经济组织总股权的具体比例，由本集体经济组织成员民主讨论决定。由此可见，集体股是否设置，应当由农村集体经济组织自行决定。2020 年 10 月 20 日发布的《农业农村部对十三届全国人大三次会议第 5701 号建议的答复》（以下简称《答复》）指出："各地充分尊重农民意愿，发挥农民主体作用，把选择权交给农民，由农民选择，而不是代替农民选择。是否保留集体股、保留多少比例等都应由集体经济组织成员民主讨论决定，切实保障好农民的知情权、参与权、表达权、监督权。"在农村集体经济组织立法中，集体股的设置与否应当被明确为农村集体经济组织成员大会的法定职权。

②集体股与成员股的关系。《关于稳步推进农村集体产权制度改革的意见》指出，股权设置应以成员股为主，是否设置集体股由本集体经济组织成员民主讨论决定。尽管集体股的设置比例属于农村集体经济组织成员大会的法定职权。但是，一方面考虑到集体股收益的特定用途，另一方面考虑到农村集体经济组织成员权益的保障，集体股的占比不宜过大。在农村集体产权制度改革实践中，不少地方对集体股的比例做出了一定限制。例如，《黑龙江省农村集体经济组织条例》第十二条规定："集体股占农村集体经济组织总股权的比例不超过百分之三十。"《中共安徽省委员会、安徽省人民政府关于稳步推进农村集体产权制度改革的实施意见》规定："对于集体经济比较薄弱、以农业为主、负债较多的村，经本集体经济组织成员民主讨论决定，可设置一定比例的集体股，但集体股占总股本的比例一般不超过 20％"。《吉林省农村集体产权制度改革试点方案》规定："集体股占总股本的比例由村集体经济组织成员大会讨论决定，但最高不得超过 20％。"

（2）集体股的具体行使。 在决定设置集体股之后，需要解决集体股的具体行使问题。

①集体股的表决权。集体股的表决权问题取决于农村集体经济组织中表决权的行使规则：成员行使还是股东行使？《农村集体经济组织示范章程（试行）》第十一条规定了本社成员的权利，第十五条规定了成员大会的职权，同时，第十七条和第十八条规定了成员代表大会的相关事宜。按照示范

章程的规定，农村集体经济组织表决权应当由农村集体经济组织成员通过成员大会或者成员代表大会行使。《黑龙江省农村集体经济组织条例》也采取了类似做法。根据前文对农村集体经济组织股权性质的界定，股权应被明确为收益分配权。那么无论集体股的占比如何，均不影响农村集体经济组织成员的表决权行使。

②集体股的收益用途。集体股的收益用途决定了其应当采用类似优先股的设置。在农村集体产权制度改革实践中，不少地方对集体股的收益用途做了明确限制。例如，《黑龙江省农村集体经济组织条例》第十二条第二款规定："集体股的收益主要用于发展集体经济、社会保障支出、必要的公益性支出和增加集体积累以及处置遗留问题、化解村级债务。"《吉林省农村集体产权制度改革试点方案》规定："集体股获得的分红主要用于集体扩大再生产、集体公益事业、弥补福利费缺口、弥补以前年度亏损和转增积累等方面。"由此可见，集体股的收益应当主要用于集体经济发展和公益性支出等。因此，为了保障集体经济的可持续发展以及成员的合法权益，应当对集体股的收益予以优先保障，采取类似优先股的设置。2013 年《国务院关于开展优先股试点的指导意见》规定："优先股是指依照公司法，在一般规定的普通种类股份之外，另行规定的其他种类股份，其股份持有人优先于普通股股东分配公司利润和剩余财产，但参与公司决策管理等权利受到限制。"由于集体股不涉及表决权问题，因此应当明确集体股优先分配农村集体经济组织的利润。

③集体股的二次量化。从对集体股的收益用途的规定来看，集体股的收益用途与农村集体经济组织公益金、公积金的用途存在重叠，而且比例类似。例如，《黑龙江省农村集体经济组织条例》第四十条第一款规定："农村集体经济组织可以提取不超过本年度收益百分之二十五的公积公益金，用于发展集体经济、转增股本、弥补亏损和公益事业建设等。"《中共辽宁省委、辽宁省人民政府关于稳步推进农村集体产权制度改革的实施意见》规定："股权设置应以成员股为主，是否设置集体股由本集体经济组织成员民主讨论决定。对于城镇化进程较快、已实现'村改居'的地方，提倡不设置集体股，其日常公共事业支出，可以通过在集体收益分配中提取公积金、公益金的方式来解决。"因此，按照目前集体股的设置规则和公益金、公积金的设置要求，可能将 50％以上的集体收益用于集体股的收益和公益金、公积金的提取，从而导致用于成员股收益分配的利润较少。因此，在农村集体产权制度改革实践中，在公益金、公积金制度完善的情况下，经过成员大会或者成员代表大会决定，可以开展集体股的二次量化。下文将通过一个司法实践中的案例，对集体股二次量化问题做进一步探讨。

3. 集体股的二次量化：司法实践　关于集体股的二次量化问题，应当着重解决两个问题：一是集体股能否二次量化，二是集体股二次量化后的股权与原有股权的关系。

典型案例： 张某2、张某3、张某4、张某5与张某1均系张某某与陈某某夫妻二人的子女。张某某于2013年9月6日死亡，陈某某于2013年11月6日死亡。沙湖公司系原武汉市洪山区沙湖村城中村综合改造后改制而形成的公司，改制后将原沙湖村的集体资产进行股份量化，分配给参与改制并享受配股的村民。张某某原系沙湖村村民，改制后成为沙湖公司的股东。沙湖公司《股东证》载明：股东姓名，张某某；持股数额，53.119股；编号，081。2019年1月16日，沙湖公司出具《说明》：我公司股东张某某（已故），持有我公司股份53.119股。其中11.119股为2012年9月进行二次量化时，将公司持有的20%股份均分给公司全体原始股东所得。2003年2月28日，赠予人张某某、陈某某与受赠人张某1签订《赠予合同》，载明：张某某、陈某某夫妻是张某1的亲生父母，张某某于2002年购得单位即沙湖公司内部股份42股，编号081。现张某某、陈某某夫妻自愿将上述股份赠予给张某1所有，张某1表示愿意接受。同日，武汉市武昌区公证处出具（2003）武昌证字第0469号公证书，对该赠予行为做出公证。2010年2月27日，张某某、陈某某分别立下书面打印遗嘱，载明：为防止继承人为财产发生纠纷，特立下此遗嘱，将沙湖公司股份42股，编号081留给张某1一人继承，并指定为他的个人财产，与其配偶无关。本遗嘱由武汉市黄鹤公证处代书。

2013年11月7日，张某1、张某2、张某3、张某4签订《协议书》，载明：由张某1合法继承沙湖公司内部股份53.119股，现决定将张某1继承并持有的53.119股每年所产生的红利平均分配给兄弟四人。从父母死亡之日起（2013年11月7日）开始实行，具体分配时间和次数以公司分配为准。今后如该股份出售产生利润，也由兄弟四人平均分配。当事人因股份继承问题产生纠纷，起诉至人民法院。

一审法院认为：依照《公司法》第七十五条的规定，自然人股东死亡后，其合法继承人可以继承股东资格，但是，公司章程另有规定的除外。鉴于沙湖公司系由沙湖村改制而来，具有交叉性质，村民转化为股民，张某某所持有的股份系原沙湖村改制后将集体资产进行股份量化并予以分配，应当视为其个人合法财产，张某某及其配偶陈某某死亡后，其合法继承人可以继承其股东资格，享有股东权利。虽然张某某持有沙湖公司53.119股，案涉公证遗嘱仅处分了张某某名下沙湖公司 42 股，其余 11.119 股是在公证遗嘱办理之后沙湖公司进行二次量化时予以分配而来，既不属于 42 股的配股，也不属于 42 股的孳息，属于 42 股之外的张某某、陈某某的遗产，张某某、陈某某生前对此并未立有遗嘱进行处理，应当依法按照法定继承办理，即由其合法继承人依法继承。虽然 2013 年 11 月 7 日张某 1、张某 2、张某 3、张某 4 签订了《协议书》，对案涉 53.119 股进行了处理，但该协议排除了另一合法继承人张某 5，也未给其保留必要的遗产份额，违反了《继承法》第九条规定的继承权男女平等，不能按此协议对其余 11.119 股进行处理。据此判决，确认张某某名下的沙湖公司 42 股股份由张某 1 享有，当事人应当就其余 11.119 股另行主张权利。

当事人不服一审法院判决提起上诉，二审法院判决：驳回上诉，维持原判。

案例分析： 通过上述典型案例的分析，可以看到在农村集体产权改革和司法实践中，集体股的二次量化应当特别关注以下两个方面：

第一，集体股二次量化的决定权。集体股的二次量化，应当由农村集体经济组织成员依法决定。从本质上而言，这是对集体所有权的行使，决定着集体经营性资产如何实现。因此，集体股的二次量化与集体股的初次设置并无实质区别。正如案例中所展示的："其中 11.119 股为 2012 年 9 月进行二次量化时，将公司持有的 20% 股份均分给公司全体原始股东所得。"

第二，集体股二次量化与原股权的关系。集体股二次量化后形成的新股权与原有股权之间并无实质联系。"张某某名下沙湖公司 42 股，其余 11.119 股是在公证遗嘱办理之后沙湖公司进行二次量化时予以分配而来，既不属于 42 股的配股，也不属于 42 股的孳息"。因此，二次量化后的股权与原有股权是独立的，并非原有股权的配股或者法定孳息。

此外，在上述典型案例的裁判中，存在一个法律适用的问题。"沙湖公司系原武汉市洪山区沙湖村城中村综合改造后改制而形成的公司"，沙湖公司应当属于农村集体经济组织，而非一般意义上的公司。但是，由于"农村集体经济组织法"的缺位，导致只能适用《公司法》关于股权继承的规定解决纠纷。

（三）成员股

成员股是指按集体资产净额总值或一定比例折股量化，无偿或部分有偿地由符合条件的集体经济组织成员按份享有。成员股的设置亟待解决两个问题：成员股的类型和成员股主体。

1. 成员股的类型：单一或多元　成员股的类型问题，主要需要明确的是除人口股之外，是否还可以设置劳龄股等其他股权。

成员股的设置是集体经营性资产股份合作制改革的重点环节，也是容易产生矛盾的地方。在成员股的类型方面，学界讨论的焦点在于采取单一化还是多元化的配置方式。

（1）单一化的股权设置方式。按照农村集体经济组织成员资格分配应当坚持成员资格平等原则，即每个成员都有平等的分配集体资产股份的权利，只要是农村集体经济组织成员，不论性别、年龄，都平等地按照同一分配原则参与集体财产的股份分配。当前绝大多数农村集体财富都源于城市发展和商业进步，从社会平等的意义上说，少数农民的"发展权"变现是一种工商业进步的效果溢出，这种效果在所有农户之间做适当的平均分配是公正的，财富在农户间平均分配更符合公平正义。

（2）多元化的股权配置方式。大多数学者认为，成员股要采取多元化的股权配置方式。在实践中，各种股权设置都未采取"一刀切"的分配方式，而是实行差异化的股权比例配置，并将曾为集体经济组织发展做出贡献的集体成员全部纳入其中，满足其分享经济发展成果的利益诉求。无论是农村集体产权制度改革还是撤村建居集体资产的处置，都应该以农龄为主要依据，但不是唯一依据，可适当考虑其他因素，同时进一步研究将人和户有效地结合，以户为单位发放社员证，并相应明确户内每个成员的股权。以人头为主进行股权设置会导致外来人口的涌入、户口回迁，造成集体资产管理上的混乱。因此，在股权设置方面应当以农龄为主，将农龄和人头有机结合起来，充分考虑土地等资源型资产，兼顾每个成员的利益。在保障全体成员都能享有相应股权份额的基础上，预留一部分股份的再分配应按照劳动贡献，出资、技术和管理的比例进行，既保障人人公平享有集体股权，同时又能体现不同主体的贡献。因此，应当区分经济发展水平和股份合作制改革的不同阶段，采取不同的股权设置模式和改革方案，在总结地方试点实践中的成熟做法的基础上，逐步构建和完善因地制宜、因势利导的股权设置模式。

在农村集体产权制度改革的实践中，成员股的类型一般采用多元化的设置方式。《农村集体经济组织示范章程（试行）》第三十九条第二款规定，成员股包括以下类型：人口股、劳龄股、扶贫股、敬老股等。不少地方的规范性文件中，也对成员股的多元化设置做了明确规定。例如，《山东省农村集体产权制度改革试点方案》规定："成员股可以仅设置人口股，也可以根据实际需要分别设置人口股和农龄股（劳龄股）；有条件且需要的地方也可以设置扶贫股、独生子女奖励股等。"《吉林省农村集体产权制度改革试点方案》规定："成员股是按集体资产净额的总值或一定比例折股量化，由符合条件的集体经济组织成员享有的股份，成员股可由人口股、农龄股、土地股等一项或多项构成。"《中共新疆维吾尔自治区党委、新疆维吾尔自治区人民政府关于稳步推进农村集体产权制度改革的实施意见》规定："成员股原则上分为按户籍人口因素设置的基本股和按劳动贡献因素设置的贡献股两类。"

综上所述，成员股的类型究竟采取单一化还是多元化的模式，应当属于农村集体经济组织自治的范畴，可以由农村集体经济组织的章程予以明确。从农村集体经济组织立法的角度看，不宜将其明确限定于单一化或者多元化的成员股股权配置模式。但是，需要明确的是，在成员股的类型中，应当以人口股为基本类型，并进一步肯定明确其他类型股的补充地位：一是每个成员都需要有基本的股权份额；二是在每个成员拥有基本股份的同时，可以按照贡献等合理设置劳龄股、扶贫股等；三是要注意股权份额按不同比例分红，但成员表决权平等。

2. 成员股的主体：自然人或户　成员股的设置还需要明确成员股的主体是成员个人还是户。《关于稳步推进农村集体产权制度改革的意见》规定，将农村集体经营性资产以股份或者份额形式量化到本集体成员。《农村集体经济组织示范章程（试行）》第九条规定："户籍在本社所在地且长期在本社所在地生产生活，履行法律、法规和本章程规定义务，符合下列条件之一的公民，经书面申请，由本社成员（代表）大会表决通过的，取得本社成员身份：（一）父母双方或一方为本社成员的；（二）与本社成员有合法婚姻关系的；（三）本社成员依法收养的。"从上述规定来看，成员股的主体应当是自然人无疑。但是，从目前政策要求来看，成员股提倡的是不随人口增减而变动的管理模式，同时还提倡新增人口通过分享家庭内拥有的集体资产权益的办法，按章程获得集体资产份额和集体成员身份。2020年4月26日，农业农村部部长韩长赋在第十三届全国人民代表大会常务委员会第十七次会议上做的《国务院关于农村集体产权制度改革情况的报告》指出："对于经营性资产折股量化到成员形成的股权，多数地方实行不随人口增减变动而调整的方式，一些地方探索实行'量化到人、确权到户、户内共享、长久不变'的股权静态管理模式。"从一定意义上讲，"量化到人、确权到户"的成员股设置方式，使得成员股的主体与土地承包经营权的主体存在一定的类似之处。考虑到目前依然强调的是按户管理，而非将成员股的主体明确为户，后文将对按户管理模式的相关问题做进一步探讨。

三、股权管理

农村集体经济组织股权的管理制度，一方面需要探讨的是股权管理的不同模式，另一方面应当特别关注股权权能的问题。

（一）股权管理模式

股权管理究竟采用静态管理模式还是动态管理模式，在理论上存在不同观点，在实践中亦存在不同做法。

1. **理论争议** 对于股权管理模式，学界一般将其划分为 3 种：静态管理模式、动态管理模式和动静结合模式。

（1）静态管理模式。 股权管理应实行"生不增、死不减，迁入不增、迁出不减"的一次性配置、固化股权，体现了"起点公平"，这是农村集体产权制度改革的主流方向。实行股权固化的静态管理方式，是最理想的产权改革，无须进行二次分配。"确权到户、户内共享、社内流动、长久不变"实现了确权到户，把村民的股权诉求放到家庭内部协调解决，可以减少社会矛盾。

（2）动态管理模式。 也有学者认为股权固化存在多种问题和矛盾。"生不增、死不减"的固化股权在一定程度上存在不合理之处，对于那些家里老人少的年轻人，其所能分享到的集体股份本就较少，而一些靠继承得到大量股份的村民有可能招致其他村民的不满，长此以往，容易成为矛盾的根源。尤其是中西部地区，要谨慎实施股权固化。

（3）动静结合模式。 动静结合的股权管理模式可以根据情况变化而进行权益微调整，具有一定的灵活性，受到多数农村社区集体组织的青睐。当外部压力处于主导优势时，集体经济组织倾向于选择静态管理模式。当外部压力很小，内部压力处于主导地位时，集体经济组织倾向于选择动态管理或者定期调整的动态管理模式。股权管理模式的选取也应当参照成员意见，在改革中通过过渡期的设置实行动静结合的管理模式，并在此过程中让成员逐渐认识到静态管理模式的优势。

2. **改革实践** 中共中央、国务院《关于稳步推进农村集体产权制度改革的意见》规定，股权管理提倡实行不随人口增减变动而调整的方式。因此，静态管理模式是股权管理的倡导模式。但是，如前所述，静态管理模式面临的核心问题是新增人口的权益保障问题。改革意见进一步指出，提倡农村集体经济组织成员家庭今后的新增人口，通过分享家庭内拥有的集体资产权益的办法，按章程获得集体资产份额和集体成员身份。由此可见，静态管理模式与"量化到人、确权到户"是密切联系在一起的，而并非将经营性资产完全量化现有成员后，不考虑新增人口的权益。换言之，改革实践中的静态管理模式并非绝对意义上的股权量化后完全不变，而是以户为单位保障新增人口的利益。

在地方的改革实践中，大多数地方都采用了静态管理模式。例如，《山东省农村集体产权制度改革试点方案》规定："集体资产量化为股权后，提倡实行静态管理，不随人口增减变动而调整。"《宁夏回族自治区农村集体产权制度改革试点方案》规定："在股权管理方面，提倡实行不随人口增减变动而调整的制度。"同时，正如农业农村部回应股权管理模式时指出的：各地在改革过程中，充分尊重农民意愿，农民拥有的集体资产股权采取"静态"还是"动态"管理由集体经济组织成员民主讨论决定。还有少数村根据实际，实行动态管理模式，如甘肃省临洮县的一些村，由于只有土地资源，没有经营性资产，经群众多次商议，实行定期调整的动态管理模式，这也是地方的实践探索。

但是，在股权量化到人的基础上，究竟确权到户还是确权到人，各地做法不尽相同。有的地方是确权到人的，如《中共新疆维吾尔自治区党委、新疆维吾尔自治区人民政府关于稳步推进农村集体产权制度改革的实施意见》规定："改制后的农村集体经济组织成员个人的股权证原则上由县级人民政府委托农经管理部门监制，由合作社颁发。"有的地方则是确权到户的，如《吉林省农村集体产权制度改革试点方案》规定："将农村集体经营性资产以股份或者份额形式量化到本集体成员，落实到户，编制成员名册，发放股权证书，作为其参加集体收益分配的基本依据。"中共安徽省委员会、安徽省人民政府《关于稳步推进农村集体产权制度改革的实施意见》规定："提倡农村集体经济组织成员家庭今后的新增人口，通过分享家庭内拥有的集体资产权益的办法，按章程获得集体资产份额和集体成员身份。"

值得注意的是，在中央政策倡导下，地方实践采用的"量化到人、确权到户"静态管理模式，虽然"有利于稳定农民对其财产权利的预期，促进集体资产股权流动，降低改革成本，减少矛盾和纠纷"。但是，由于确权到户的法律内涵不明晰，在司法实践中依然存在诸多疑问。

3. 司法实践　以下通过"量化到人、确权到户"的两则典型案例，进一步探讨股权管理模式的相关问题。

典型案例一：杜某1系杜某某的婚生女儿；梁某系杜某某的再婚妻子，婚后，梁某与杜某某生育杜某2。杜某某因患肝癌疾病于2016年5月15日去世，其在所在村留有遗产，即佛山市南海区某某镇某某村和同股份合作经济社（长塘）的股权（以下简称长塘股权）（长塘股权10股），该股权确权时间为2015年12月15日。杜某某去世后，其名下村股份共获得两次分红：第一次于2016年5月27日分红3 260元，第二次于2017年1月26日分红13 800元（2016年度股份分配款），上述两次股份分红均由梁某、杜某2领取，杜某1未享有分红。另外，杜某某的父母表示将其继承杜某某遗产份额赠予杜某1、杜某2。杜某1认为，遗产是公民死亡时遗留的合法财产，且杜某某生前没有留下遗嘱，应按法定继承处理。

梁某、杜某2辩称：长塘股权系农村集体经济社股权，该股权已确权固定到户，按全体村民签名通过的章程规定不再发生流转。按佛山市南海区某某镇某某村的章程规定，仅在全户死亡办销户时，长塘股权才发生有遗嘱按遗嘱继承、无遗嘱按法定继承处理，杜某1要求分割长塘股权不符合章程的规定。杜某1在本案起诉前曾向政府相关部门提出对长塘股权的分割要求，佛山市南海区某某镇某某村和同股份合作经济社接到政府相关部门的处理通知后，曾经冻结杜某某的分红。政府相关部门经研究处理后，亦认为应按佛山市南海区某某镇某某村的章程规定处理，分红及长塘股权均不应作遗产处理，佛山市南海区某某镇某某村和同股份合作经济社将冻结的分红发放给梁某、杜某2。

一审法院认为，长塘股权不是农村土地承包经营权本身，而应当理解为一种农村集体经济组织成员对承包土地的收益权，杜某某生前持有的长塘股权应当作为遗产适用《继承法》的规定由同为本集体经济组织成员的继承人继承和分割。梁某、杜某2辩称长塘股权只能"户内流转"。但这里的"户内流转"应当适当扩充理解，即继承人不在一户之内的，可以跨户流转，这一扩大化的"户内流转"不会违背整个农村集体经济组织的股权总额不变的原则。杜某某生前合法拥有的股权在其死亡后成为遗产，因其无立下遗嘱，遗产及遗产的孳息应由其法定继承人，即配偶、父母和子女继承。杜某1、梁某、杜某2均系杜某某遗产的第一顺序法定继承人，有权分取遗产。在分割遗产时，考虑到杜某某生前染毒，而梁某与其共同生活且尽了主要抚养义务，为办理其丧事支付了主要费用，杜某2虽已成年，但仍在校就读尚需供养，一审法院确定杜某某的遗产应当适当多分给梁某、杜某2，杜某1则因照顾杜某某较少及经济状况正常而适当少分。

一审法院确定杜某1继承杜某某长塘股权的40％，梁某、杜某2继承长塘股权的60％和已发放的分红款。

梁某、杜某2不服一审判决，提起上诉。事实与理由为：①关于长塘股权的性质问题。长塘股权是家庭承包经营的土地折成股份，成立股份合作社，家庭成员成为股东，享有股权，该"股权"是农村集体经济组织成员的土地承包经营权，是以家庭土地联产承包责任制为基础的用益物权。股份分红不是杜某某的个人承包收益，而是杜某某不再履行土地承包义务后，由梁某、杜某2履行户内土地承包义务而得到的承包收益，该收益不属于杜某某的遗产。②关于长塘股权的流转问题。根据《农村土地承包法》的规定和《佛山市南海区农村集体经济组织股权（农村土地承包经营权）确权登记颁证工作实施方案》的内容，在土地承包经营权长期稳定不变和股份制的情况下，该户成员的增减，股权由户内成员继续承担和享有。杜某1并不是户内成员，故其无权享有杜某某的长塘股权，即长塘股权不应由杜某1继承。二审法院认为：首先，关于长塘股权可否继承的问题。其一，杜某某名下的10股长塘股权是因杜某某作为佛山市南海区某某镇某某村和同股份合作经济社成员的身份而取得的财产，具有专属于特定人身的性质，属杜某某的个人合法财产。而遗产是公民死亡时遗留的个人合法财产。因此，长塘股权应作为杜某某的遗产由其继承人继承。其二，杜某某对长塘股权的处分未立遗嘱，杜某1作为杜某某的女儿，系杜某某的法定继承人，且并无证据证明杜某1有丧失继承权的情形。因此，杜某1依法可继承长塘股权的相应份额。其三，《佛山市南海区集体经济组织股权（农村土地承包经营权）确权登记颁证实施方案的通知》《佛山市南海区村（居）集体经济组织成员股权（股份）管理流转交易办法的通知》并未否定长塘股权可以由其继承人继承。综上，一审认定长塘股权作为杜某某的遗产由其继承人继承和分割并无不当。二审法院判决如下：驳回上诉，维持原判。

典型案例二：被继承人郭某某的父亲是郭某，已于2008年12月19日因死亡注销户口，被继承人郭某某母亲是陈某。被继承人郭某某与林某某于1995年12月21日登记结婚，于2004年6月14日离婚，两人在婚姻存续期间育有一子郭某1。其后，郭某某没有再婚。被继承人郭某某名下持有佛山市南海区某某镇平南股份经济合作联合社（以下简称平南经联社）股权 2.5 股，股权证号为 01172，郭某某于 2019 年 3 月 27 日死亡。2019 年 4 月 11 日，郭某 1 与陈某到平南经联社办理了非户内成员分红账户变更手续，将郭某某名下平南经联社股权的分红收益转入郭某 1 的分红账户统一管理分配。因陈某是否放弃股权的继承权，郭某 1 与陈某无法达成一致，起诉至人民法院。

一审法院认为，郭某某生前基于农村集体经济组织成员身份取得了所在经济组织的股权，农村集体经济组织股权包括了人身权和财产权，可以作为遗产来继承的仅为股权项下的财产权，至于股权项下的人身权，法院不做处理。故被继承人郭某某在平南经联社的 2.5 股股权项下的财产权，应由陈某、郭某 1 各继承二分之一。根据南海区的股权制度及平南经联社章程规定，经联社向股东发放股权收益以户为单位，股权户内成员确定一人账户统一收取股权收益，因此，变更股权收益的收款账户只是经联社对股权收益发放方式的管理性手续，并不作为股权收益实体处分的依据，故郭某 1 以双方共同办理分红账户变更手续为由认为陈某放弃股权权益的继承，法院对此不予采纳。一审法院判决如下：被继承人郭某某名下平南经联社股权 2.5 股项下的财产权，由陈某、郭某 1 各继承二分之一。郭某 1 不服一审判决，提起上诉。

二审法院认为，陈某与郭某 1 到平南经联社办理非户内成员分红账户变更手续，将郭某某名下股权的分红收益转入郭某 1 的账户统一管理分配，实际上是属于股权收益发放方式的变更手续，并不能作为股权收益实体处分的依据，不能以此认定陈某 1 放弃股权权益的继承，案涉股权项下的财产权仍应由郭某 1、陈某各继承二分之一。二审法院判决如下：驳回上诉，维持原判。

案例分析：案例集中反映出了"量化到人、确权到户"在改革实践和司法实践中存在的问题：表面来看是司法实践中对"量化到人、确权到户"政策的不认可，实质上是户的民事主体地位欠缺。

（1）"量化到人、确权到户"的政策内涵。根据《佛山市南海区村（居）集体经济组织成员股权（股份）管理流转交易办法》（以下简称《交易办法》）第三条规定："本办法所指股权，是指集体经济组织成员以'股份占有，户内共享，按股分配，社内流转'等形式确定、以股权户为单位享有的集体经济组织的股份权能。股权户是指以户籍管理部门核发的户口簿为基础，本集体经济组织成员按一定条件组合登记在一起的股权管理单位。股权流转交易是指同一集体经济组织内股权户与股权户之间进行股权转让、赠予、继承等行为。"

从"量化到人、确权到户"的政策内涵来看：一方面，"以股权户为单位享有的集体经济组织的股份权能"进一步强调"股权流转交易是指同一集体经济组织内股权户与股权户之间进行股权转让、赠予、继承等行为"，实际赋予了股权户相对独立的民事主体地位，这与《民法典》中的农村承包经营户类似。另一方面，《交易办法》仅仅将股权户定性为股权管理单位，又使得其与主体地位赋予相去甚远，也容易产生纠纷。

同时，为了进一步明晰"量化到人、确权到户"的政策内涵，《交易办法》第十三条规定："集体经济组织实行'确权到户、户内共享、社内流转、长久不变'的股权管理模式，积极倡导户内股权均等化。确权到户后的股权由户内全体成员共同享有；在国家法律和政策规定的期限内集体经济组织的总股权数不随成员人数的增减而变动（在确权时点依法应落实股权而未落实的除外）。"因此，农村集体经济组织股权一旦确权到户后，实行按户确定股数、按户登记股权、按户管理股权、按户股份分红，股权户内总股数不随户内成员人数的增减而变动。由于是确权到户后的户内共享机制，股权在同一股权户内不发生转让、继承、赠予等流转交易行为。

正是基于这样的政策要求，才出现了案例中"杜某1在本案起诉前曾向政府相关部门提出对长塘股权的分割要求，佛山市南海区某某镇某某村和同股份合作经济社接到政府相关部门的处理通知后，曾经冻结杜某某的分红。政府相关部门经研究处理后，亦认为应按佛山市南海区某某镇某某村的章程规定处理，分红及长塘股权均不应作遗产处理"。按照《交易办法》的规定，杜某某死亡后，股权户仍然存在，股权户内总股数并不随户内成员人数的增减而变动，而且同一股权户并不发生继承。根据《交易办法》第四十五条规定："股权跨户继承是指股权户内成员全部死亡后，最后一名死亡成员的继承人通过法定继承、遗嘱继承、遗赠等方式取得被继承股权户股权的行为。"因此，股权分红款应当由梁某和杜某2享有。

(2)"量化到人、确权到户"的司法裁判。 尽管"量化到人、确权到户"的政策要求非常明晰,但是在司法实践中,却遇到了较大的挑战。从案例中可以看出,司法实践并不认可此种方式。

第一个案例中,一审法院认为"户内流转"应当适当扩充理解,即继承人不在一户之内的,可以跨户流转,这一扩大化的"户内流转"不会违背整个农村集体经济组织的股权总额不变的原则。二审法院也认定《交易办法》并未否定长塘股权可以由其继承人继承。这导致无论"量化到人、确权到户"的政策内涵如何明晰,人民法院均认定这不能否定继承人的合法权利,从而根据《继承法》中法定继承的规则,判定杜某1可以继承股权。

第二个案例中,人民法院否定"量化到人、确权到户"政策的根据得到了进一步明晰,即"量化到人、确权到户"实际上是一种管理性规定。正如一审法院所认定的"根据南海区的股权制度及平南经联社章程规定,经联社向股东发放股权收益以户为单位,股权户内成员确定一人账户统一收取股权收益,因此,变更股权收益的收款账户只是经联社对股权收益发放方式的管理性手续,并不作为股权收益实体处分的依据"。二审法院也对这一判断表示了认可。因此,"量化到人、确权到户"仅仅是管理性规定,是不能剥夺当事人的民事权利的。

(3)政策要求与司法实践的冲突根源。"量化到人、确权到户"的政策要求与司法实践冲突的根源在于户的民事主体地位欠缺。如前文所述,根据《交易办法》的规定,有赋予股权户民事主体地位的倾向,采取的是类似农村承包经营户的规定。但是,在司法实践中,对股权户与农村承包经营户的认可形成了鲜明的对比。

根据《农村土地承包法》的规定,农户是家庭承包的承包方。作为自然人的农户,在户内个别家庭成员死亡时,不会发生继承关系。

《农村承包法》第三十二条第二款规定:"林地承包的承包人死亡,其继承人可以在承包期内继续承包。"《最高人民法院关于审理涉及农村土地承包纠纷案件适用法律问题的解释》第二十五条第一款规定:"林地家庭承包中,承包方的继承人请求在承包期内继续承包的,应予支持。"在最高人民法院民事审判第一庭编著的《最高人民法院农村土地承包纠纷案件司法解释理解与适用》一书进一步明确了上述规定的内涵:除林地外的家庭承包当中,土地承包经营权不发生继承问题。承包期间取得的收益,可以作为遗产继承。林地家庭承包中,承包主体是农户,而非某一特别的农民。家庭成员之一死亡，并不导致农户的消亡，农户仍然存在，其他家庭成员按照合同约定继续履行合同，不发生继承问题。只有家庭成员全部死亡的情况下，才发生继承的问题。

在户的具体制度设计上，《交易办法》采取了与最高人民法院的司法解释中对农户相似的规定。《交易办法》第四十五条规定，股权跨户继承是指股权户内成员全部死亡后，最后一名死亡成员的继承人通过法定继承、遗嘱继承、遗赠等方式取得被继承股权户股权的行为。但是，这并不能赋予股权户民事主体地位。根据我国《立法法》规定，民事基本制度只能制定法律或者国务院经授权制定行政法规。而户的主体地位是民事基本制度中的民事主体制度，只能由法律或者行政法规予以规定。赋予股权户民事主体地位只能由法律或者行政法规完成，而不是地方的规范性文件。《民法典》将民事主体分为自然人、法人和非法人组织三类。同时，将农村承包户归入自然人之中。《民法典》第五十五条规定，农村集体经济组织的成员，依法取得农村土地承包经营权，从事家庭承包经营的，为农村承包经营户。第五十六条第二款规定，农村承包经营户的债务，以从事农村土地承包经营的农户财产承担；事实上由农户部分成员经营的，以该部分成员的财产承担。可见，《民法典》中的农村承包经营户与农户应为同一主体。因此，无论是《民法典》还是《农村土地承包法》，农户的民事主体均无疑问。然而，根据《交易办法》第三条第二款规定："股权户是指以户籍管理部门核发的户口簿为基础，本集体经济组织成员按一定条件组合登记在一起的股权管理单位。"户仅作为股权管理单位，是不能否定当事人的继承权的。

因此，在农村集体经济组织股权的主体确定为成员的基础上，将"确权到户"仅局限于管理措施是无法真正实现"量化到人、确权到户"的政策目标的。

（二）股权权能问题

1. **理论争议**　股权管理的理论争议集中体现在两个方面：一是农村集体经济组织股权的权能应当包含哪些内容？二是农村集体经济组织的股权能否对外流转？

（1）股权权能的具体内容。学界普遍认为，现有的农村集体经济组织股权权能不完整，成员所享有的只有占有权、使用权和收益权，并没有处分权，不能转让、买卖、抵押，甚至不能继承。从长期看，如果没有股份权能的拓展，农村集体资产的股份制改革就失去了意义。因此，应当完善股权处分权能，允许股权流转。

农村集体经济组织股权可以转让、继承、抵押已经形成基本共识，但是，对农村集体经济组织股权的退股问题存在不同认识。有的学者认为，量化的股权不能退股。大多数学者认为，应当修改相关政策法规，实现股权的有偿退出。也有的学者提出，退股的核心问题是以市场价退股还是以账面净资产退股，或者以原入股成本价退股。同时，农村集体经济组织股权流转应当依托于农村产权交易平台，这是构建归属清晰、权责明确、流转顺畅的现代农村产权制度的重要内容，也是巩固集体产权制度改革成果、赋予农民更多财产权利的重要保障。

（2）股权能否对外流转。 目前，大多数农村集体经济组织股权处于封闭状态，股权封闭性的核心争议在于是否允许将股权流转给农村集体经济组织之外的其他人员。对此，不同学者的观点差异较大，主要包括否定说、肯定说和折中说3种观点。

第一，否定说。持否定说的学者认为，一旦这类资产被村庄成员以外的人占有，预示着原持股人放弃或割舍部分占有集体资产和享有集体资产增值收益的权利，不但造成了集体资产的损失，而且失去了股份合作制的制度基础。农村集体经济组织是以社区成员构成社团为基础的，股权流转应当以特定的成员身份为持有相应农村集体经济组织股权的必要条件，其流转范围应当限制于本集体经济组织之内。

第二，肯定说。持肯定说的学者认为，过于强调社区性和封闭性的方式无法满足促进集体资产保值增值以及增加农民财产性收入的改革要求。市场经济要求经济要素能够自由流动，股权作为一种财产权利资源，只有在流动中才能实现优化配置，体现其最大的增值效益。所以，应该加快股权自由有序地流转，农村集体所有制在保持总有产权属性的同时，股权可以按不同形式转让给非本集体经济组织成员。

第三，折中说。持折中说的学者认为，农村集体经济组织股权应当逐步从封闭走向开放，但是对股权如何实现开放的具体观点有所不同。有的学者从风险控制的角度出发，认为在风险可控的前提下，可以试行股权对外开放流转。有的学者从区分股权设置的角度出发，认为应当设封闭与开放两种股份，集体存量资产的股权是封闭式的，增量资产的股权是开放式的；或者设置为"资格股"和"追加股"，"追加股"实行自由转让制度，"资格股"只能在本集体内部转让或者由本集体赎回。有的学者则从股东的适度开放性出发，认为可通过一定的程序，让非股东村民通过现金入股的方式成为股民，并适度向社会开放；或者选择若干具有实体经济、实行公司化运行的集体经济组织开展引进股权投资者试点，优化集体经济组织股权结构，提升集体经济发展质量。有的学者从农村社会保障制度出发，认为应当在农村社会保障制度建立和完善后，再允许股权流通。

2. **实践探索** 党的十八届三中全会要求，积极发展农民股份合作，赋予农民对集体资产股份占有、收益、有偿退出及抵押、担保、继承权。2014 年中央一号文件指出，推动农村集体产权股份合作制改革，保障农民集体经济组织成员权利，赋予农民对落实到户的集体资产股份占有、收益、有偿退出及抵押、担保、继承权。近几年的中央一号文件均强调应当保障农民集体资产权利。完善农村集体经济组织股权权能是增加农民财产性收入的重要途径，是农村集体产权制度改革的重要内容，也是制定农村集体经济组织法的核心内容之一。

内蒙古自治区阿荣旗、浙江省海盐县和天津市宝坻区开展了股份权能的改革实践，形成了一些可借鉴的经验。

（1）股权的占有和收益。股权的占有和收益权能主要通过颁发股权证书和明确收益分配的方式予以明确。从各地实践情况看，股权的占有和收益权能均得到了较好的落实。内蒙古自治区阿荣旗制定了《农村集体资产股权证书管理办法》，明确规定股权证书是农民占有集体资产股份、参加收益分配的凭证。集体资产折股量化到人后，由股份经济合作社向股东发放股权证书，该股权证书由旗农牧业局统一监制，以户为单位统一发放。天津市宝坻区制定了《农村集体资产股权设置与管理办法（试行）》，规定股权量化到人，以户为单位向成员出具股权证书，该证书是享有收益分配的有效凭证。浙江省海盐县《村级股份经济合作社示范章程（试行）》规定，股权证书是对股东股权的确认，当年净收益先提取 20％～40％的公积公益金，再提取一定比例的任意公积金后，按照股东持有的股份比例进行分配。

（2）股权的转让和赠予。在股权转让和赠予方面，主要需要解决的是受让人是否限定于农村集体经济组织内部，受让人受让股份有没有上限限制，转让和赠予是否需要经过农村集体经济组织同意等一系列问题。阿荣旗的股权可以转让和赠予，但是各村股份经济合作社的具体做法不尽相同。以《向阳峪镇松塔沟村股份经济合作社章程》为例，其股权在满三年后才允许内部转让和赠予，而且单个受让股权不得超过总额的 5％。宝坻区《农村集体资产股权设置与管理办法（试行）》规定，股权转让应当限定于本集体经济组织内部，而且应当通过有资质的中介机构公开进行。股权转让应当向理事会提出书面申请，转让双方持理事会同意决定书办理股权证书变更手续。同时，理事会、监事会成员和股东代表在任职期间不得转让股权。海盐县《农村集体资产股权交易管理办法（试行）》分别规定了股权转让和股权赠予两种情形。其相同之处在于，都要求受让方或者受赠方须是本县域范围内各农村集体经济组织成员，而且均需要经过股份经济合作社的同意；差异之处在于，对股权转让提出了更高的要求，一方面明确规定了股权转让的方式，即拍卖、招标、公开协商或者国家法律、法规规定的其他方式，另一方面要求受让后在同一股份经济合作社内所有的股权份额应当在 5% 以内。

（3）**股权的质押**。股权的质押事关能否为农民贷款提供有效的担保物，从而解决农民的融资困难，进一步增加农民的财产性收入。在各地实践中，股权质押的核心问题是股权能否质押，其条件和程序应当如何。阿荣旗和宝坻区并未承担股权质押的试点任务，因此没有开展股权质押的试点工作。海盐县《农村集体资产股权交易管理办法（试行）》规定，股权只能向金融机构质押贷款，同时应当取得股权所属股份经济合作社同意，并由股权质押双方当事人到县农村土地流转和产权交易服务中心办理股权质押登记手续，取得相关权属证明。

（4）**股权的继承**。股权的继承与股份转让和赠予有相同之处，都存在股权主体的变更。因此，在各地实践中，股权继承与股份转让和赠予的规定有相同之处。股权继承要解决的核心问题在于继承人是否限制于本集体经济组织内部。阿荣旗探索了具备法定继承人资格但不是农村集体经济组织成员的人员如何继承股权。股权继承一般通过股份合作社章程予以规范。以《向阳峪镇松塔沟村股份经济合作社章程》为例，规定股权可以继承，对是否应当限制于本集体经济组织内部并未明确规定。宝坻区《农村集体资产股权设置与管理办法（试行）》规定，股权继承应当限定于本集体经济组织内部，本集体经济组织以外的继承人只能获得股权收益，不能参与决策和管理；无法定继承人的，由集体经济组织收回股权。实践中，各村的情况还存在一定差异。以《周良街道樊庄子村集体土地股份合作社章程（试行）》为例，其规定的继承人的范围更窄，只局限于股权证内登记的其他人员，股权证上记载人员全部死亡或全部丧失成员资格的，股权由本社无偿收回。海盐县《农村集体资产股权交易管理办法（试行）》规定，股权继承人应在半年内持合法有效的证件，到股权所属股份经济合作社办理继承手续。

（5）**股权的退出**。股权的有偿退出事关农民退社自由权利的保障，其核心问题在于能否有偿退出。如果可以有偿退出，应当明确有偿退出的程序，赎回股权的主体。阿荣旗探索了农民对集体资产股权有偿退出的条件及退出的范围、程序和方式，但是并非所有村股份经济合作社都允许有偿退出。《向阳峪镇松塔沟村股份经济合作社章程》明确规定，不得退股提现。宝坻区《农村集体资产股权设置与管理办法（试行）》规定，股权有偿退出应当由股东自愿提出，并由村集体经济组织按照一定的程序和价格进行收购，收购资金从本集体经济组织的经营收益中列支。《周良街道王草庄村集体土地股份合作社章程》进一步明确，股权自愿退出的，经成员代表大会通过，可由本社按照成员代表大会的决议进行收购。海盐县《村级股份经济合作社示范章程（试行）》明确规定，不得退股提现或退股抽资。

3. 制度完善的建议

（1）充实股权权能内容。 探索赋予农村集体经济组织股权更多的权能。在保障股权的占有和收益权能的基础上，应当积极探索赋予股权更多权能。一方面，应当明确农民对股权享有赠予、质押和有偿退出的权利，解决股权权能种类不足的问题。另一方面，应当着重解决股权转让和继承的限制过于严苛的问题，既包括股权转让和继承中受让人和继承人范围过窄的问题，也包括股权转让中受让总额的上限问题，从而使农民享有更加充分、更有保障的股权权能。

（2）破解封闭性的难题。 尽管对股权能否对外流转的认识不同、实践各异，但是从长远发展来看，限制股权对外流转的做法存在诸多弊端。

第一，股权的封闭性限制不利于保障农民的合法权益。农村集体经济组织成员资格并非一成不变。在各地农村集体产权改革中，普遍将死亡、放弃、取得其他农村集体经济组织成员资格和纳入城镇社会保障体系等作为成员资格丧失的情形。股权的封闭性实质上是将股东资格等同于成员资格。那么，因纳入城镇社会保障体系等其他原因丧失成员资格的人员，也应当将股权交回本集体经济组织或者重新分配给其他成员。这不符合赋予农民更多财产性权利的初衷，不利于保障农民的合法权益。

第二，股权的封闭性不利于实现农民增收的目的。农村集体产权制度改革的一个重要目标是通过赋予农民更多财产性权利，进而增加农民的财产性收入。流转是农民财产性权利价值体现的重要途径，这也是赋予农民对股权有偿退出权、继承权、抵押权和担保权的重要原因。但是，股权的封闭性将股权依附于成员身份，不利于这一财产性权利的流转，也会进一步制约农民对股权抵押权和担保权的实践探索，从而难以实现农民增收的目的。

第三，股权的封闭性不利于农业转移人口市民化。随着农民工及其随迁家属逐步纳入城镇社会保障体系，将会有越来越多的人丧失成员资格。如果限制股权对外流转的范围，将股东资格与成员资格结合在一起，为了保证成员资格不丧失，从而保留现有股份或者将来获得股份，势必导致大量农业转移人口不愿被纳入城镇社会保障体系，进而致使这部分人难以融入城市社会。有序推进农业转移人口市民化，扩大社会保障覆盖面是新型城镇化的重要举措之一，因此，股权的封闭性也不利于新型城镇化的推进。

综合来看，应当区分成员与股东，以破解股权权能的封闭性难题。海盐县之所以将受让人、受赠人和继承人的范围扩展到了本县域的其他农村集体经济组织，根本原因在于区分了成员和股东，这种做法值得借鉴。农村集体经济组织成员享有选举权和被选举权、表决权、监督权和经营管理权；股东享有收益分配权。这就实现了成员股东和非成员股东的区分。当股权的受让人、受赠人和继承人是本集体经济组织成员时，作为成员股东，在农村集体经济组织中享有完整的权利；反之，则只能作为非成员股东，只享有收益分配权。这不但有利于提高股权的经济价值，也可以防止外部人控制农村集体经济组织。

（3）协调不同权能关系。股权的继承和转让存在潜在矛盾，股权可以继承，但是转让只能在股份合作社内部进行，不能突破集体界限。但在实际生活中，会出现继承者可能不是成员的情况，那么股权转让的相关规定就没有意义了。因此，建议以转让权能为核心，构建股权权能的合理体系。在区分成员股东和非成员股东的基础上，进一步探索将股权转让中的受让人扩展到本集体经济组织以外的其他人。同时，在明确农村集体经济组织"一人一票"的管理机制的基础上，进一步探索取消股权转让中受让总额的上限。对于股权赠予，应当明确其与股权转让的区别主要在于是否有偿。对于股权质押，股权转让受让人范围的扩展为股权质押的顺利开展奠定了基础。对于股权继承，也应当探索扩展继承人的范围。对于股权有偿退出，则主要应当区分股权受让人的差异，股权有偿退出的受让人是农村集体经济组织，股权转让的受让人是其他单位或个人。

（三）股权退出问题

集体资产股份有偿退出的关键问题是能不能退、退出条件、谁退出、退什么、怎么退。这5个方面的问题是农村集体资产股份有偿退出的核心，因此，有必要对其进行逻辑梳理。

1. 能不能退　目前，全国各地实行集体资产股份有偿退出和转让的很少。究其原因，主要有4个方面：一是股权流转受制约。将股权视作分配的依据，从而导致股权在现实中难以流转起来。二是经营机制搞活受制约。农民对经营风险存在强烈的回避心理，发展活力不足；理事会成员等经营管理者一般只能拿到由上级政府核定的工资薪酬，缺乏开拓创新的物质利益激励。三是经营人才素质受制约。理事会成员大都是原村社班子人员，经营能力普遍偏低。四是农村产权流转交易平台建设滞后。

应该说，在社会主义市场经济体制下，通过农村集体资产股份有偿退出和自由流转，可以实现生产要素的优化组合，体现农民所持集体资产股份的价值，进而显现它们作为生产要素的潜在市场价值。如果仅对集体资产确权而不允许其有偿退出和流转，那么，量化的集体资产就只能是"僵化的资产"，不能与其他要素实现优化组合，也不能像其他产权一样产生增值的效能。2016年，上海市闵行区在全国率先出台了《闵行区村集体经济组织股权管理暂行办法》（闵府发〔2016〕20号），对有偿退出做出如下规定：村集体经济组织章程中对有偿退出要有明确规定，经上一级集资委批准，方可实行股权有偿退出。在总结闵行区试点经验后，上海市于2017年11月23日出台了《上海市农村集体资产监督管理条例》，将集体资产股权管理以法规形式予以固化。其中，第二章权属确认的第十一条对有偿退出（转让）做出明确规定：农村集体资产份额可以在本集体经济组织成员之间转让、赠予，也可以由本集体经济组织赎回，但不得向本集体经济组织成员以外的人员转让、赠予；通过份额量化或者转让、赠予、继承等方式持有农村集体资产份额的，持有的总份额不得超过农村集体经济组织章程规定的上限。上海其他各区依规开展转让及退出工作。

目前，《农村集体经济组织法》尚未出台。从长远看，为充分发挥集体资产股份自由流转的效应，应该赋予其有偿退出和流转的权能。建议在《农村集体经济组织法》中明确规定有偿退出的合法性、合规性和合理性，打通集体成员自愿放弃股份的政策通道。

2. **退出条件** 退出条件包含比例、时限、退出原因等内容，是农村集体资产股份有偿退出的前置条件。先规定好允许退出的条件，也就是明确了允许退出的对象，划定了可以退出的具体范围。目前，各地针对股份有偿退出的条件、有偿退出后的身份保留、受让方占有的股份比重上限等重点环节的设定标准不统一。从表8-1可以看出，各地出台的地方文件与《关于稳步推进农村集体产权制度改革的意见》中提到的"现阶段农民持有的集体资产股份有偿退出不得突破本集体经济组织的范围，可以在本集体内部转让或者由本集体赎回"均有相同的规定，但是在其他关键要素的规定上各有不同。

表8-1 代表性地区出台有偿退出的相关政策文件

地区	出台时间	文件名称	涉及有偿退出（转让）的要素
上海	2016年	《闵行区村集体经济组织股权管理暂行办法》	有偿退出条件、受让人占股比例、股权转让价格、程序、有偿退出（转让）所需材料
	2017年	《上海市农村集体资产监督管理条例》	有偿退出的范围、受让人占股比例
江苏	2016年	苏州市《吴中区社区股份合作社股权有偿退出（转让）指导意见》	基本原则、退出条件、退出范围、受让人占股比例、程序
	2019年	南京市江宁区《东山街道关于农村集体资产股份有偿退出、社内流转实施意见》	基本原则、内部转让和集体赎回两种不同方式下有偿退出的条件和程序

（续）

地区	出台时间	文件名称	涉及有偿退出（转让）的要素
浙江	2018 年	《浙江省农村集体资产股权管理暂行办法》	有偿退出条件、有偿退出程序、集体赎回的条件、集体赎回的股份处理方式
北京	2017 年	《北京市大兴区农村集体股份管理暂行办法》	股份有偿退出的方式、限制条件、内部转让和集体赎回的基本程序
广东	2017 年	《佛山市南海区村（居）集体经济组织成员股权（股份）管理流转交易办法》	股权流转交易的形式、明确以"股权户"转让、转让条件

在退出条件上，上海、北京、广东等试点地区规定，转让人或其家人遇重大疾病、意外灾害等急需现金支出或其他特殊情况，经村集体经济组织同意等情况下，允许进行股权转让。江苏省规定，转让人应在转让股份前，办理好养老保险或者预留相应的养老保险金，经本集体经济组织或有效第三方认证。浙江省则规定符合以下条件之一的，可以申请股份有偿退出：①有稳定收入来源，可满足赡养父母与抚养子女义务的；②已办理养老保险，或预留相应养老保险金并经本集体经济组织或有效第三方认证的；③有固定住所，长期不在本村居住或户口已从本村迁出的；④其他特殊情况经村集体经济组织同意的。

对于因某种原因丧失集体成员身份或因改革需要采取非自愿退出的，终止其享受股份权益的资格。如闵行区规定，户口迁出本村的插队知青所持农龄份额应退出；有条件的村集体经济组织，对户口迁出（注销）本村的成员（如婚嫁等）所持份额可给予退出。在实际操作中，为缓解社会矛盾，对前期岗位股也进行清退。通过非自愿退出将改革红利更多地落到成员身上，保障组织内的成员权益。

在转让人和受让人占股比例上限问题上，江苏省规定，受让人以户为单位，所持股份不得超过股份经济合作社章程规定的最高比例，防止"一股独大"。同时，转让人不得转出所有股份，最低以户为单位保留1股。闵行区规定，股权转让的受让人总持股额不得超过受让时本集体经济组织成员平均持股额的5倍。超过5倍的部分，优先由上一级或本集体经济组织按上年度末审计的账面净资产赎回。北京市大兴区明确规定，农转非人员的集体资产股份可通过继承、内部赠予或有偿转让等方式妥善处理，为防止少数人操控，受让人最终所持股份不能超过集体总股份的3%，并且不能超过股东平均持有股份的5倍。广东省佛山市南海区规定，不能突破本集体经济组织范围且保留一定底数

（不能将户内股份全部卖光，收购股份不能超过一定的比例），在未绝户的情况下不能全部流转。同一股权户流转交易后持有股数应在本集体经济组织总股权数的 5% 以内。

在集体赎回条件上，江苏省、浙江省规定，流动资金占总资产百分之十以上，且近三年经营性收入年均增幅达百分之五以上时，方可开展集体赎回。广东省佛山市南海区规定，集体经济组织可根据实际情况，探索股权收回、赎回并及时公开交易的有效实现形式，必须保持集体经济组织总股数长久不变。北京市大兴区规定，因全家定居国外、发生大病、火灾、车祸或其他不可预见灾难等特殊情况急需转让股份的股东，短时间内没有受让人的，可采取集体赎回的方式，并给予转让人回购权。

关于集体赎回的问题，要充分考虑集体赎回的经济能力及集体赎回的操作方式。为避免抽空集体资金，确保集体经济平稳发展，在开展股份集体赎回时应达到一定的收入标准，并具有相对充足的流动资金。对于集体经济组织赎回的股份，可以追加到集体股中或转让给集体经济组织其他成员，也可以用于核减相应的总股份数。前者不影响其他成员权益，后者将稀释成员股份。追加集体股的方式也需考虑集体股的上限，盲目追加将导致集体股过大，使改革形成"不彻底"的局面。

目前，农村集体资产股份大多具有福利性质，在很大程度上还承担着农村社会保障的职能，而且大部分地方未将土地资源纳入股份量化的范围，因此，建议现阶段股份有偿退出应设置一定条件，应对退出与受让的股份提出一定比例的限制。

3. **谁退出**　因为集体资产股份采取"量化到人、确权到户、户内共享"的管理模式，使得股份退出主体分为人与户两种。一种是类似闵行区采取的"确权到人，颁证到户"的改革模式，在折股量化时，将经营性资产通过按股分配的方式，量化到本集体成员手中，并以户为单位向成员出具量化股份的股权证书。因此，农村集体资产股份由成员个人享有，其退出权的享有主体应为成员个人。股份到"人"的优势在于成员个人的份额清晰，权益明确，更大程度地保障了成员利益，特别是在赋予股份抵押担保权方面，可操作性更强，影响面更小。另一种是类似南海区采取的"确权到户、户内共享"的静态管理模式，以"股权户"为单位进行股权登记和股份分红，以"股权户"的户代表作为股权登记主体，只对户进行分红，不对户内集体经济组织成员个人进行分红，有偿退出的内部转让也在户与户之间。这有利于减少、避免股权纠纷，便于分户等实际操作，有利于农村社会的和谐稳定。

因此，股份有偿退出可以是成员个人，也可以是成员家庭；可以是全部股份，也可以是部分股份，具体应根据折股量化的方式统筹考虑。

4. 退什么　苏州市吴中区在成员有偿退出所有股权后，保留其社区股份合作社成员资格，虽然其不再享有股份对应收益分配的权能，但仍享有民主表决权以及日后回购股份等权利。闵行区虹桥镇的退出案例也反映了该镇仅取消了兑现收益分配，并未剥夺其享有的村级福利，如重阳节慰问、体检等。以上做法都只是退出收益权而不是成员身份，因为目前大部分地方未将土地资源纳入改革的范围，农村集体资产的价值并未完全显现。从产权客体角度分析，农村集体经济组织成员不仅具有收益权，还具有民主管理权。

随着改革的深化，股份有偿退出之后是否会导致农民损失土地权益是需要值得关注和警惕的问题。现在农民拥有三个权利：一个是家庭拥有承包地带来的土地权利，一个是家庭分配宅基地带来的土地权利，还有一个是集体所有资产带来的财产权利。如果说，开展土地制度改革给了农民一家一户一块土地的承包经营权利，那么推进产权制度改革，就是赋予农民一家一户相应的集体资产收益分配权利，让农民真正分享集体资产的收益。但是，集体资产与土地又紧密相关，农民有可能因失去集体资产股份而失去土地权利，导致农民权利的流失。

综上，关于农村集体资产股份有偿退出到底是退成员身份还是退收益权的问题，不能将成员身份与收益权挂钩，在土地、非经营性资产等未完全量化的前提下，无法真正做到成员身份的退出。股份有偿退出仅仅是集体收益分配权的退出，一些民主权利，如村民代表选举、村主任选举等依然拥有。在土地承包经营权、宅基地使用权、集体收益分配权三项权利中，仅一或两项关系终止，不能剥夺其成员身份。但是对于进城落户的农民，如在土地承包经营权、宅基地使用权都已放弃的情况下，若其提出要退出股份，应取消其成员身份，不再享有成员的一切权利义务。

5. 怎么退　从全国来看，各地都颁布了股份有偿退出（转让）文件，基本遵循本人申请，农村集体经济组织对申请材料真实性、股份权属完整性进行审核，双方签约，办理股份变更手续等必要程序，宁波和上海闵行区还明确规定需要"公证"程序。如果股份有偿退出不采用统一程序，将不利于有偿退出的规范性操作，也不利于规避风险。《闵行区村集体经济组织股权管理暂行办法》（闵府发〔2016〕20号）规定股份有偿退出程序为：本人提出申请，经理事会审核、成员代表会议通过，由集体经济组织按上年度末审计的账面净资产进行计退。同时，明确股份转让程序为：转让人向理事会提出书面申请，理事会根据转让的有关条件和范围对转让申请进行审核，在召开成员代表会议时通报。转让双方持《股份转让协议》等相关材料到公证机构办理公证手续，也可到村集体经济组织办理见证手续。转让双方凭公证文书或村集体经济组织证明材料及《股份转让协议》到村集体经济组织办理股份变更登记手续。股份转让后，转让人所转让股份的权利和义务随之转让给受让人，转让人不再享受股份延伸的权益，股份延伸的权益由受让人享受。

此外，少数地区准许股份有偿退出后可以回购，但在程序上没有明确。苏州吴中区和上海闵行区规定因大病、火灾、车祸或其他不可预见灾难等特殊情况，成员申请退出所持份额，经成员代表会议通过后，其份额可以退出，且享有回购权。例如，在闵行区七宝镇友谊经济合作社，一名社员张某因家庭经济困难，于2018年11月向合作社申请退出份额，每股价值12万元。合作社章程中明确：本社成员在持股期间，原则上不得退股，不可转让，因病因灾造成家庭生活困难的，经理事会同意，其股份可由本社按原始股金额赎回，待生活转好后再按原始股金额向本社购回其原有股份。合作社给予有偿退出的社员以回购权。

四、结论与建议

1. 农村集体经济组织股权性质界定，是完善股权相关制度构建的基础
在理论研究和改革实践中，对农村集体经济组织的股权性质存在两种不同理解：一是农村集体经济组织股权具有身份属性，属于综合性权利，其取得以农村集体经济组织成员资格为基础。因此，通过法律法规以及农村集体经济组织章程特别规定，限制股权受让人、受赠人、继承人范围无可厚非。二是农村集体经济组织股权作为财产权利，是股东进行收益分配的依据。股权转让、赠予、继承时，对受让人、受赠人和继承人的范围不应有过多限制。农村集体经济组织股权的制度构建应当首先明确股权的财产权性质，并逐步解决股权权能的封闭性问题。

2. 确定农村集体经济组织股权的财产权性质，破解股权封闭性难题 在合理界定农村集体经济组织成员资格的基础上，成员享有选举权和被选举权、表决权和监督权等权利，从而实现对农村集体资产的经营管理。股权则是股东享有的收益分配权，其性质是一种财产权利。股权转让、赠予、继承发生在本集体经济组织成员之间的，受让人、受赠人、继承人既享有成员权又享有股权。当股权由本集体经济组织成员之外的其他人受让、受赠、继承时，该受让人、受赠人、继承人只能依据股权享有收益分配权，不能行使成员的权利，从而避免了外部人对农村集体资产的实际控制。同时，由于股权转让、赠予、继承不受成员资格的影响，也消除了农业转移人口"进城"的顾虑。

3. 明晰股权封闭性的根据和问题，适度开放股权权能 农村集体经济组织股权封闭性的制度根源是将其与农村集体经济组织成员密切结合，并在一定程度上混同了农村集体经济组织股权和成员权。由于农村集体经济组织是社区性合作经济组织，其社区性主要体现在农村集体经济组织成员资格认定之中。这使得等同于农村集体经济组织成员权的股权需要与成员资格认定一致，保持其社区性。农村集体经济组织股权权能的实现只能局限于本集体经济组织之内。过于强调股权的封闭性限制不利于保障农民的合法权益，不利于实现农民增收的目的，也不利于农业转移人口市民化。但是，在现阶段，股权权能的完全开放也会面临外部资产侵入农村集体经济组织，非成员控制农村集体资产的情况，不利于农村集体经济的发展和农村集体经济组织成员的权益保障。因此，农村集体经济组织股权权能的制度设计应当兼顾封闭性与开放性，针对不同的股权权能，设计不同制度。

4. **以封闭性为原则开放性为例外，构建股权转让制度** 就现阶段而言，农村集体经济组织股权转让的受让人应当局限于本集体经济组织成员。应当关注是股权转让与股权赠予的关系，两者的差异在于有偿合同和无偿合同。既然对股权转让中的受让人做出限制，那么股权赠予中的受赠人应当有同样的限制。考虑到成员权与股权的差异化设计，不需要对受让或者受赠的股权数量做出限制。此外，还应当考虑的是与股权转让息息相关的股权质押。以股权设立权利质权的前提，是该股权可以转让。尽管股权转让的受让人范围受到严格限制，不利于股权的流转，从而影响了权利质权的实现，但是从股权权能来看，应当明确规定股权质押制度。同时，由于各地农村集体产权制度改革的实际情况和经济社会发展水平不一致，对于股权转让、赠予的受让人或者受赠人的范围限制应当留有一定的自治空间，明确农村集体经济组织章程另有规定的，从其规定。

5. **以开放性为原则封闭性为例外，构建股权继承制度** 对股权继承中的继承人范围不宜有过多限制，股权继承人的限制应当是权利限制，而不是目前普遍采用的范围限制，应当允许非本集体经济组织成员作为继承人。值得注意的是，应当保护非成员股东的利益，赋予非成员股东股份收购请求权，由农村集体经济组织收购股份。非成员股东只享有收益分配权，而不能对农村集体资产进行经营管理，为了防止成员股东侵害非成员股东的利益，应当赋予非成员股东股份收购请求权，即在农村集体经济组织连续五年盈利但不分配利润时，非成员股东可以要求农村集体经济组织收购其股份，从而保护其股东的财产权益。同时，股权继承的继承人范围也应当留有一定的自治空间，明确农村集体经济组织章程另有规定的，从其规定。但是，章程规定非本集体经济组织成员不能继承的，应当与股权有偿退出相衔接。

6. **以渐进式来实现农村集体资产股份有偿退出** 全国各地条件不一，改革形式多样。集体经济发展的不平衡性，决定了农村集体经济实力有强有弱，经营性资产规模有大有小。股份有偿退出不应使用单一模式，更不宜采取简单粗暴的强制手段推进实施，关键在于构建起因地制宜、因势利导的股份退出机制。要坚持实事求是、有利于生产力发展的原则，区别不同情况，分类进行推进，在实现形式上不强求一致。对有偿退出条件尚不成熟或者矛盾较大的村（社），不鼓励股份有偿退出。开展股份有偿退出的合作社，应对股份退出的限额、新进人员的福利享受、退出人员的后续赎回等制定详细规定，避免产生利益纠纷和矛盾。

7. 以人（户）为单位退出时可设置退出时限 "户"在当前农村的重要地位无可否认，但是"户"实际上并非一个严格的法律术语和明确的法律主体形态，《农村集体经济组织法》需要在法律层面上对户、并户和分户等有关概念给出统一的判断标准，避免在集体利益分配时产生矛盾纠纷。目前来看，以人（户）为单位实行股份退出的，多在集体经济较发达、集体收益较多的地方。在"增人不增地、减人不减地"的政策背景下，以"户"为单位可以较好地维持收益分配稳定性。建议借鉴土地承包经营权退出机制，探索在一定时期内集体经营性资产股份有偿退出的方式，对股份有偿退出设置一定的时限，比如十年或更长时间。

8. 鉴于目前股份有偿退出尚在试点阶段，建议对于自愿退出的，应该给有偿退出的人（户）保留一定时限的回购权利，也给政策留有完善的空间 如果"股份有偿退出"的受让方是本集体经济组织，则给予退出的成员以"回购权"；如果受让方是本集体经济组织成员，则无"回购权"。

9. 明确退出程序，规范退出操作 通过规范程序，透明工作方法，让更多的股东或社员依法参与股份有偿退出。可借鉴闵行区试点经验，用制度和规范的格式文本来保障股东或社员权利。鉴于一些村干部对股份有偿退出的认识不足，存在怕麻烦、怕因股份兑现而产生的现金流压力、怕影响集体经济发展等思想负担，所以政策上也要给股份有偿退出留有空间，既允许股份有偿退出，也要允许再回购股份。

10. 妥善处理好目前封闭与将来开放的关系 考虑到当前中国农村社会的开放程度和农村集体经济组织产权制度改革的发展状况，目前农村集体资产股份可在本集体经济组织内部转让或由本集体赎回，尚不具备全面对外流转的条件，应防止外来资金进入后控股农村集体经济。当然，将来随着城市化、市场化程度的加大，农村集体资产价值不断显现，股权流转制度不断健全，可根据集体经济组织的发展现状、自身条件等因素，探寻一条最适合的退出道路，最大限度地盘活和发挥集体资产的作用，即未来集体经济的发展方向应是从封闭走向开放，从固化走向流动。在条件相对成熟的地区，可适当突破组织内部边界，让市场在产权要素流转中起决定性作用，建立公平的农村集体资产股权交易市场。

第九章 农村集体经济组织特别法人的能力限制与特别优待

一、特别法人的"特别性"

作为特别法人的一种，农村集体经济组织法人的"特别性"是展开相关问题讨论及进行制度设计的前提。通常认为，农村集体经济组织至少具有如下三方面的特别性：

（一）地位上的"特别性"：农村集体经济的载体和乡村治理的纽带

改革开放以后，人民公社制度逐步被撤销。按照原来"三级所有、队为基础"的产权制度，农村集体资产分别归属于村、组两级农民集体[1]，在村、组两级分属 60.4 万个村、495.5 万个组。在《关于稳步推进农村集体产权制度改革的意见》和《民法总则》颁布之前，仅有部分村组建立了集体经济组织。目前已有 24.4 万个村、77.4 万个组建立了集体经济组织[2]，占比分别约为 40％和 16％。大部分的村采用了村民委员会代行集体经济组织功能的模式，这种"代行功能"的模式可以溯源到 1983 年的中央文件[3]。《民法总则》对"村民委员会可以依法代行村集体经济组织的职能"也做了规定（第一百零一条第二款）。"代行职能"模式客观上造成了村级组织体系中"政经不分"的状

---

[1] 还有与原人民公社对应的乡镇集体经济组织，鉴于这与本文的主题无关，正文中未予指明。

[2] 李适时：《中华人民共和国民法总则释义》，法律出版社，2017 年，第 309 页。

[3] 中共中央、国务院《关于实行政社分开建立乡政府的通知》（1983 年）指出，有些以自然村为单位建立了农业合作社等经济组织的地方，当地群众愿意实行两个机构一套班子，兼行经济组织和村民委员会的功能，也可同意试行。

态，进而影响了农村集体经济组织经济活动的展开①。为了改变这种局面，中央文件提出了"政经分离"的改革目标，即区分集体经济事务和村民自治事务，在有条件的地区分别由不同的组织予以承担②。农村集体经济组织法人制度的建立就是这一改革的重要环节。

赋予农村集体经济组织法人地位，承担农村集体经济经营管理事务，成为农村集体经济新的载体和实现形式，这有助于保障集体经济组织成员利益，构建农村集体经济治理体系，形成既体现农民集体优越性又调动个人积极性的农村集体经济运行新机制。除农村集体经济组织法人之外，村民自治仍然由村民委员会承载，党的领导也贯穿于两者之中。在中央通过的有关乡村治理的政策文件③中，对基层治理中各个村级组织之间的关系进行了清晰界定，需要借助于制定《农村集体经济组织法》实现政策的法律化。农村集体经济组织法人已经成为发展农村集体经济的重要组织载体之一，也是加强和改进乡村治理的重要纽带，农村集体经济组织法人的主体地位必须稳固。正因为如此，农村集体经济组织法人应当具有存续上的稳定性，不仅"非经法律规定不能任意消灭，也不能轻易宣布解散和清算"④，而且未来立法在设计相关制度时，也应当充分保障该种法人的存续稳定性，除因合并或分立⑤而终止之外，原则上不得因其他原因终止。另外，还须充分保障集体成员对农村集体经济组织法人事务的民主决策权，重大事项必须由成员决议做出决定。

---

① 《民法总则立法背景与观点全集》编写组：《民法总则立法背景与观点全集》，法律出版社，2017年，第557页。

② 中共中央、国务院《深化农村改革综合性实施方案》指出，在进行农村集体产权制度改革、组建农村股份合作经济组织的地区，探索剥离村"两委"对集体资产经营管理的功能，开展实行"政经分开"试验，完善农村基层党组织领导的村民自治组织和集体经济组织运行机制。《农村集体产权制度改革意见》也明确提及了此点，即探索明晰农村集体经济组织与村民委员会的功能关系，有效承担集体经济组织经营管理事务和村民自治事务。有需要且条件许可的地方，可以实行村民委员会事务和集体经济事务分离。妥善处理好村党组织、村民委员会和农村集体经济组织之间的关系。

③ 中共中央、国务院《关于加强和改进乡村治理的指导意见》：完善村党组织领导乡村治理的体制机制。建立以基层党组织为领导、村民自治组织和村务监督组织为基础、集体经济组织和农民合作组织为纽带、其他经济社会组织为补充的村级组织体系。村党组织全面领导村民委员会及村务监督委员会、村集体经济组织、农民合作组织和其他经济社会组织。村民委员会要履行基层群众性自治组织功能，增强村民自我管理、自我教育、自我服务能力。村务监督委员会要发挥在村务决策和公开、财产管理、工程项目建设、惠农政策措施落实等事项上的监督作用。集体经济组织要发挥在管理集体资产、合理开发集体资源、服务集体成员等方面的作用。农民合作组织和其他经济社会组织要依照国家法律和各自章程充分行使职权。

④ 李适时：《中华人民共和国民法总则释义》，法律出版社，2017年，第313页。

⑤ 《农村土地承包法》第25条明确认可了农村集体经济组织合并或分立的可能性，该条规定，承包合同生效后，发包方不得因承办人或者负责人的变动而变更或者解除，也不得因集体经济组织的分立或者合并而变更或者解除。

（二）社会功能上的"特别性"：兼有经营管理与公共服务双重功能

在社会功能方面，农村集体经济组织法人的"特别性"体现在其兼有集体资产经营管理与公共服务功能。农村集体经济组织法人是农村集体经济的载体和实现形式，因此，其承担着集体资产的经营管理功能，主要包括以下几点：

1. **代表农民集体依法行使土地所有权**　农村集体经济组织法人作为农村集体经济组织的法律表现形式，有权依法代表集体行使土地所有权，主要体现在以下几个方面：

（1）在土地承包经营权或土地经营权关系中行使发包人的权利。采用家庭承包方式设立土地承包经营权场合，农村集体经济组织法人享有广泛的权利①。在采用其他方式于"四荒"土地设立土地经营权的场合，农村集体经济组织法人也享有广泛的权利②。

（2）《土地管理法》的相关规定。根据《土地管理法》第六十三条的规定，通过出让、出租等方式流转集体经营性建设用地并取得相应收益。

2. **代表农民集体经营管理其他集体财产**　实践中，集体财产的外延非常宽泛，除土地之外，还包括其他不动产、动产以及其他类型的财产（比如债权、知识产权等），随着参与市场程度的提升，农村集体经济组织法人的经营范围日益扩大。在此种背景下，农村集体经济组织法人的集体财产经营管理功能将更加凸显：一方面，需要处理错综复杂的内外部关系，协调各相关主体的行为；另一方面，需要应对伴随经营范围扩大而来的市场风险，避免陷入债务困境，进而实现集体财产的保值增值。

除了集体财产的经营管理功能之外，农村集体经济组织法人还承担着提供

---

①　参见《农村土地承包法》的有关规定，主要体现在：发包本集体所有的或者国家所有依法由本集体使用的农村土地，监督承包方依照承包合同约定的用途合理利用和保护土地，制止承包方损害承包地和农业资源的行为并要求损害赔偿，依法收回承包地或者受领农户交回的承包地，依法调整承包地，向取得土地经营权的工商企业等收取适量管理费，土地经营权受让方再流转权利时要求向其备案，依法要求终止承包人与第三人签订的土地经营权流转合同并要求第三人进行损害赔偿。

②　参见《农村土地承包法》第十四、二十七、二十八、三十、四十五、四十六、四十九、六十三、六十四等条款。主要体现为：采用招标、拍卖、公开协商等方式发包土地，按照约定收取承包费，依法解除合同收回承包地或者受领土地经营权人交回的承包地，追究违约责任，制止损害土地的行为并要求侵权损害赔偿责任。

公共服务的社会功能①。考虑到农村集体经济组织负担着大量农村社会公共服务支出的现实状况，中共中央、国务院《关于稳步推进农村集体产权制度改革的意见》提出要研究制定支持农村集体产权制度改革的税收政策。可见，未来的发展趋势是逐步增加政府对农村的公共服务支出，减少农村集体经济组织的相应负担②。但是，在相当长的时间之内，农村集体经济组织法人仍将承担公共服务功能，经营管理集体财产所取得的收入也将构成农村公共服务资金的重要来源。鉴于农村集体经济组织法人兼有集体财产经营管理和公共服务的社会功能，其在性质上明显有别于同样参与市场活动的营利法人，理论上大致介于营利性私法人和公法人之间。

（三）责任财产上的"特别性"：责任财产的受限性

农村集体资产包括资源性资产、经营性资产和非经营性资产三种类型。这些财产虽然均由农村集体经济组织法人代表农民集体行使相关财产权，但是其中的资源性资产和非经营性资产却不能作为农村集体经济组织法人的责任财产。责任财产是债务人或责任人现有或将有的能被债权人或其他权利人强制执行的全部财产。对自然人而言，维持基本生活需要的财产不包括在责任财产范围之内，对债务人或责任人生存权保障优于债权人财产权利的保护。对公司这种典型的法人而言，根据《公司法》第三条，其以全部财产对公司债务承担责任，若无特别规定，其他类型的法人亦应遵循相同的规则。责任财产必须具有可转让性。根据《宪法》第九条、第十条和《物权法》第五十九条的规定，除归属于国有的部分之外，土地、森林等资源性资产的所有权专属于农民集体，不能通过买卖等形式在市场上流转，这就决定了其不能作为农村集体经济组织法人的责任财产。"集体经济组织的责任能力受到一定的限制。集体土地所有权不能成为集体经济组织清偿法人债务的责任财产，其清偿债务的责任能力进

---

① 《农村土地承包法》第十五条规定，发包方承担下列义务：（一）维护承包方的土地承包经营权，不得非法变更、解除承包合同；（二）尊重承包方的生产经营自主权，不得干涉承包方依法进行正常的生产经营活动；（三）依照承包合同约定为承包方提供生产、技术、信息等服务；（四）执行县、乡（镇）土地利用总体规划，组织本集体经济组织内的农业基础设施建设；（五）法律、行政法规规定的其他义务。

② 这种趋势从机构监护人的立法变迁中可见一斑。1986年《中华人民共和国民法通则》第十七条第三款规定，"没有第一款规定的监护人的，由精神病人的所在单位或者住所地的居民委员会、村民委员会或者民政部门担任监护人"。该条款中，民政部门的地位并不突出，实践中也处于补充地位。《民法总则》第三十二条规定，"没有依法具有监护资格的人的，监护人由民政部门担任，也可以由具备履行监护职责条件的被监护人住所地的居民委员会、村民委员会担任"。该条之下，民政部门变为第一位的机构监护人，村民委员会退居次要地位。从中可以看出，国家公共服务向农村的延伸。

而受到一定限制。"① 这个结论可以扩张适用于全部资源性资产的所有权。即使在资源性资产上设定了用益物权的场合，这些权利也属于集体成员或其他主体享有，不能作为农村集体经济组织法人的责任财产。当然，为他人设定用益物权所获得的对价性收益可以属于责任财产范围。非经营性资产涉及集体公共利益的实现和公共服务的提供，也不宜作为农村集体经济组织法人的责任财产。由农村集体经济组织法人行使权利的经营性资产虽然可以作为责任财产，但是目前该种法人仍然承担诸多公共服务功能，这些功能事关集体成员的基本生活保障，经营性资产是承担该种功能的主要来源之一，为保障集体成员利益，应比照自然人责任财产的制度设计，将部分经营性资产排除在责任财产之外。

二、资产经营管理能力

农村集体经济组织平等使用生产要素，公平参与市场竞争，同等受到法律保护。农村集体经济组织在市场交易活动中应与其他市场主体享有平等地位，这是市场经济的必然要求。农村集体经济组织作为特别法人，享有独立的民事权利能力，其民事权利能力来源于法律的直接赋予，这与一般企业法人并无差异。在民事行为能力上，农村集体经济组织作为一个拥有大量财产并从事市场经营活动的独立法人，与一般企业法人一样，具有广泛的从事生产经营活动的自由，既可以独立经营，也可以与其他市场主体通过各种方式合作经营，可以通过入股或者参股农业产业化龙头企业、村与村合作、村企联手共建、扶贫开发等多种形式发展集体经济。农村集体经济组织既可以投资设立全资子公司，也可以对外投资入股有限责任公司，或者是入股合作社或村村联合等，农村集体经济组织依据投资协议享受股东权益。农村集体经济组织对外投资所获得的投资收益，作为农村集体经济组织的经营利润纳入集体资产管理。但鉴于农村集体经济组织法人财产的特殊性，以及农村集体土地所有权和其他自然资源所有权的不可处分性，农村集体经济组织法人的经营活动和责任承担具有不同于企业法人的一些特殊性。

（一）资产分类管理

在逐步推进农村集体产权制度改革的时代背景下，建立归属清晰、权能完整、流转顺畅、保护严格的农村集体产权制度，是激发农业农村发展活力的内

---

① 姜楠：《集体土地所有权主体明晰化的法实现》，载《求是学刊》2020年第3期。

在要求①，也是农村集体经济组织作为农村集体财产的管理者，充分实现其经济职能的前提所在。无论是内在体系的价值评价还是外在体系的逻辑结构，农村集体经济组织作为不断适应历史变革的组织产物，既体现出"农民集体所有"背后的国家基本经济制度要求，又符合私法就法人主体提出的规范要求，由农村集体经济组织这个特别法人来管理集体所有的财产，重视依法治国背景下法治理念的引领作用。因此，一方面，农村集体经济组织应当充分发挥其作为集体财产管理人的优势，做强集体经济组织、做大集体财产；另一方面，农村集体经济组织应当在提升自身实力的同时惠泽农民，提高农民的收入水平、促进农民的共同富裕②。

农村集体资产根据其性质不同，主要分为资源性资产、经营性资产和非经营性资产三类。具体而言，农村集体所有的土地、森林、山岭、草原、荒地、滩涂等为资源性资产；用于经营的房屋、建筑物、机器设备、工具器具、农业基础设施、集体投资兴办的企业及其所持有的其他经济组织的资产份额、无形资产等为经营性资产；用于公共服务的教育、科技、文化、卫生、体育等方面的为非经营性资产。这些资产是农村集体经济组织成员的主要财产，是农业农村发展的重要物质基础。

由于各类集体资产产权制度改革进度不一、要求各异，因此，农村集体经济组织要结合资产的性质和特点采取相应的方针与政策，实现分类推进③。同时，当前农民增收的一个短板就是财产性收入比重偏低，在中国特色市场经济的大背景下，需要提升农村集体经济组织对于不同类型集体资产的分级管理能力和水准。

对于资源性资产，农村集体经济组织起到的作用较小，仅可就部分特殊土地方履行管理职能；对于非经营性资产，重点是探索有利于降低运行成本、提高服务效能的方式，对其进行管理与保护；对于经营性资产，则要充分发挥该类资产可变现、可分割、可交易的优势，做到灵活创新、充分盘活。农村集体经济组织要努力管理好资源性资产、管护好非经营性资产、积极盘活经营性资产，夯实农村经济的物质基础，增加农民的财产收入，把实现好、维护好、发展好广大农民的根本利益作为农村集体经济组织工作的出发点和落脚点，促进集体经济发展和农民持续增收。

1. **管理资源性资产**　集体中的大部分资源性资产已经被集体成员承包，

---

① 参见 2013 年中共中央、国务院《关于加快发展现代农业进一步增强农村发展活力的若干意见》。

② 何嘉：《农村集体经济组织法律重构》，中国法制出版社，2017 年，第 137 页。

③ 叶兴庆：《准确把握农村集体产权制度改革的方法论》，载叶兴庆主编《农村经济调查与研究》（第 2 部），中国发展出版社，2016 年，第 204 页。

农村集体经济组织的作用空间较小。但仍有部分不适宜承包到户的资源性资产，这时，农村集体经济组织就可以发挥"统"的功能，盘活这些资产资源，不断增加集体财富。如对于集体"四荒"地、果园、养殖水面等资源性资产，可以集中开发现代农业项目，利用生态环境与人文历史等资源发展休闲农业和乡村旅游。

2. 管护非经营性资产　农村集体非经营性资产体现出了强烈的公益性，不能自由流通、不能对外经营，因此，农村集体经济组织要建立健全集体公益设施等非经营性资产的统一运行管护机制，包括注重对该类资产的核查，健全登记制度，并按照集体经济组织章程定期向成员公示等。

3. 盘活经营性资产　根据全国农村集体资产清产核资情况，2019 年，我国农村集体经济有账面资产 6.5 万亿元，其中经营性资产 3.1 万亿元，如果将经营性资产的收益率提高 1%，就能增加 310 亿元收入。农村集体经济的资产量巨大，经济效益的提高可以为社会带来巨大收益，而现实情况却是农村经营性资产基本处于很低的利用状态，提高收益率的潜力巨大①。因此，盘活经营性资产有利于切实维护农民合法权益，增加农民财产性收入，让广大农民分享改革发展成果，促进农村经济发展和农民增收，实现共同富裕。

（二）经营能力限制

农村集体经济组织法人的能力限制主要体现为对其经营范围的限制。与一般市场主体不同，农村集体经济组织的经营范围应当受到一些特别的限制。

1. 确定农村集体经济组织经营范围的考量因素

（1）农村集体经济组织的功能。 农村集体经济组织的行为能力和经营范围首先取决于其功能。随着社会保障制度和基础设施建设的完善，农村集体经济组织的公共服务职能逐渐剥脱，现在的立法设计重点在于强化其经济职能，从而盘活农村经济，起到维持社会稳定的效果。一般认为，农村集体经济组织的功能包括：经营管理属于本组织成员集体所有的土地和其他资产；管理乡（镇）以上人民政府拨给的补助资金以及公民、法人和其他组织捐赠的资产和资金；办理集体土地承包、流转及其他集体资产经营管理事项；为本组织成员

---

　　①　根据《社会主义公有制下农村集体经济组织的功能及实现形式研究》课题组深圳国资委集体资产管理处调研得到的数据，深圳的股份合作公司有银行存款 700 亿元，银行利息是其主要获利途径；股份合作公司控制着深圳近 200 平方公里土地，集体资产运营的总收益率约为 0.15%，而国有资产运营的收益率为 7%，如果能够将集体资产提高到国有资产的运营水平，对社会资源配置效率将是巨大的改善。

提供部分公共服务①。

一是公共服务职能的逐渐剥脱。随着我国经济制度的逐渐发展，在由改革开放前实行的严格的计划经济到十四届三中全会中明确提出的要搞市场经济体制，再到建立中国特色社会主义市场经济体制这个过程中，农村集体经济组织在一些领域的角色逐渐发生了转变，甚至一度退出历史舞台。如农村的社会保障体系逐渐由国家接手，以农村最低生活保障制度、新型农村合作医疗制度、农村医疗救助制度、农村"五保"供养制度、自然灾害生活救助制度等为主要内容的农村社会保障体系初步形成，由国家和各级政府承担农村社会保障职能；再如农村的基础设施建设，由过去的农村出工出力变为政府负责，完善基础设施建设，从而筑牢乡村振兴之基。种种迹象表明，农村集体经济组织的公益目的绝大多数已经剥脱掉了。有学者更进一步地认为，随着我国社会保障制度的不断完善，应当将农村集体经济组织的社会职能彻底剥离开来，使其全心全意服务农村集体经济的发展②。农村集体经济组织是农村集体经济制度的主要组织形式，是农村统分结合双层经营机制中"统"这一概念的承担者，其主要职能是合理利用和有效实现集体资产的保值增值，原则上不以承担本集体的公益性事务为主③。基本达成共识的一点是：农村基层组织的改革要加快推进其政治职能、公共服务职能和经济职能的相互分离。村级党组织发挥好领导核心的作用，领导和支持基层各种组织依法行使职权；基础群众自治组织依法开展群众自治，搞好自治管理和公共服务；农村集体经济组织负责集体经济的运营和管理，发展壮大集体经济，提高集体经济组织成员的财产性收入④。

二是强化经济职能。农村集体经济组织对土地所有权的管理为经济功能的实现提供了有力保障⑤，这一经济职能与其经营管理范围密切相关。应当注意到，作为特别法人的农村集体经济组织基于其公有制属性，在追求利益最大化的前提下，需要兼顾长远利益，实现可持续发展。因此，农村集体经济组织在履行经济职能时不应忽视其所承担的广大农民的期待，不能越过维持农村稳定的红线。随着我国工业化、城市化的发展，农村集体经济组织成员的非农收入越来越多。2019 年，我国农村居民可支配收入为 16 021 元，其中有 46.1％的

① 臧昊：《特别法人定位下农村集体经济组织的职能重构》，载《农业经济》2019 年第 5 期，第 3 - 5 页。

② 同①。

③ 焦富民：《〈民法总则〉视域下农村集体经济组织制度研究》，载《江海学刊》2019 年第 5 期，第 240 - 246 页。

④ 方志权：《农村集体产权制度改革理论和模式选择研究》，载《科学发展》2017 年第 4 期，第 80 - 92 页。

⑤ 陈小君，高飞，耿卓：《农村集体经济有效实现的法律制度研究论纲》，载《私法研究》2010 年第 2 期，第 309 - 322 页。

收入来自本地就业的农民工收入，外出就业农民工的收入不计入农村居民可支配收入，但外出就业的农民工收入达到了农村居民可支配收入总额的87.3%①，显然，农村集体经济组织能够为其成员提供的经济支持并不多。下一步具体要从以下三方面改进：第一，在成员自愿的基础上，通过对土地的调节实现适度规模化经营；第二，利用集体土地这个宝贵的自然资源，吸引外部资本的投入，将先进科技和生产手段引入农村，发展现代农业；第三，根据本集体所处地域、气候等实际情况，带领集体成员发展特色农业，丰富集体成员多元化收益渠道②。

三是继续维持社会稳定。到2019年为止，我国的农村人口依然是一个非常庞大的数字，常住人口有5.51亿人，外出农民工③有1.74亿人，这两部分人口基本可以看作我国当前有农村户籍的人口，占我国总人口的51.8%。因此，维持农村的稳定依然是现下的重要任务。在传统农村，农村集体经济组织成员有田耕、有房住，能保障最基本的生活需求。现在，在盘活农村经济的目标下，必须体现公平性，才能继续发挥维护社会稳定的功能。因此，一方面，应通过集体经济组织对集体所有财产的经济收益进行再分配，促进集体成员之间的收入公平；另一方面，必须通过"一人一票"的表决机制和按人头分配利润的运作机制，避免产生很大的收入和社会差距。农村集体经济组织是农村集体资产的管理者和经营者，农村集体经济组织发挥和承担的具体功能要以实现农村的社会稳定和经济发展为目标，即在实现农村社会稳定的同时促进农村的产业发展。

（2）农村集体经济组织的优势和不足。农村集体经济组织进入行业、产业或者市场领域，首先应该明确其在经营方面的优势和不足。这决定了其在经营管理中的选择和规律，对于后续经营具有基础的导向作用。

农村集体经济组织的优势主要体现在所在的社区范围内。一是具有土地优势，农村集体经济组织直接代表农民集体管理土地，能够更方便、更低成本地利用集体土地及其上的权利。二是社区优势，农村集体经济组织与自治组织边界重叠，农村集体经济组织更熟悉本社区，能够以更低的成本与社区成员进行

---

① 根据《国民经济和社会发展统计公报——2019》和《2019年农民工监测调查报告》的数据测算。2019年，农村居民55 162万人，可支配收入16 021元，本地就业农民工11 652万人，月收入3 500元，外出就业农民工17 452万人，月收入4 427元，假定农民工每年就业10个月，可计算出农民工的年收入。本地就业农民工算入农村居民，外出就业农民工不算入农村居民。农村居民可支配收入中有本地农民工的收入，而不含有外出农民工的收入。

② 臧昊：《特别法人定位下农村集体经济组织的职能重构》，载《农业经济》2019年第5期，第3—5页。

③ 在本乡镇外从业6个月以上的农民工。不属于农村常住人口，但有农村户口。

沟通。这在农村集体经济组织进行新的经济活动时，能够降低交易成本。

农村集体经济组织的劣势体现在以下几个方面：一是由于未能形成有效的代表机制，导致农村集体经济组织权力机构的不健全，如果所有成员除了重大事项外，还需要参与集体经济组织的一般事项的表决，无疑将造成交易费用的急剧上升，使得农村集体经济组织因组织规模过大而无法正常运作；二是由于农村集体经济组织的决策机构不健全，为了确保农村集体经济组织功能的发挥和资源的有效配置，在组织内部以行政命令的方式替代企业家的协调，使得行政干预成为必然；三是由于农村集体经济组织的监督机构不健全，使得部分管理人员以权谋私、侵害组织及组织成员利益的行为未能得到有效制止和追责，导致集体财产的流失；四是成员对经营风险过分厌恶，集体经济组织最好当年有收益，宁可少收益也不要有任何亏损的风险。

（3）各农村集体经济组织能力之间的差距。 农村集体经济组织在资产规模、地理位置、政策扶持等方面存在差异，适合的经营领域不能一概而论。

一方面，一般农区、城郊地区、城市化地区各有侧重。各地农村发展不平衡，有些地方除土地外没有集体资产、土地增值空间很小，而有些地方经营性资产较多、土地增值潜力较大，必须结合实际情况推进农村集体产权制度改革①。另一方面，区位优势较好的农村随着城市化、工业化的发展，集体资产迅速增值，集体经济实力不断增强，而一部分农村仍在家庭经营下发展传统农业，农村劳动力的外流导致了农村的凋敝，农村集体经济已濒临破产②。

因此，不同条件、不同类型的农村集体经济组织要结合自身实际进行经营管理，不能进行"一刀切"式的管理，要根据农村集体经济组织的实际情况和客观经济规律，因地制宜，使每个独立的组织实现全面可持续发展。

2. 农村集体经济组织适宜的经营范围

（1）基本原则：农村集体经济组织应当进入低竞争性的市场。 农村集体经济组织进入竞争性领域，改变了农村集体经济组织以土地出租、物业出租、银行存款等为主的收益模式，提高了其经营难度、经营风险和经营收益，需要更强的经营能力，当然也能得到更多的收益回报。但是，并非所有的竞争性领域都适合农村集体经济组织，从理论和实践两个层面进行分析可以得出农村集体经济组织的妥当选择——低竞争性市场。

一方面，从理论上分析，可以借用经济学上对市场类型的分类来分析何种

---

① 叶兴庆：《准确把握农村集体产权制度改革的方法论》，载叶兴庆主编《农村经济调查与研究》（第2部），中国发展出版社，2016年，第204页。

② 郭强：《农村集体产权制度的创新过程解析与发展路径研究——以北京市为例》，经济管理出版社，2018年，第59页。

竞争类型的市场适合农村集体经济组织进入。根据产品的差异性、企业对产品价格的影响力、竞争对手的多寡、竞争对手进入的难易程度等[1]，可将市场分为完全竞争、垄断竞争、寡头垄断和完全垄断4种类型[2]。根据农村集体经济组织的优劣势和市场竞争程度，可以进行如下分析：第一，完全竞争的市场类型不适合农村集体经济组织进入。完全竞争市场中，每个市场主体都必须为了自身的生存和发展努力提高产品与服务质量，扩大市场份额，增加利润，风险较大，需要较高的经营水平。第二，垄断竞争市场存在适合农村集体经济组织进入的领域。农村集体经济组织天然掌握着本社区的土地资源，土地和房屋具有很强的区位差异性，对于与土地、房屋有关的产品和服务，农村集体经济组织比其他经济组织有优势。第三，寡头垄断和垄断行业不适合农村集体经济组织进入。现实中的寡头垄断和完全垄断市场往往都是政府或国企垄断[3]，科技型企业通过技术领先优势、专利等手段获得一定垄断地位。政府可以为农村集体经济组织的资金、土地进入这些领域提供进入途径，既可以满足城市建设的资金需求，也可以提高农村集体经济组织的经济收益。但是，这不属于农村集体经济组织直接进入该经营领域，而是以投资者身份进入。

另一方面，从市场经济和农村集体经济组织的实际情况分析。在市场经济中，竞争无所不在，强竞争性行业具有技术进步、产品开发、市场需求变化快、高风险与高收益并存的特点，市场主体要进入强竞争性行业，必须具备很强的专业能力，能快速反应，承担较大风险。农村集体经济组织面对市场的快速变化，很难做出及时、正确的决策，容易错失机会[4]；农村集体经济组织成员的整体认知水平决定了其决策的准确性并不高，而企业的决策主要来自职业经理人及其团队；集体经济的所有资产属于集体成员共同所有，且集体土地使用权不能在市场转让，限制了集体经济的投资能力和承担风险的能力；现实中，农村集体经济组织的管理者如果不能给成员带来足够的、稳定的集体经济收益分配，就会引起成员对他的不信任，因此，农村集体经济组织的管理者倾向于短期、稳定的投资项目。所以，农村集体经济组织倾向于出租集体的土地、物业，或者成为集体企业的资产管理者，而非直接经营者。

（2）农村集体经济组织适宜的经营范围。 在新形势下发展壮大农村新型集

① 吕政、曹建海：《竞争总是有效率的吗？——兼论过度竞争的理论基础》，载《中国社会科学》2000年第6期，第4-14+205页。
② 张守文：《经济法学》（第七版），北京大学出版社，第234页。
③ 戚聿东、刘泉红、王佳宁：《垄断行业国企的竞争化改造与国企分类改革趋势》，载《改革》2017年第6期，第5-20页。
④ 张照新、赵海：《新型农业经营主体的困境摆脱及其体制机制创新》，载《改革》2013年第2期，第78-87页。

体经济是落实党和国家各项涉农政策、完善基层治理的迫切需要，是稳定和完善农村基本经营制度、推动农业转型发展的现实选择，是优化农村资源要素配置、实现农业转型发展的有效途径，是精准扶贫、精准脱贫、全面建成小康社会的重要支撑。当前农村新型集体经济的发展路径主要有产业发展型、为农服务型、资产租赁型和资源开发型[①]，其实现形式包括村集体统一经营、农民成员股份合作制、承包农民土地股份合作制、与社会资本发展混合制等。

在农村集体经济组织的经营管理过程中，其行为能力必然是有限度的，划定其经营范围的边界对规范其经营管理来说是核心问题。在这里讨论的经营管理的资产为经营性资产，包括用于经营的房屋、建筑物、机器设备、工具器具、农业基础设施、集体投资兴办的企业及其所持有的其他经济组织的资产份额、无形资产等。从这些资产的属性不难看出，农村集体经济组织所能从事的范围包括对不动产或者动产的经营、兴办企业以及向其他企业投资这三类。同时，其对资源性资产的管理具有特殊性。

第一，集体经济组织可以经营其管理的不动产及动产。近几年，我国一直在进行农村集体经营性资产股份合作制改革，力图解决农村利益分配问题，更重要的是改变原有的经营模式，实行现代化企业管理[②]。在改革的大背景下，大部分农村集体经济组织对不动产或者动产的经营要符合现代企业治理规律和经验，在重大事项上实行多数决，改革取得成就的先行集体要起到带头作用，带动尚未开始改革或者改革不彻底的集体，通过先进、规范的体系实现对经营性资产的盘活。对于此类资产的经营属于农村集体经济组织或者说农村集体的意思自治，是其进行经济活动的最基本的内容，在私法语境下，非重大的经营活动本身没有规制的必要，而重大的经营活动需要集体进行相应的表决机制，代表团体的意思。因此，农村集体经济组织只要在必要的情况下履行了相应的决策机制便可以在弱竞争领域自由交易。

第二，农村集体经济组织可以代表集体兴办企业。在乡镇企业建立现代企业制度改革之前，农村集体经济组织促进非农产业发展的主要形式是创办和管理乡镇企业。在乡镇企业完成了建立现代企业制度的改革后，集体经济组织主要发挥集体企业中集体资产的管理者功能。

兴办企业一定要同时提升自身的管理能力和水平。一方面，兴办企业就需要进入完全竞争领域，和其他那些有专门经营管理团队、决策机制完善高效、

---

① 魏后凯、崔红志：《稳定和发展农村基本经营制度研究》，中国社会科学出版社，2016 年，第 102 页。

② 张晓山、苑鹏、崔红志、陆雷、刘长全：《农村集体产权制度改革论纲》，中国社会科学出版社，2019 年，第 151 页。

公司治理体制完善的社会企业进行竞争，乡镇企业的劣势显而易见；另一方面，在经营过程中，集体企业本身的资产转让受到限制，抵御风险能力不足，投资能力同样欠缺。

第三，农村集体经济组织可以向其他企业投资。这是一种遵循市场原则，按照"物尽其用、人尽其才、自愿合作、美美与共"的理念，农民劳动者和其他资源的拥有者联合创新出的经济实现形式。同时，它是一种农村集体在自愿的基础上，通过成员相互间的劳动联合和资本联合相结合，或者以劳动者的劳动联合和资本联合为主，吸纳外部社会资本参股，按照民主决策、按劳分配与按股分红相结合的原则运行，以所有者个人出资形成的联合所有的财产为限承担有限责任的一种经济形式①。农村集体经济组织以资金、土地、资源等入股，成立按照现代企业制度运行的现代企业，由现代企业管理、经营集体经济的资产，从而提升资产的运营效益。农村集体经济组织投资设立、控股、参股有限责任公司或股份合作公司等有现代企业制度的企业，可以避开农村集体经济组织自己兴办企业的种种不足，农村集体经济组织变为了监督者、投资者，有利于集聚城乡优势资源要素，提升集体经济经营管理能力，较好地发挥产权激励作用②。

第四，农村集体经济组织对资源性资产的管理。对于资源性资产的管理，主要是针对那些不适宜承包到户的资源性资产，管理这部分资产是探索农村集体经济组织经营管理的创造性尝试，具有重大意义。农村集体经济组织可以利用未承包到户的集体"四荒"地、果园、养殖水面等资源，集中开发或者通过公开招投标等方式发展现代农业项目；可以利用生态环境和人文历史等资源发展休闲农业与乡村旅游；可以在符合规划的前提下，探索利用闲置的各类房产设施、集体建设用地等，以自主开发、合资合作等方式发展相应产业；可以统筹利用闲置宅基地，发挥资源优势，同时，还可以与第三方合作，利用专业机构在市场、资本、技术等方面的优势。

（三）责任财产限制

作为法人的农村集体经济组织，可以通过对自己所有的财产进行正常的经营活动，实现造血的经济功能，可以通过对不动产资源在时空上的合理处分，盘活因农村人口向城镇大规模流动而闲置的资产，甚至有学者认为，农村集体

---

① 魏后凯、崔红志：《稳定和发展农村基本经营制度研究》，中国社会科学出版社，2016 年，第 108 页。

② 周振：《混合所有制改造是实现农村集体经济的重要路径》，载《中国经贸导刊》2020 年第 10 期，第 37－40 页。

经济组织还可以依托管理职能，细化出农地交易的信用担保功能和农地收储托管的功能等①，这些都是农村集体经济组织对外经营的体现。产生债权债务是经营的应有之义，但出于国家政策、财产属性等多方面的考量，农村集体经济组织不能以自己管理的全部财产承担责任，必须要划分一个边界，责任财产之外的部分不能成为债权债务的标的、不能转让，只有责任财产方可对外履行债务、承担责任。明确划分农村集体经济组织的责任财产有利于维护农村集体的基础建设和民生保障，有利于规范农村集体经济组织的民事交往活动，有利于农村经济的长久、稳健、可持续发展。

1. **资源性资产不能成为责任财产**　土地等资源性资产是农村最重要的生产要素，是农民生活的保障，是农村经济发展的基础和重中之重，是党和政府落实和解决民生问题的关键。根据《民法典》第二百四十九和第二百五十条的规定，我国土地归属国家或者集体所有。集体土地所有权是建立在土地公有制基础上的土地所有权制度，为了维护土地公有制，我国《宪法》第十条第三款明确禁止任何组织或者个人以买卖或者其他形式非法转让土地。因此，集体土地所有者不得分割集体土地所有权为集体成员私人所有，也不得以买卖或者其他形式非法转让集体土地，消灭集体土地所有权。综上，土地所有权不能成为责任财产是毋庸置疑的。

2. **非经营性资产不能成为责任财产**　用于公共服务的教育、科技、文化、卫生、体育等方面的非经营性资产体现了强烈的公益性，与集体成员的日常生活、基本服务、社会保障等息息相关，是党和国家心系民生的重要体现。这些非经营性资产大多在国家或者地方政府的支持与帮扶下得以成立和维系，农村集体经济组织对这些资产起到的是管护作用，对于农村集体经济组织来说，既有一定管理的权利，同时负有保护的义务，但绝没有可以进行转让的权力。经济建设固然是发展的中心，但社会建设、文化建设、生态文明建设同样发挥着不可或缺、不可替代的重要作用，这些建设的实现均要依靠非经营性资产。非经营性资产是不能转让的，不能成为责任财产。

3. **经营性资产可以成为责任财产**　用于经营的房屋、建筑物、机器设备、工具器具、农业基础设施、集体投资兴办的企业及其所持有的其他经济组织的资产份额、无形资产等经营性资产可以成为责任财产自不待言，在农村集体经济组织进行民事交往过程中，其可以在权限范围内处分经营性资产，经营性资产也可以成为债权债务的标的。在民事活动中，农村集体经济组织作为一方平等主体，遵循市场原则，以自己可以灵活支配的经营性资产作为责任财产方符

---

① 付光玺:《三权分置背景下农村集体经济组织主体功能构建》，载《安徽科技学院学报》2019年第 5 期，第 71－77 页。

合市场交往的应有之义，方能契合法律规定与法治理念。

4. 农村集体的其他资产可以成为责任财产　除了资源性资产、非经营性资产和经营性资产三大类资产以外，农村集体资产还包括接受政府拨款、减免税费、社会捐赠等形成的资产以及依法属于本社成员集体所有的其他资产。这两大类资产的形成与来源范围较广、类型较多，其共同点在于这些资产自交付给农村集体之后，便转移了所有权，归属农村集体所有，由农村集体经济组织负责经营管理。

首先，对于政府拨款、减免税费和社会捐赠形成的资产，依照现行制度设计，是直接归属农村集体经济组织所有的，可以量化为集体成员持有的股份。其主要目的在于增加政府对农村的公共服务支出，减少农村集体经济组织的相应负担。虽然各个文件并未直接说明此类财政扶持资金可以成为责任财产，但从目的解释的角度看，此类资产是为了更好地实现农村的公共服务建设，更好地为农村集体经济组织的民事活动构建基础，实现农村集体经济组织资产构造合理、经营水准提高、充分发挥功用，在民事活动中实现自身价值的提升。这类资产划到农村集体账目之后，农村集体便可为了自身的发展自行安排资金的使用和流向，只要为了集体的利益所为，便是合理合法的，可以同经营性资产一样，为农村集体的资产丰盈与经营壮大增添活力，这也是这部分资产的根本目的所在。

其次，除政府拨款、减免税费和社会捐赠等体现公益性质的资产外，农村集体经济组织还可能在经营管理过程中形成一些其他资产，如经营管理资源性资产和经营性资产过程中获得的孳息和盈利、扶贫项目援助、集体外的投资等，均归属集体所有，同经营性资产一起，作为农村集体经济组织对外民事交往的责任财产。这一大类资产是农村集体经济组织在发挥经济作用的过程中形成的，无论是集体外的投资还是经营本身的利润，都体现了平等与自由，凝聚了市场的活力，彰显了国家的制度红利和集体经济组织的有效探索，因此，这类资产应天然回到其源头——经营之中，以成果滋养本根，使农村集体经济组织的经营源源不断，充满生机与活力。

三、特别优待政策

发展壮大农村集体经济，完善农村基本经营制度，是贯彻落实党的十九届四中全会精神，完善中国特色社会主义基本经济制度一项十分重要和紧迫的任务。农村集体经济组织是集体资产管理的主体，是特殊的经济组织。在取得农村集体经济组织登记证书后，农村集体经济组织可以据此向有关部门办理银行开户等相关手续，以便开展经营活动，从而发挥好其在管理集体资产、开发集体资源、发展集体经济、服务集体成员等方面的功能作用。为了优化农村集体经济组织发展的政策环境，壮大集体经济，国家提供了诸多扶持政策，农村集体经济组织立法相关工作中应把"加强国家对农村集体经济组织的政策支持"作为重要内容。与国有经济的发展环境相比，作为农村社会主义公有制经济有效实现形式的农村集体经济发展政策环境还要进一步优化，要从巩固农村基层政权、巩固农村社会主义公有制经济和实现共同富裕理想目标的政治高度出发，制定更加有利于农村集体经济发展壮大的政策。

（一）财政扶持

财政政策是国家制定的指导财政分配活动和处理各种财政分配关系的基本准则，它是客观存在的财政分配关系在国家意志上的反映。在现代市场经济条件下，财政政策又是国家干预经济，实现宏观经济目标的工具。

中共中央、国务院《关于稳步推进农村集体产权制度改革的意见》明确，进一步完善财政引导、多元化投入共同扶持集体经济发展机制。政府拨款、减免税费等形成的资产归农村集体经济组织所有，可以量化为集体成员持有的股份。逐步增加政府对农村的公共服务支出，减少农村集体经济组织的相应负担。完善金融机构对农村集体经济组织的融资、担保等政策，健全风险防范分担机制。

在制定农村集体经济组织法的过程中，一些地方探索可资借鉴。

一是进一步完善财政引导、多元化投入共同扶持集体经济发展机制。例如，吉林省规定，对政府拨款、减免税费等形成的资产归农村集体经济组织所有，可以量化为集体成员持有的股份；逐步增加政府对农村的公共服务支出，减少农村集体经济组织的相应负担；完善金融机构对农村集体经济组织的融资、担保等政策，健全风险防范分担机制[①]。

二是相关费用由财政保障。例如，上海市规定，区县、乡镇经济条件较好的，可依据村委会主要承担基本公共事务职能的要求，相关费用逐步由财政予以保障；改革后建立的新型集体经济组织承担经济职能，主要负责集体资产经营管理，并按章程提取相应经费用于本村公益事业支出；村委会和新型集体经济组织账目要分设，并按相应会计制度加强账务管理；改制后现阶段保障村级基本运行经费确有困难的区县、乡镇，应重点加强村级组织经济账目管理，做到村委会与村经济组织账目清晰，不搞混账；要规范财务收支行为，建立相关

---

① 参见《中国共产党吉林省委员会、吉林省人民政府关于稳步推进农村集体产权制度改革的实施意见》。

审批制度，充分遵循民主程序，严格执行财经纪律①。如哈尔滨规定，农村产权制度改革试点工作经费由各级财政分级负责，不得向农户收取各种权证工本费之外的任何费用②。

三是通过入股、贴息等政策重点支持。例如，河北省规定，各级财政要加大对农村集体经济发展的支持力度，通过入股、贴息、担保、奖补等形式，重点支持农村资源开发；积极争取国家财政资金，扶持村级集体经济试点；鼓励涉农金融机构把村级集体经济组织纳入评级授信范围，创新金融产品和金融服务，对符合条件的村级集体经济项目在信贷支持上实行计划优先、利率优惠③。浙江省规定，对各级财政支持的农村公益类小型项目，优先安排村级集体经济组织作为建设管护主体④。

（二）税收优惠

税收优惠政策是指税法对某些纳税人和征税对象给予鼓励与照顾的一种特殊规定。比如，免除其应缴的全部或部分税款，或者按照其缴纳税款的一定比例给予返还等，从而减轻其税收负担。税收优惠政策是国家利用税收调节经济的具体手段，通过税收优惠政策，国家可以扶持某些特殊地区、产业、企业和产品的发展，促进产业结构的调整和社会经济的协调发展。

我国目前共有 18 个税种。其中，社会组织能够享受优惠政策的税种包括企业所得税、增值税、城市维护建设税、关税、房产税、城镇土地使用税、车船税、土地增值税、印花税以及契税。在推进农村集体经济组织产权制度改革过程中，应设定一定的税收扶持过渡期（如 3～5 年）。在过渡期内，由农业农村部门会同税务等部门共同制定相关扶持政策，对完成农村集体经济组织产权制度改革的新型集体经济组织给予一定的税收扶持。待过渡期满后，新型集体经济组织应与其他市场主体一样，承担应尽的纳税义务。

中共中央、国务院《关于稳步推进农村集体产权制度改革的意见》明确，农村集体经济组织承担大量农村社会公共服务支出，不同于一般经济组织，其成员按资产量化份额从集体获得的收益也不同于一般投资所得，要研究制定支持农村集体产权制度改革的税收政策。在农村集体产权制度改革中，免征因权利人名称变更登记、资产产权变更登记涉及的契税，免征签订产权转移书据涉

---

① 参见《上海市农村集体经济组织产权制度改革工作方案》。
② 参见《哈尔滨市深化农村产权制度改革试点工作方案》。
③ 参见《中共河北省委办公厅 河北省人民政府办公厅关于发展壮大农村集体经济的若干政策措施》。
④ 参见《中共浙江省委办公厅 浙江省人民政府办公厅关于实施消除集体经济薄弱村三年行动计划的意见》。

及的印花税，免收确权变更中的土地、房屋等不动产登记费。

《财政部、国家税务总局关于支持农村集体产权制度改革有关税收政策的通知》（财税〔2017〕55号）指出，为落实中共中央、国务院《关于稳步推进农村集体产权制度改革的意见》要求，支持农村集体产权制度改革，明确了有关契税、印花税政策要求：①对进行股份合作制改革后的农村集体经济组织承受原集体经济组织的土地、房屋权属，免征契税。②对农村集体经济组织以及代行集体经济组织职能的村民委员会、村民小组进行清产核资收回集体资产而承受土地、房屋权属，免征契税。③对因农村集体经济组织以及代行集体经济组织职能的村民委员会、村民小组进行清产核资收回集体资产而签订的产权转移书据，免征印花税。④对农村集体土地所有权、宅基地和集体建设用地使用权及地上房屋确权登记，不征收契税。

在国家税务总局发布的《支持脱贫攻坚税收优惠政策指引》中，有关优化土地资源配置税收优惠规定：农村集体经济组织股份合作制改革免征契税，农村集体经济组织清产核资免征契税，收回集体资产签订产权转移书据免征印花税，农村土地、房屋确权登记不征收契税。

很多地方也有积极的探索。如大连市村集体经济组织直接从事种植业、畜牧业、水产业和销售自产农产品，免征增值税[①]；安徽省对村集体以无形资产、不动产投资入股，参与接受投资方利润分配，共同承担投资风险的行为，符合国家规定的免征营业税[②]；山东省对村集体建设集中居住点、养老公寓等，适当减免水电、消防、通讯、广播电视等配套服务费用[③]。

（三）用地优惠

土地政策指的是国家根据一定时期内的政治和经济任务，在土地资源开发、利用、治理、保护和管理方面规定的行动准则。它是处理土地关系中各种矛盾的重要调节手段。

《乡村振兴促进法》第六十七条规定，经国土空间规划确定为工业、商业等经营性用途并依法登记的集体经营性建设用地，土地所有权人可以依法通过出让、出租等方式交由单位或者个人使用，优先用于发展集体所有制经济和乡村产业。

中共中央、国务院《关于稳步推进农村集体产权制度改革的意见》明确，

---

① 参见《中共大连市委办公厅 大连市人民政府办公厅关于全市深化农村改革壮大村级集体经济的实施意见》。

② 参见《中共安徽省委办公厅 安徽省人民政府办公厅关于发展壮大村级集体经济的意见》。

③ 参见《山东省关于发展壮大村级集体经济的意见》。

统筹安排农村集体经济组织发展所需用地，多种形式发展集体经济。从实际出发，探索发展集体经济有效途径。农村集体经济组织可以利用未承包到户的集体"四荒"地（荒山、荒沟、荒丘、荒滩）、果园、养殖水面等资源，集中开发或者通过公开招投标等方式发展现代农业项目；可以利用生态环境与人文历史等资源发展休闲农业和乡村旅游；可以在符合规划前提下，探索利用闲置的各类房产设施、集体建设用地等，以自主开发、合资合作等方式发展相应产业。

《农业农村部关于进一步做好贫困地区集体经济薄弱村发展提升工作的通知》中明确，支持薄弱村盘活土地资源。因地制宜挖掘薄弱村集体土地资源潜力，利用好清产核资成果，对集体闲散的果园、养殖水面和路边、田边、水边、房边"四边"等农用地、"四荒"地，以及闲置的工矿仓储用地、闲置的学校用地等建设用地，规范管理，建立健全集体资源台账，通过发包、出租、股份合作等方式盘活经营，增加集体收入。村集体受农户委托统一组织土地经营权流转的，可依法收取适量管理费用。对组级所有的闲散土地资源，可有偿流转给村集体，统一对外出租、入股，提升资源利用效率。鼓励村集体稳妥开展闲置宅基地整治，农民自愿腾退的宅基地优先用于村级公共服务设施建设和乡村产业发展。

地方探索主要围绕盘活土地资源、征地时预留一定比例的面积作为建设用地给村集体、提取土地出让金、增减挂钩节余指标有效利用等方面。

（四）人才扶持

中共中央、国务院印发的《国家中长期人才发展规划纲要（2010—2020年)》明确，实施现代农业人才支撑计划，适应建设社会主义新农村、加快发展现代农业的需要，加大对现代农业的人才支持力度。

《农业农村部关于进一步做好贫困地区集体经济薄弱村发展提升工作的通知》中明确，加强薄弱村人才支撑。将薄弱村集体经济组织负责人作为农民教育培训和农村实用人才培训的重点对象，通过就地培养、吸引提升等方式，提高其管理集体资产、对外合作等经营管理能力。各级农业农村部门要鼓励农村致富能手、外出务工返乡农民、大学生村官、机关事业单位离退休干部职工等参与薄弱村集体经济发展提升，选聘一批特聘农技员为薄弱村提供技术服务。要积极推动各地创新选人用人和人才帮扶机制，优先选派素质好、懂经济、有经验的干部到薄弱村任第一书记，对集体经济发展做出突出贡献的给予表彰和奖励。

在地方探索方面，山东全面推行向集体经济空壳村选派第一书记，支持农业科技人员和科技特派员带技术、带项目入股村集体经济组织或开展合作研发。安徽鼓励和支持国家机关、国有企业事业单位工作人员以及大专院校、科研机构的科技人员领办村级集体经营实体或者帮助发展村级集体经济；对采用新技术多、科技转化率高并取得显著效益的村办企业，村集体经济组织可以每年从集体收益中提取一定比例用于奖励有突出贡献的人员。

四、结论

第一，鉴于农村集体经济组织的财产主要是土地所有权，法律应将农村集体经济组织法人的经营活动范围限定在与经营土地相关的活动上，围绕集体土地资产和其他集体资产的管理运营和保值增值而展开。此外，农村集体经济组织设立的主要目的在于集体土地的经营管理，土地的不可移动性决定了农村集体经济组织的生产经营活动主要是在固定的区域开展。

第二，资产处分行为的特殊限制。首先，其能够用于经营的资产仅包括经营性资产，不包括资源性资产和非经营性资产，尤其是不能用土地所有权对外投资，这是土地公有制的要求。其次，可以用依法可以转让的土地使用权投资或开展经营活动，但对土地等集体资产经营管理和处置，需要符合法律法规的强制性要求，法律需要对集体资产的处置设置公开交易和监督管理平台，防止集体资产流失。

第三，负债、担保和高风险投资行为的限制。基于风险控制的要求，农村集体经济组织的投资应以稳健为基本原则，对其投资高风险项目的资产比例要设定上限限制，同时，为了防止农村集体经济组织的不当行为侵害成员利益，法律还应当对农村集体经济组织的对外负担行为，尤其是对外负债、担保等行为进行特殊限制。

第四，责任财产的限制。农村集体经济组织具有独立的民事责任能力，这是其法人地位的应然要求，但基于土地公有制的要求，农村集体经济组织的责任财产的范围受到限制，其责任财产应仅仅局限于经营性资产，不能包括公益性资产，更不能包括土地所有权，但依法可以转让的土地使用权则可以成为责任财产。

第五，破产能力的限制。农村集体经济组织是按照法律要求强制性设立的组织，承担着公有制经济实现的职能，其存在应当具有永续性，而且农村集体经济组织承担着集体资产保值增值以及其成员社会保障的职能，只要土地所有权还存在，农村集体经济组织便不能消亡。因此，农村集体经济组织不得破产，更不得随意解散。此外，其在合并和分立方面也受到特别限制。

第六，享受国家的特殊扶持政策。农村集体经济组织作为特别法人，承担着一定的公益性职能，依法享受国家有关扶持政策和税收优惠。国家支农转移支付的一些款项可以纳入集体资产，农村集体经济组织在企业所得税、契税、不动产登记费、融资担保等方面应享受优惠政策。

第十章 农村集体经济组织特别法人变动：合并、分立、破产、解散

一、农村集体经济组织的合并与分立

农村集体经济组织是依照与土地所有权的对应关系设立的，不同的农村集体经济组织虽然均属于集体所有权的法定代表主体，但各自独立，在所有权归属上并不存在隶属关系。中共中央、国务院《关于稳步推进农村集体产权制度改革的意见》也规定，在清产核资基础上，把农村集体资产的所有权确权到不同层级的农村集体经济组织成员集体，并依法由农村集体经济组织代表集体行使所有权。集体资产所有权确权要严格按照产权归属进行，不能打乱原集体所有的界限。因此，农村集体经济组织一般不存在合并或分立的情形，也不允许随意地合并或分立。但在城镇化的过程中，随着人口的流动、村庄的城镇化、土地的被征收、行政区域的变更等各种因素，也可能会出现一些村庄的集体资产整合或变更情况，从而产生农村集体经济组织合并的必要。对此，很多地方的农村集体经济组织管理规定都设置了合并、分立条款，但主要规定的是审批程序，并没有对什么情形下会导致合并、分立等做出具体规定。例如，《广东省农村集体经济组织管理规定》（2013 修订）第二十二条规定，农村集体经济组织合并、分立、解散，应当由成员大会表决通过，经乡（镇）人民政府审核，报县级或者不设区的市人民政府农业行政主管部门备案。农村集体经济组织合并、分立、解散，应当依法清理债权债务；涉及集体资产的处置，应当经原集体经济组织成员大会表决通过。《浙江省村经济合作社组织条例》（2007年修改）第十六条规定，村经济合作社合并、分立、终止的，应当经社员大会应到社员三分之二以上表决通过，报乡镇人民政府核准，并报县级人民政府农

业行政主管部门备案。村经济合作社合并、分立或者终止时，应当依法清理债权债务，并办理相关的变更、注销手续。《湖北省农村集体经济组织管理办法》（1998 年修正本）第十四条规定，农村集体经济组织改变名称、合并、分立、撤销，须向原登记机关申请办理有关手续。农村集体经济组织合并、分立或撤销时，必须保护其资产，依法清理债权债务。

农村集体经济组织的合并、分立在特定情况下是必要的，但应当对其条件做出严格限制。

首先，农村集体经济组织原则上不允许分立。分立意味着将土地所有权的归属予以分割，不利于土地的整合开发利用，也与城镇化或乡村振兴过程中人口集聚的趋势不相适应。

其次，严格把握农村集体经济组织合并的情形。在新社区集聚、整村移民搬迁、撤村并居等情形下，可能会出现农村集体经济组织合并的需要。但这些情形并不必然导致农村集体经济组织的合并，还需要结合政策目标，充分尊重各农村集体经济组织成员的意愿，并处理好相互之间的资产和利益关系。

最后，农村集体经济组织的合并、分立属于涉及成员重大利益的事项，均应当经成员大会三分之二以上表决通过，报乡镇人民政府核准，并报县级人民政府农业农村主管部门备案。

二、农村集体经济组织的破产

对农村集体经济组织是否具有破产能力争议颇大，否定说与肯定说相持不下。从解释论视角来看，农村集体经济组织当然不具有破产能力[1]。现行《破产法》的规范对象原则上限于企业法人，企业法人以外的组织则仅在其他法律有规定的场合方可以"参照"适用《破产法》的程序性规定[2]。不过，从立法论角度来看，农村集体经济组织应否具有破产能力，仍是需要进一步探讨的问题。

（一）农村集体经济组织的破产能力

在立法论上，赋予农村集体经济组织法人破产能力具有正当性，其理由如下：

1. **破产能力否定说难以成立**　否定农村经济集体经济组织法人具有破产能力的理由主要有：①农村集体经济组织破产在政治上和立法上不具可接受

---

① 王利明：《〈中华人民共和国民法总则〉条文释义》，人民法院出版社，2017 年，第 217 页。

② 李永军等：《破产法》（第 2 版），中国政法大学出版社，2017 年，第 22 - 23 页。

性。该种法人不仅是经济组织，还承载着实现社会主义公有制的政治功能和一定社会功能。赋予其破产能力，在政治上和法律上不具有可接受性，很难获得民意基础。只有在建立政府破产制度之后，方可考虑农村集体经济组织法人的破产问题①。②农村集体经济组织法人的性质决定了其不能消灭，因此不具有破产能力。有人认为，该种法人破产会导致其不复存在，与法人的设立初衷相违背②。有人认为，农村集体经济组织的性质及其对成员须承担的责任决定了其不能破产和被兼并③，这种观点将破产与被兼并并列，实质上也是从该种法人不能消灭角度论证其不应具有破产能力的。③破产的现实必要性不大。农村集体经济组织法人一般较少直接开展数额巨大的市场交易，而是作为出资人设立企业法人④。④破产财产难以确定，赋予农村集体经济组织法人破产能力在集体土地改革形成成熟制度之前存在难以逾越的障碍⑤。⑤基于制度风险规避和现实考量，不应赋予其破产能力⑥。这些理由具有一定道理，但均难以成立，具体分析如下：

首先，就第三至五点否定理由而言，现实必要性不大和制度条件不成熟并非否定农村集体经济组织法人破产能力的真正理由。农村集体经济组织法人的经营范围呈不断扩大趋势，未来其自身面临的风险将不断增大，难以完全通过出资人有限责任制度化解。在集体土地改革未形成成熟制度之前，农村集体经济组织法人破产制度的建立虽然存在诸多难题，但这不应成为否定其具有破产能力的理由。第五点理由语焉不详，究竟有何特别的风险需要规避以及哪些现实考量阻碍了农村经济组织法人享有破产能力并不明确。

其次，就第一点否定理由而言，农村集体经济组织法人的政治和社会功能并非将之隔绝于破产程序之外的根本障碍，在进行破产制度设计时，只要充分发挥该种制度拯救债务人的功能，完全可以兼顾该种法人的政治和社会功能。上述第一种观点其实存在内在矛盾。从相关表述来看，论者并不否定政府机构的破产能力，只是认为农村集体经济组织法人破产制度应在政府破产制度之后建立，但这种制度建构顺序并不值得赞同，农村集体经济组织法人的政治和社会服务功能只是该种法人的功能之一，其还是参与市场竞争的经济组织。这种法人破产的影响面要远远小于政府破产，因此，若制度建设有先后次序的话，

---

① 屈茂辉：《农村集体经济组织法人制度研究》，载《政法论坛》2018年第2期，第38页。
② 闫馨蕙：《农村集体经济组织法的立法思考》，载《人民法治》2019年第9期，第41页。
③ 陈锡文、罗丹、张征：《中国农村改革40年》，人民出版社，2018年，第93页。
④ 同①：39。
⑤ 同①：39。
⑥ 农业农村部政策与改革司集体资产处：《农村集体经济组织立法应关注的四个重要问题——农村集体经济组织立法研讨会综述》，载《农村经营管理》2019年第2期，第36-37页。

也应当是先建立农村集体经济组织法人的破产制度。

最后，就第二点否定理由而言，认可农村集体经济组织的破产能力不一定会导致其归于消灭，进而导致社会公共服务功能无法实现。否定说其实对破产的含义存在误解。破产一词有两种含义：一是债务人不能清偿到期债务的客观事实状态；二是法院根据当事人的申请或依职权，对不能清偿到期债务的债务人所进行的一种特别程序①。农村集体经济组织法人是否具有破产能力问题中的"破产"一词应指向第二种含义。这种含义的破产又有广义和狭义之分，狭义的破产仅指破产清算程序，广义的破产则包括 3 种程序，即破产清算程序、和解程序和重整程序。破产清算程序会导致债务人主体资格的消灭，而和解和重整程序则不会如此。即使农村集体经济组织法人不能归于消灭，也可以承认其具有适用破产清算之外的其他破产程序的能力。

2. 破产是农村集体经济组织法人摆脱债务困境的有效途径 农村集体经济组织法人参与市场的程度日益提升，呈现出第一、二、三产业均有涉足的态势，相应的负债也急剧增加。目前，不少发达地区的农村集体经济组织已经负担了高额债务。有学者专门研究了东莞市 CA 镇村组集体经济组织的债务管理，指出了其存在的问题：历史性债务基数大，利息负担重，债务结构不合理；村组偿债能力及债权清收能力弱，还贷速度放缓；重大事项决策不严谨，缺乏科学规划盲目举债上项目②。这种状况并非个案，有学者进行了更广泛的调查，得出了以下结论："从全部样本村看，农村集体经济组织的平均资产负债率为 61.6%，处于较高的水平。东部地区的资产负债率最高，为 68.2%，中部地区和西部地区的资产负债率分别为 49.2% 和 38.3%，东北地区的资产负债率最低，为 36.8%。说明当前农村集体经济组织普遍面临较高债务，自身偿债能力偏弱，尤其是东部地区农村集体经济组织偿债能力最低"③。这种状况若任其发展，农村集体经济组织可能陷入债务困境，进而影响其功能的发挥，认可其具有破产能力不失为更具前瞻性的制度安排。

未来，农村集体经济组织法人还可能面临一个重要的债务风险来源——对外提供保证。《民法典》仅对部分主体的担当保证人的资格进行了限制④。由

---

① 李永等：《破产法》（第二版），中国政法大学出版社，2017 年，第 1 页。
② 周润书：《村组集体经济组织债务管理存在的问题与对策——以东莞市 CA 镇为例》，载《中国集体经济》2019 年第 34 期，第 5 页。
③ 彭超、张琛：《农村集体经济组织"家底"基线调查及启示》，载《农村金融研究》2019 年第 8 期，第 51 页。
④ 《中华人民共和国民法典》第六百八十三条：机关法人不得为保证人，但是经国务院批准为使用外国政府或者国际经济组织贷款进行转贷的除外。以公益为目的的非营利法人、非法人组织不得为保证人。

此可见，农村集体经济组织法人担任保证人并没有资格限制，只要满足内部决议条件和保证合同的一般效力条件即可。这种状况下，就可能出现农村集体经济组织法人因为主债务人不能清偿债务而陷入困境的局面，为确保其公共服务等社会功能的实现、保护集体成员的利益，有必要确认其破产能力。

3. 破产有利于公平保护债权人权益　在农村集体经济组织法人不能清偿到期债务并且资产不足以清偿全部债务或明显缺乏清偿能力的情况下，各债权人的利益实现处于严重冲突状态。认可该种法人具有破产能力有助于公平保护债权人权益，主要体现在如下几个方面：

第一，在农村集体经济组织法人具有破产能力的情况下，破产程序开始时，所有债权（不论实际是否到期）均视为到期（《破产法》第四十六条）。这就避免了该种法人不具破产能力时很可能会出现的以下不公平局面：未到期债权的债权人在实际到期之前不能主张履行和抵销，待到债权到期时，债务人的可执行财产被其他债权人执行殆尽，在可预见的期间内已无任何财产可供清偿。

第二，在农村集体经济组织法人具有破产能力的情况下，若启动破产程序，所有债权，不论类型如何，均须在统一的程序框架下获得清偿。"破产程序的适用，不是为了个别债权的实现，而是以债务人有限的剩余财产按一定比例平等地满足全部债权人的请求，是一种'整体的强制执行'"①。这一方面避免了普通民事执行程序可能带来的不公平局面，即先申请执行的债权人的权益优先获得实现，后申请执行的债权人的权益则没有保障；另一方面避免了债务人对部分债权人进行偏颇清偿而导致的不公平局面，非破产场合，债务人原则上可以自由选择清偿哪个或哪些债权，在债务人财产不足的情况下，这极易造成债权人间的不公平。若能够适用破产程序，这些情况就能予以避免，因为根据《破产法》第十六条的规定，债务人于法院受理破产申请后对个别债权人的清偿无效。

第三，在农村集体经济组织法人具有破产能力的情况下，破产管理人对该种法人的负责人或其他管理人员的危害债权的行为享有条件更为宽松的撤销权。这能够在最大程度上维持债务人的责任财产，从而为普通债权人利益的实现提供更为充分的保障，进而增进债权人与其他利害关系主体之间的公平。

当然，农村集体经济组织法人具有破产能力将导致债务豁免，不论是在重整、和解还是在清算程序中，债权人的债权将都不能获得完全清偿。这似乎不利于保护债权人利益，但在农村集体经济组织法人财产不足以清偿债务的情况下，若没有破产程序，部分债权人的债权将长期得不到实现。

---

① 许德风：《破产法论：解释与功能比较的视角》，北京大学出版社，2015年，第16页。

4. 破产可以使农村集体经济组织法人获得重生的机会 如上所述，农村集体经济组织法人是发展农村集体经济的重要组织载体和实现形式，不仅具有经济功能，还有社会公共服务功能。在陷入财务困境的情况下，认可该种法人具有破产能力，有助于使其获得重新开始的机会。这主要表现在以下几个方面：

第一，避免被"挤兑"。若农村集体经济组织不具有破产能力，那么一旦其陷入债务困境，债权人就会纷纷起诉并抢先强制执行，此种状况下，该种法人将难以获得喘息机会，若近乎所有可执行的重要财产都被执行殆尽，其将很难恢复元气。该种法人具有破产能力会在一定程度上避免出现此种状况，根据《破产法》第十九条的规定，破产申请受理后，有关债务人财产的保全措施应解除，执行程序应中止。

第二，能够在一定期间内限制担保物权人行使权利，使农村集体经济组织法人在一定期间内保留重新开始的物质基础。随着农村集体经济组织法人参与经济活动深度和广度的增加，其在特定财产上为他人设定担保物权的情况将日益增多，这些财产往往构成该种法人从事经营的重要物质基础。若该种法人法人不具有破产能力，担保物权人在符合条件的情况下能够不受制约地实现权利，这将导致法人财务状况更加恶化。若该种法人具有破产能力，在重整程序中，根据《破产法》第七十五条第一款的规定，重整期间，对债务人的特定财产享有的担保权暂停行使。这对农村集体经济组织法人摆脱财务困境至关重要。

第三，能够使农村集体经济组织法人获得重新斟酌是否履行合同的机会。"有约必守"是合同领域应坚守的首要原则，合同签订之后，除非有法定或约定的解除事由，当事人均须严格按照合同履行。在农村集体经济组织陷入债务困境的场合，尚未履行的合同构成的"拘束之网"可能对其发展构成严重障碍。若其具有破产能力，根据《破产法》第十八条第一款的规定，法院受理破产申请后，管理人对破产申请受理前成立而债务人和对方当事人均未履行完毕的合同有权决定解除或继续履行。这种制度设计能够给农村集体经济组织法人充足的斟酌空间，使其能够根据需要选择履行部分合同、废弃部分合同。

第四，具有破产能力能够使农村集体经济组织法人的债务获得合法豁免。无论是在清算程序还是在重整、和解程序中，债务人的债务都能获得一定程度的豁免。《企业破产法》对此做了明确规定[①]。这种制度设计能够使农村集体

---

① 《企业破产法》第九十四条规定，按照重整计划减免的债务，自重整计划执行完毕时起，债务人不再承担清偿责任。第一百零六条规定，按照和解协议减免的债务，自和解协议执行完毕时起，债务人不再承担清偿责任。

经济组织法人摆脱债务困扰，获得重新开始的机会。

5. **破产有利于农村集体经济组织切断债务膨胀并防止机会主义行为** 认可农村集体经济组织法人具有破产能力，可以为其提供一套债务膨胀切断制度，这能为各方当事人提供明确预期，避免其利益因该种法人债务无限度膨胀而遭受严重损害甚至完全无法实现权利。另外，农村集体经济组织法人未来参与市场的程度将日益提高，与其他主体的经济联系将日益紧密，及时有效切断该种法人的债务膨胀还能避免其他利害关系人的利益遭受损害。

认可农村集体经济组织法人的破产能力还可以避免机会主义行为，防止政府财政"买单"。如上所述，该种法人不仅具有经营功能，还有为集体成员提供公共服务的功能，若其没有破产能力，可能会出现这样的状况：该种法人的负责人无限度地对外举债，然后以集体成员利益失去保障为由"迫使"政府财政直接或间接清偿全部或部分债务。这种机会主义行为不仅有失公平，还会损害农村集体经济组织改革目标的实现。

总之，在立法论上，赋予农村集体经济组织法人破产能力具有正当性。农村集体经济组织法人可能陷入债务困境，为确保其公共服务等社会功能的实现，保护集体成员的利益，有必要确认其破产能力。赋予农村集体经济组织法人破产能力，有利于公平保护债权人权益。而且，在陷入财务困境的情况下，认可该种法人具有破产能力，有助于使其获得重新开始的机会。此外，认可农村集体经济组织法人具有破产能力，可以为其提供一套债务膨胀切断制度，这能给各方当事人提供明确预期，避免其利益因该种法人的债务无限度膨胀而遭受严重损害甚至完全无法实现权利。农村集体经济组织法人未来参与市场的程度将日益提高，与其他主体的经济联系将日益紧密，及时有效切断该种法人的债务膨胀还能避免其他利害关系人的利益遭受损害。认可农村集体经济组织法人的破产能力，还可以避免机会主义行为，防止政府财政"买单"。

（二）农村集体经济组织法人破产制度的构建

在承认农村集体经济组织具有破产能力的前提下，如何在顾及其"特别性"的基础上建构适合该种法人"特别性"的破产制度更为重要。

1. **具体程序** 我国《企业破产法》规定的破产程序包括三类：清算程序、和解及重整程序。农村集体经济组织法人仅应适用重整程序，理由如下：

首先，农村集体经济组织法人不应适用破产清算程序。破产清算程序运作的结果是法人消灭，鉴于农村集体经济组织法人不仅具有经济功能，还具有公共服务功能，若任其消灭将导致后一功能无所附依，明显不妥当。

其次，农村集体经济组织法人不应适用和解程序。一方面，和解程序对于挽救陷入困境的农村集体经济组织法人作用有限。和解程序与清算程序的目的相同，都重在清偿，和解协议执行完毕，法人继续存在仅是其客观效果而非积极追求的目标①。和解程序对债权人的约束力有限，对有担保物权的债权人甚至没有任何制约。实践中，担保物权一经实行，对法人继续经营具有重要价值的财产会所剩无几，摆脱债务困境的机会将不复存在。另一方面，从破产实践来看，和解程序适用较少，虽然程序成本较小，但是，在挽救法人作用有限的情况下，和解还是会造成程序浪费，甚至会使法人错过扭转困境的最佳时机。再一方面，在和解程序适用过程中，外部制约较少，容易导致农村集体经济组织法人负责人为避免个人利益受损与债权人达成不适当协议，暂时掩盖问题，可能导致未来陷入更大的困境。

最后，重整程序契合农村集体经济组织法人的"特别性"，能够在适当的外部干预之下使该种农村集体经济组织法人摆脱困境，获得重新发展的机会。同时，重整程序还能够通过公开透明的程序妥当保护债权人利益。虽然农村集体经济组织法人可以适用重整制度，但鉴于其社会功能的多重性，肯定不能原封不动地照搬现行《企业破产法》的相关规定，必须在充分考虑该种法人"特别性"的基础上设计与之相匹配的规则。比较法上，对具有公共服务职能的组织适用重整程序不乏先例，美国破产法第九章规定了"市政机构的债务调整"，该章在实践中也屡有适用，较为著名的是"底特律破产案"。行使公权力并提供公共服务机构的域外破产经验要求限制法院及破产管理人的权限，以便在维护债务人自主决定权的前提下实现摆脱财务困境的目标，这对我国农村集体经济组织法人的破产问题具有较大启示意义。

2. 重整的申请条件与申请人　根据《企业破产法》第二条的规定，重整的申请条件较为宽松，只要"有明显丧失清偿能力可能"即可进行重整，这也应适用于农村集体经济组织法人的重整。问题是，如何衡量"有明显丧失清偿能力可能"？可以考虑两点：一是以现金及其他可以用于清偿债务的流动资产为基础进行衡量；二是以全部责任财产为基础进行衡量。采纳何种路径取决于制度设计背后的价值考量。第一种路径之下，由于申请条件较为宽松，重整将更加顺利，但对债权人权利的限制也较大；第二种路径之下，对债权人权利的限制相对较小，但重整面临的障碍将更多。考虑到农村集体经济组织法人的"特别性"，从平衡农村集体经济组织法人和债权人权益的角度出发，对重整的申请条件应采取以第一种路径为主，兼顾第二种路径的做法，兼顾时主要应考虑其他责任财产的变现能力。只有如此，才能保证重整程序的顺利进行，使农村集体经济组织法人尽早摆脱债务困境，同时还可以避免司法资源的浪费。

---

①　李永军等：《破产法》（第二版），中国政法大学出版社，2017年，第14页。

在企业重整场合，申请人包括债权人、债务人和出资额占债务人注册资本十分之一以上的出资人。这种当事人主导的申请人模式并不适合农村集体经济组织法人，因为农村集体经济组织除了是市场主体之外还承担着为集体成员提供公共服务的功能，申请人范围过于宽泛势必会影响此种功能的实现，进而不利于集体经济发展和成员利益保护。《企业破产法》第一百三十四条所规定的管理机构作为申请人的模式可供参照①。就农村集体经济组织法人而言，可将县级人民政府的农业农村主管部门作为重整申请人。在具备重整原因的场合，债权人、债务人或一定比例的集体经济组织成员可以向农业农村主管部门提出申请，再由后者斟酌确定是否向法院提出重整申请。

3. 重整期间的事务处理　从《企业破产法》第七十三条的规定来看，重整期间的事务处理（包括财产管理和营业事务处理）原则上由管理人担当，例外情况下经法院申请才由债务人担当。这种模式同样不适合农村集体经济组织法人，农村集体经济的事务处理必须体现集体经济组织成员决定的民主性，即使在重整场合，也不能置此于不顾。因此，应采纳债务人在管理人监督下处理事务的模式。

债务人自行处理事务伴随着较大的道德风险②，可能严重损害债权人利益，即使有管理人监督也无法保证不发生此种结果。鉴于此，《企业破产法》规定了法院批准的前置条件，但该法对法院批准的考量因素未置一词。2019年《全国法院民商事审判工作会议纪要》填补了这一空白③。笔者以为，就农村集体经济组织法人而言，该条的基本精神值得借鉴，但在具体规则设计上需有所变通。首先，自行处理事务的前提是农村集体经济组织法人的内部治理机制"运转正常"。所谓"运转正常"，不仅指向抽象的法人治理机制能否运转，还应指向其能否在运转时妥当保护债权人利益。因此，自行处理事务的前提应是农村集体经济组织法人按照民主程序完成主要负责人的更换，即使主要负责人对法人陷入债务困境没有个人责任，为充分保护债权人利益也应如此。为配合重整程序中的此种安排，在组织法中应将开始重整作为必须重新选举负责人的事由。比较法上，美国政府在破产中也采纳了更换负责人的做法，比如在橘

---

① 《企业破产法》第一百三十四条："商业银行、证券公司、保险公司等金融机构有本法第二条规定情形的，国务院金融监督管理机构可以向人民法院提出对该金融机构进行重整或者破产清算的申请"。

② 许德风：《破产法论：解释与功能比较的视角》，北京大学出版社，2015年，第499页。

③ 最高人民法院关于《全国法院民商事审判工作会议纪要》（法〔2019〕254号）111条："重整期间，债务人同时符合下列条件的，经申请，人民法院可以批准债务人在管理人的监督下自行管理财产和营业事务：（1）债务人的内部治理机制仍正常运转；（2）债务人自行管理有利于债务人继续经营；（3）债务人不存在隐匿、转移财产的行为；（4）债务人不存在其他严重损害债权人利益的行为"。

县破产中两度更换了首席执行官①。其次，在自行处理事务的过程中，须通过管理人的介入，充分保护债权人利益，集体成员的决议或负责人的行为损害债权人利益的，应认定无效而不是可撤销。农村集体经济组织法人负责人的更换往往需要一定的时间，为确保事务处理的连续性及保护债权人利益，应当仿照《企业破产法》第一百三十四条的规定：法院受理重整案件后，先由民政部门派人接管该种法人的事务管理，在任命管理人之后，由管理人在民政部门的监督和协助下进行管理，直至债务人能够自行管理为止。暂时接管的做法在比较法上也有先例，在美国底特律市政府破产案中，密歇根州政府及外部审计公司派出人员共同组成财政审查小组进驻底特律进行了 60 天的审查，审查完成后，州政府宣布底特律进入财政紧急状态，任命凯文·奥尔为紧急事务管理专员，全面接管该市财政事务，由其全权代表该市签署各项文件②。

4. **重整计划草案的拟定、表决和批准**　鉴于农村集体经济组织法人在重整期间由债务人自行管理，重整计划草案也应当由其（债务人）拟定。由于没有破产清算程序兜底，如何促使债务人按照法定日期提出草案即成为问题。可以考虑通过农业农村部门和管理人的监督实现目标。参照企业法人的重整计划草案③，农村集体经济组织的重整计划草案应当主要包括如下内容：法人的基本情况，包括成员情况；财产运营方案的调整；债权调整，尤其是有担保的债权调整，包括债权数额的适当减少、分期清偿的实行等。

5. **重整计划的执行**　根据《企业破产法》第八十九条，重整计划由债务人负责执行。这也适用于农村集体经济组织法人。在执行重整计划时，应当全面执行计划的内容，不得变更，也不得附加条件。债务人要围绕规定的经营措施和既有债权债务清理，落实计划的规定④。需要指出的是，虽然执行重整计划的是农村集体经济组织法人，但主要负责人已经更换，因此不会严重损害债权人及集体成员的利益。对农村集体经济组织法人而言，比较独特的是重整计划执行的监督。《企业破产法》规定的是单纯管理人监督模式⑤。这种模式对农村集体经济组织法人并不完全适合，因为企业破产中始终有清算程序兜底，即使管理人的监督存在疏漏，也不会过分影响债权人利益，但

---

① 李琦、朱春奎：《地方政府破产与财政重建——以美国橘县为例》，载《江汉论坛》2018 年第 1 期，第 45 页。

② 刘瀚波：《美国地方政府破产制度探析》，载《经济与管理研究》2015 年第 12 期，第 99 页。

③ 许德风：《破产法论：解释与功能比较的视角》，北京大学出版社，2015 年，第 482 页。

④ 李永军、王欣新、邹海林、徐阳光：《破产法》（第二版），中国政法大学出版社，2017 年，第 238 页。

⑤ 《企业破产法》第九十条：自人民法院裁定批准重整计划之日起，在重整计划规定的监督期内，由管理人监督重整计划的执行。在监督期内，债务人应当向管理人报告重整计划执行情况和债务人财产状况。

是农村集体经济组织法人重整却是"一场只能成功的游戏"，因此监督力度必须相应加强。可以考虑引入管理人和农业农村部门共同监督并连带负责的监督模式。

6. 农村集体经济组织法人破产配套制度的构建 建构农村集体经济组织法人破产重整制度是为了给陷入债务困境的该种法人提供重新开始的机会，同时公平保护不同类型债权人的利益。但重整程序应作为最后诉诸的手段，实践中，应尽量通过其他制度安排，避免农村集体经济组织法人陷入债务困境，这对促进农村集体经济发展、保护集体经济组织成员的利益至关重要。

（1）财务管理制度。科学、透明的财务管理制度不仅能反映农村集体经济组织法人的运行状况，而且能凸显其可能面临的债务问题，进而做到未雨绸缪，避免其陷入破产重整。中共中央、国务院《关于稳步推进农村集体产权制度改革的意见》专门强调，要强化农村集体资产财务管理，并明确了若干具体举措。与预防破产有关的举措主要包括：①加强农村集体资金资产资源监督管理；②加快资产管理平台建设，推进财务管理制度化、规范化、信息化；③落实民主理财，规范财务公开，维护集体成员监督管理权；④加强审计监督。这些举措的充分落实势必会大大降低农村集体经济组织法人陷入破产重整的可能。

（2）经营指导与限制制度。农村集体经济组织法人的经营应贯彻自治原则，原则上政府不应进行随意介入。但是，集体经济组织经营自治并不意味着丝毫不受外在力量的指导和制约。为避免农村集体经济组织法人陷入破产重整境地，未来可以考虑建立对农村集体经济组织的经营指导制度，由农业农村主管部门根据该种法人一般的财产和经营状况，制定经营范围和方式（比如对哪些事项的经营宜采用设立公司方式经营，哪些事项可以直接以法人本身的名义经营）的指导目录，由农村集体经济组织法人根据具体情况参照。此外，还应限制农村集体经济组织担任保证人的资格，防止其因为他人提供保证而陷入债务困境。

总之，农村集体经济组织法人是农村集体资产的运营主体，属于《民法总则》中的特殊法人，未来其将作为独立的市场主体参与市场竞争。鉴于其可能因诸多债务陷入困境，为平衡保护债务人和债权人利益，应认可其具有破产能力。鉴于农村集体经济组织法人还具有发展集体经济、为集体成员提供公共服务等多元功能，故其只应适用重整程序。在具体规则建构方面，要围绕其特别性，对《企业破产法》中的相关规定予以变通。另外，还应从财务管理、经营指导和限制方面着手，做好破产预防。

三、农村集体经济组织的解散

法人终止制度是法人制度的重要组成部分，解决的核心问题是法人人格如何消灭以及法律效果。《民法典》对法人终止的一般情形做了规定，法人的终止主要有解散、破产以及法律规定的其他原因等情形。农村集体经济组织法人作为法人的特别类型，其终止也应该遵循该逻辑路径。但是，作为承担着多种社会职能的特别法人，肯定具有不同于其他法人类型的特别性。对于农村集体经济组织法人的终止问题，《民法典》没有涉及，因此，农村集体经济组织法人的终止制度将由《农村集体经济组织法》完成。首先，应该明晰农村集体经济组织法人终止和解散不同。解散是农村集体经济组织法人终止的原因之一，但是不等同于终止。从《民法典》的有关条款的解释可以得出该结论①。

（一）解散事由

法人解散既包括法人以权力机构决议等进行自行解散，也包括法人依法被吊销营业执照、登记证书、被责令关闭或者被撤销等行政解散，还包括法人因陷入内部治理僵局而被人民法院强制解散。作为特别法人，农村集体经济组织法人的解散事由不同于一般的营利性法人。

关于农村集体经济组织法人是否可基于解散而终止，学界存有争议。有人认为，农村集体经济组织不能基于成员意志解散。有人认为，农村集体经济组织以农村土地的集体所有为存在基础，以管理土地等集体资产为主要职能，只要农村集体所有制形式不改，农村集体经济组织就不会解散。农村集体经济组织法人具有长期稳定性一般不会终止，只有在合并时才会发生被并入的农村集体经济组织法人的终止②。农村集体经济组织法人，并非完全按照农村集体经济组织成员意志成立，其肩负着特殊的社会职能，不能完全按照农村集体经济组织成员的决议行为自主解散。其法人登记证书不能随便被吊销，当然也不能由人民法院强制解散。农村集体经济组织法人的解散，一般基于农村集体经济组织法人分立为两个以上的特别法人，或者与其他集体经济组织法人合并需要

---

① 《民法典》第六十八条规定，有下列原因之一并依法完成清算、注销登记的，法人终止：（一）法人解散；（二）法人被宣告破产；（三）法律规定的其他原因。法人终止，法律、行政法规规定须经有关机关批准的，依照其规定。

第六十九条规定，有下列情形之一的，法人解散：（一）法人章程规定的存续期间届满或者法人章程规定的其他解散事由出现；（二）法人的权力机构决议解散；（三）因法人合并或者分立需要解散；（四）法人依法被吊销营业执照、登记证书，被责令关闭或者被撤销；（五）法律规定的其他情形。

② 郭明瑞：《民法总则通义》，商务印书馆，2018年，第139页。

解散，以及法律法规规定的其他情形。因此，农村集体经济组织法人可因分立、合并以及法律法规规定的其他情形解散。对何谓"法律法规规定的其他情形解散"，有些地方性立法已经有了规定，主要适用于农村集体经济组织已经撤村建居的情形，而且必须同时具备如下条件：①本集体经济组织所有的土地全部被征收，本集体经济组织成员全部纳入城镇居民社会保障体系；②农村社区全部划入城镇建成区，基本公共服务实现城乡一体化和均等化，不能继续按照合作机制或者股份合作机制运行；③债权债务清理完毕；④有经成员（代表）大会通过的资产处置方案①。除了具备上述条件，还应当由社员（代表）大会参会人数三分之二以上表决通过之后，在县级农村集体资产主管部门的指导和监督下方可解散。

在农村集体经济组织的资产，尤其是土地资产没有完全灭失前，原则上不允许农村集体经济组织解散。但在农村集体经济组织的全部土地均被征收，或者因为"村改居"等原因而导致全部成员被转为市民以及相应的土地也全部转为国有的，农村集体经济组织可以申请解散。农村集体经济组织申请解散的，应当经主管部门批准，并进行清算。

（二）解散程序

农村集体经济组织法人是有中国特色的合作经济组织类型，即便是出现分立、合并以及法律法规规定的其他情形解散，也需要履行解散程序。农村集体经济组织法人的解散，需要经过农村集体经济组织成员会议或者代表会议的决议，并经县（市、区）农业农村主管部门、镇人民政府（街道办事处）核准，还需履行备案程序。有些地方性法规对此已经做了规定，建议充分借鉴地方实

---

① 《江苏省农村集体资产管理条例》第十六条规定，已撤村建居且同时符合下列条件的农村集体经济组织，可以提交成员（代表）大会表决解散事宜：（一）本集体经济组织所有的土地全部被征收；（二）本集体经济组织成员全部纳入城镇居民社会保障体系；（三）农村社区全部划入城镇建成区，基本公共服务实现城乡一体化和均等化；（四）不能继续按照合作机制或者股份合作机制运行；（五）债权债务清理完毕；（六）有经成员（代表）大会通过的资产处置方案。第三十三条规定，已撤村建居且符合下列条件的，村集体经济组织可以依照《浙江省村经济合作社组织条例》规定的程序予以终止：（一）本集体经济组织成员集体所有的土地全部被征收；（二）本集体经济组织成员全部纳入城乡居民社会保障体系；（三）农村社区全部划入城镇建成区；（四）社区基本公共服务实现城乡一体化和均等化。村集体经济组织依照本条例规定终止的，可以改制为有限责任公司或者股份有限公司。

践经验①。农村集体经济组织法人解散的，还需要交回农村集体经济组织证明书②。

为了保护债权人的利益，农村集体经济组织法人解散后还需要办理清算程序。农村集体经济组织法人在解散情形发生之日起十五日内，由社员（代表）大会推举5~9名成员组成清算组接管本社，开始进行解散清算。清算组负责处理与清算有关未了结业务，清理本社的财产和债权、债务，制定清偿方案，分配清偿债务后的剩余财产，代表本社参与诉讼、仲裁或者其他法律程序，并在清算结束后，于十五日内向社员公布清算情况。农村集体经济组织法人解散清算后，还需要向原登记机关办理注销登记。

（三）解散的法律后果

农村集体经济组织因解散而终止的，会产生如下法律后果：

1. **法人人格消灭** 农村集体经济组织法人终止的，其特别法人人格消灭。农村集体经济组织法人分立的，被分立的法人终止。农村集体经济组织法人合并的，被合并的法人终止。农村集体经济组织法人人格消灭的，需要交回证明法人资格的有关证书。

2. **债权债务承受** 农村集体经济组织法人合并的，其权利和义务由合并后的法人享有和承担。农村集体经济组织法人分立的，其权利和义务由分立后的法人享有连带债权，承担连带债务，但是债权人和债务人另有约定的除外。本社解散后，社员依法分得本社的剩余财产，须加入合并、分立或新改制后的集体经济组织，不得撤资变现。不得任意平调、私分或非法改变其集体资产权

---

① 《广东省农村集体经济组织管理规定》第二十二条规定，农村集体经济组织合并、分立、解散，应当由成员大会表决通过，经乡（镇）人民政府审核，报县级或者不设区的市人民政府农业行政主管部门备案。

《浙江省村经济合作社组织条例》第十六条规定，村经济合作社合并、分立、终止的，应当经社员大会应到社员三分之二以上表决通过，报乡镇人民政府核准，并报县级人民政府农业行政主管部门备案。村经济合作社合并、分立或者终止时，应当依法清理债权债务，并办理相关的变更、注销手续。

《都江堰市农村集体经济组织管理办法》第二十条规定，农村集体经济组织合并、分立，应当由社员大会表决通过，经乡（镇）人民政府审核，报市人民政府农业行政主管部门备案。

涉及集体资产的处置，应当经原集体经济组织社员大会表决通过。

② 《广东省农业厅农村集体经济组织证明书管理暂行办法》第十三条规定，农村集体经济组织合并、分立、解散，应当向县级或者不设区的市农业行政主管部门提交下列材料，并交回《证明书》：（一）组织合并、分立、解散及资产处置的会议记录材料；（二）乡（镇）人民政府审核意见；（三）依法清理债权债务的方案。

属性质①。此外，接受国家财政直接补助形成的财产，在解散清理时，不得分配给集体经济组织成员②。

3. 清理债权债务　农村集体经济组织合并、分立或撤销时，必须保护其资产，依法清理债权债务③。农村集体经济组织合并、分立、解散应当依法清理债权债务，涉及集体资产的处置应当经原集体经济组织成员大会表决通过④。

4. 集体资产的调整和处置　农村集体经济组织法人因合并、分立等原因解散的，会涉及集体资产在不同集体经济组织法人之间调整，也可能会处置部分资产。但是，调整和处置都应该依法依章程规定的条件和程序进行，并且不得侵害利害关系人的权益。地方性立法中对此已经进行了探索，可资参考⑤。

（四）法人终止程序中相关主体的权益保障

农村集体经济组织特别法人肩负着特别的社会职能，其责任财产、偿债能力也呈现出特别性，如农村集体经济组织法人的资源性资产和公益性资产不可用于拍卖清偿债务。因此，相较于企业法人，农村集体经济组织法人在终止过程中有可能对相关利害关系人的影响更大，特别是对交易安全影响更大。这很可能直接影响到农村集体经济组织法人地位的独立性及其市场竞争力。因此，制定《农村集体经济组织法》必须做好农村集体经济组织法人终止过程中利害关系人权益保障的制度和规范设计。

1. 债权人权益保障的制度设计　农村集体经济组织法人在因合并、分立等事由解散时，应该及时通知债权人，不能侵害债权人的权益。债权人可以要

---

① 广州市人民政府《关于规范农村集体经济组织管理的若干意见》（穗府〔2014〕34号）规定，农村集体经济组织合并、分立、改制的，按原各农村集体经济组织在全部资产中所占的份额，将集体资产转入新的农村集体经济组织，任何组织和个人不得任意平调、私分或非法改变其集体资产权属性质。资产处置方案须经成员大会或者成员代表会议讨论通过，并报镇人民政府（街道办事处）审核批准后方可实施。

② 《广东省农村社区集体经济组织条例》第五十七条第三款规定：农村集体经济组织接受国家财政直接补助形成的财产，在解散清理时，不得作为可分配剩余资产分配给成员，处置办法由省人民政府农业行政主管部门规定。

③ 参见《湖北省农村集体经济组织管理办法》第十四条第二款。

④ 参见《辽宁省海城市农村集体经济组织管理规定（试行）》（海股改办发〔2015〕2号）

⑤ 《上海市农村集体资产管理条例》第二十六条规定：农村集体经济组织合并、分立或者因其他事由解散，需要调整农村集体资产权属或者处置农村集体资产的，应当在区农业主管部门的指导和监督下，制定具体的实施方案；村民小组、村、乡镇撤制的，农村集体经济组织应当先行对集体资产清产核资、明晰产权，制定处置方案。

前款规定的实施方案和处置方案应当提交成员大会或者成员代表会议审议决定。调整农村集体资产权属和处置农村集体资产时，对纳入经营性集体资产管理范围的土地补偿费等应当按照国家和本市的规定进行份额量化，不得损害农村集体经济组织及其成员的合法权益。

求农村集体经济组织法人清偿债务或者提供相应担保。合并或者分立的各方应当就合并或者分立前原公司债权债务的处理达成协议。协议应当征得债权人的同意，并不得损害债权人的利益。农村集体经济组织法人合并不成的，因筹备合并而产生的债务由筹备合并各方共同承担。农村集体经济组织法人因依法被撤销、宣告破产或者其他原因解散的，应当依照法律、法规规定成立清算组织进行清算。清算组织在清算期间行使下列职权：清理法人财产，编制资产负债表、财产目录和债权、债务清单；处理未了结的业务；要求债务人履行债务；依照法律规定的还债程序清偿公司的各项债务；处分剩余财产；代表参加诉讼或者仲裁等。

2. **集体经济组织成员权益保障的制度设计**　在农村集体经济组织法人终止过程中，农村集体经济组织成员的集体资产股份权益应该得到保障和实现。农村集体经济组织成员以其土地承包经营权入股集体经济组织法人的，根据承包地"三权分置"的要求，即便是农村集体经济组织法人终止的，农村集体经济组织成员的承包权仍然保留在农户手中，土地经营权在剩余期限内的使用权可以用来偿债。农村集体经济组织成员有权请求以集体经济组织法人剩余财产，按照公司章程规定分配给集体经济组织成员。农村集体经济组织成员对有关农村集体经济组织法人终止的重大事项享有知情权、监督权、民主决策权等。农村集体经济组织成员认为在农村集体经济组织法人终止过程中的合法权益受到侵害的，各级人民政府应当依法处理；当事人也可以申请人民调解组织调解。

3. **国家等公权力机构及其员工权益保障的制度设计**　农村集体经济组织法人终止后，国家等公权力机构有权要求农村集体经济组织法人清算机构按照法定条件和程序缴纳税款等公法上的费用。农村集体经济组织法人雇佣的管理人员和员工，有权要求农村集体经济组织法人按照法定条件和程序支付员工工资、社会保险费和法定补偿金等。

4. **工商资本投资者权益保护的制度设计**　随着乡村振兴战略的持续推进，大量工商资本陆续进入农村。一些经济发达地区的农村集体经济组织法人，如《深圳经济特区股份合作公司条例》规定，可以引进战略投资者投资、入股股份合作公司①。那么，当农村集体经济组织法人终止时，外来的工商资本投资者的

---

①　《深圳经济特区股份合作公司条例》第四条规定，市、区人民政府应当通过产权改革、完善公司治理、规范监督、政策引导等各项措施，促进公司的发展和改革，完善法人治理结构、推进建立现代企业制度和公司经济转型升级。

鼓励公司树立科学的发展理念，引进高水平创新团队、发展优质高端产业，推动产业转型升级，提升发展质量，迈向更高发展形态。

公司可以采取募集新股、股权置换等股权改革方式引进战略投资者或者投资设立、参股有限责任公司或者股份有限公司。

权益应该得到保障。工商资本投资者应该和本集体经济组织内部的集体经济组织的入股者一样享有剩余资产获取权、民主决策权、知情权、监督权等权益。

四、结论

第一，有必要为城中村集体经济组织设立退出机制。一方面，城中村集体经济组织退出问题尚未成为一个普遍问题。主要原因有：①在中国绝大多数地区，城中村农村集体经济组织退出的条件仍然不具备。我国正处于从乡土中国向城乡中国转变的过程中，即便是城中村的集体经济组织，仍然发挥着社会功能。②地方立法的规定非常苛刻，绝大多数地区都不具备地方立法中规定的条件。③地方改革的谨慎多是基于政治风险的考虑，即便是具备城中村集体经济组织退出条件的地区，有关部门也担心改革的风险，不敢迈出改革步伐。尽管如此，从未来发展趋势看，立法应当具有前瞻性，应当为城中村农村集体经济组织设立退出机制。

第二，可以赋予农村集体经济组织破产能力。农村集体经济组织法人是农村集体经济的载体和实现形式，兼有集体资产经营管理和公共服务职能，在责任财产方面具有受限性。尽管存在这些"特别性"，但该种法人应当具有破产能力，其理由在于破产能力否定说的理由难以成立，该种法人可能陷入债务困境，破产有利于公平保护债权人权益，并使其获得重新开始的机会，切断债务膨胀并防止机会主义行为。在具体程序方面，仅应适用重整制度，同时针对其"特别性"设计相应规则并建立破产预防制度。

第三，审慎设计农村集体经济组织的破产制度。农村集体经济组织法人破产制度涉及复杂的利益关系，涉及农村集体经济组织法人人格消灭、债权债务承受、清理债权债务，以及集体资产的调整和处置等重要问题。农村集体经济组织特别法人肩负着特别的社会职能，其责任财产、偿债能力也呈现出特别性，这很可能直接影响农村集体经济组织法人地位的独立性及其市场竞争力，要做好农村集体经济组织法人终止过程中利害关系人权益保障的制度和规范设计。要考虑到如果在立法中规定农村集体经济组织破产制度会遇到很大阻力，可先不规定该制度，而且从实践来看，破产制度的现实需要应该不会迫切。

第四，确立类型化的农村集体经济组织法人终止制度和规范体系。农村集体经济组织的终止制度由合并、分立、解散等制度体系构成。合并、分立和解散虽然都可以导致集体经济组织法人人格的消灭，但是还是存在明显差异的，在立法中应该进行区分。农村集体经济组织法人的合并、分立、解散制度，在地方立法中多有表达，可以在借鉴地方立法的基础上，构建起比较清晰的合并、分立、解散的制度和规范体系。

图书在版编目（CIP）数据

农村集体经济组织立法研究 / 冯汉坤著 . —北京：
中国农业出版社，2023.1（2023.8 重印）
ISBN 978-7-109-30081-1

Ⅰ．①农…　Ⅱ．①冯…　Ⅲ．①农业合作组织－立法－
研究－中国　Ⅳ．①D922.44

中国版本图书馆 CIP 数据核字（2022）第 176540 号

中国农业出版社出版

地址：北京市朝阳区麦子店街 18 号楼
邮编：100125
责任编辑：王庆宁　刘昊阳
版式设计：王　晨　　责任校对：沙凯霖
印刷：北京中兴印刷有限公司
版次：2023 年 1 月第 1 版
印次：2023 年 8 月北京第 2 次印刷
发行：新华书店北京发行所
开本：700mm×1000mm　1/16
印张：12.25
字数：300 千字
定价：78.00 元
